本书的出版得到以下资助：

　　教育部人文社科规划基金项目：新发展格局下长三角区域经济韧性
长机制与治理策略研究（项目编号：21YJA790010）

　　浙江省自然科学基金项目资助：从外部到内部——复杂环境下反生产行为的
动态模式研究（项目编号：LY20C090012）

　　教育部人文社科规划基金项目：个体反生产行为向群体演变的动态机理研究
——基于认知神经科学视角（项目编号：22YJA630028）

反生产行为的动态模式研究

褚华东　郑茜　胡凤培　著

FANSHENGCHAN XINGWEI DE
DONGTAI MOSHI YANJIU

中国财经出版传媒集团
经济科学出版社
Economic Science Press

·北京·

图书在版编目（CIP）数据

反生产行为的动态模式研究／褚华东，郑茜，胡凤
培著 . -- 北京：经济科学出版社，2023.11
ISBN 978 - 7 - 5218 - 5122 - 9

Ⅰ.①反… Ⅱ.①褚… ②郑… ③胡… Ⅲ.①企业 -
职工 - 行为分析 - 研究 Ⅳ.①F272.92

中国国家版本馆 CIP 数据核字（2023）第 172334 号

责任编辑：周胜婷
责任校对：郑淑艳
责任印制：张佳裕

反生产行为的动态模式研究
FANSHENGCHAN XINGWEI DE DONGTAI MOSHI YANJIU
褚华东 郑 茜 胡凤培 著
经济科学出版社出版、发行 新华书店经销
社址：北京市海淀区阜成路甲 28 号 邮编：100142
总编部电话：010 - 88191217 发行部电话：010 - 88191522
网址：www. esp. com. cn
电子邮箱：esp@ esp. com. cn
天猫网店：经济科学出版社旗舰店
网址：http://jjkxcbs. tmall. com
固安华明印业有限公司印装
710 × 1000 16 开 17.5 印张 300000 字
2023 年 11 月第 1 版 2023 年 11 月第 1 次印刷
ISBN 978 - 7 - 5218 - 5122 - 9 定价：88.00 元
（图书出现印装问题，本社负责调换。电话：010 - 88191545）
（版权所有 侵权必究 打击盗版 举报热线：010 - 88191661
QQ：2242791300 营销中心电话：010 - 88191537
电子邮箱：dbts@ esp. com. cn）

　　在组织管理中，管理者总是通过制定各类组织规范，期望员工遵守并按照组织规范行事。然而现实中员工与组织规范不一致的反生产行为总有发生。反生产行为是指员工在工作场所或者履行工作职责过程中有意图地伤害组织或组织相关者的行为，其行为将会给组织、组织成员或其他利益相关者带来直接或间接的危害，例如，迟到、消极怠工等行为。因此，有效抑制反生产行为的发生，已经引起学界和业界的关注。

　　学者们已经对反生产行为的表现、影响机制和内部结构等开展了深入研究，并从不同维度解释反生产行为的发生机制。现有观点认为，不论内部复杂性还是外部复杂性，都将预测一系列的组织成员的反生产行为。而现有研究基本没有对外部宏观大环境（例如技术入侵等）与员工反生产行为之间关联效应的探究。而内部复杂度与员工反生产行为的关联也几乎无人问津。环境复杂度（外部环境因素和组织内部因素）如何触发员工的反生产行为？当组织成员实施反生产行为之后，从组织成员个体视角，反生产行为在个体自身内部维持或转化的机制又是什么？从组织群体视角，组织成员的反生产行为如何在个体间扩散或分化，其交互影响机制如何显现？对类似问题的回答将积极补充反生产行为的理论研究，也为组织管理者重视反生产行为的发生概率并有效切断反生产行为的传播提供决策依据。

本书系统分析了当前反生产行为的研究现状与不足，对环境复杂度与组织成员反生产行为的关联效应、反生产行为在后续个体间和个体内的动态模式以及群体反生产行为的传播机制进行了系统考察。本书分五个部分，共九章。

第一部分为导论和文献梳理，包括第1章和第2章。第1章主要阐述选题背景，对研究目的和意义、研究内容以及研究创新点等进行阐述。第2章对相关理论及文献进行梳理，为后续的相关研究奠定理论基础。

第二部分为第3章，根据第一部分的研究回顾，构建基本的研究方向，包括研究构思、研究假设和研究设计。在个体层面，本书从外部宏观和组织中观环境的视角探究环境复杂度和组织复杂度对组织成员反生产行为产生过程的作用机理。进一步从个体微观的视角探索组织内个体间和个体内反生产行为的动态变化机制，为反生产行为的产生和变化寻找一个中介机制和边界条件。在群体层面，本书分别从旁观者和受害者角度探究群体反生产行为影响机制，同时为群体反生产行为作用于个体反生产行为寻找一个边界条件。

第三部分为第4~6章，基于个体层面进行研究。第4章主要是关于环境复杂度与组织成员反生产行为的关联效应研究，检验了资源的中介作用和道德认同的调节作用。第5章主要是关于反生产行为在组织内个体间的扩散与分化效应研究，同时也检验了资源的中介作用和道德认同的调节作用。第6章主要是关于反生产行为在个体内的维持与转化效应研究，并检验了资源的中介作用和工作嵌入的调节作用。

第四部分为第7章和第8章，着重于群体层面的研究，讨论群体反生产行为在群体内的传播，关注受害者和旁观者角度，提出了理论模型和研究假设。第7章是从旁观者角度出发，研究群体反生产行为通过个体的免罪认知和道德推脱进而影响到旁观者的反生产行为。第8章则是从受害者角度出发，研究群体反生产行为通过个体的消极情绪和人格解体影响到受害者的反生产行为。

第五部分为第9章，对各章的研究进行总结，主要阐明了本书的主要研究结论，并提出了相关的对策建议。

总体而言，本书基于复杂环境下反生产行为的动态模式研究，对拓展反生产行为理论研究、指导组织有效管理员工行为具有重要的现实意义。

第一，本书提出了环境复杂度的两个方面，即组织外部环境复杂度和内部环境复杂度，并将外部环境复杂度细分为四个维度进行衡量，补充了以往关于环境复杂度的理论研究；提出并验证了与组织和员工密切相关的两种资源，验证了一种新的基于资源保存理论的作用机制，证明了员工行为的产生过程是出于资源重获或是保留的目的，资源起到了中介作用，这补充了资源保存理论的研究，也为其他关于组织员工行为的研究提供了理论依据。

第二，本书的研究补充了反生产行为的前因变量和结果变量。根据本书的研究结论，在个体层面，无论是组织内个体间还是个体内，组织成员反生产行为都会导致后续反生产行为的发生，即在组织内个体间出现反生产行为的扩散效应，在个体内出现反生产行为的维持效应。而在群体层面，无论是从受害者还是旁观者的角度，群体反生产行为的结果都是引发他人实施反生产行为，即出现反生产行为的扩散，这与消极行为感染模型一致。本书为研究反生产行为的前因变量和行为后果提供了新的视角。

第三，本书明晰了环境复杂度对员工反生产行为的触发机制，揭示了反生产行为在个体间的扩散与分化机制、在个体内的维持与转化机制以及群体反生产行为的传播机制，这对组织管理者从内外环境复杂性的角度有效抑制反生产行为的发生、切断反生产行为的传播具有重要的指导意义。

感谢我的导师胡凤培教授和周根贵教授对整体研究的深度指导和帮助。感谢郑茜博士在研究设计和模型构建过程中的真知灼见，以及反生产行为在个体内部动态模式研究中所做的工作；感谢研究生曾婷婷在反生产行为在个体间动态模式研究中所做的工作；感谢研究生汪雨菁在群体反生产行为研究中所做的工作。感谢经济科学出版社的老师们、杭州开元书局宋承发老师对本书出版付出的辛勤劳动。感谢我们的团队，是大家的共同推进使我们在反生产行为领域的研究不断取得新进展。

褚华东

2023 年 6 月于杭州

目 Contents 录

1 导　　论

1.1　研究背景

《孙子兵法·谋攻》曰：上下同欲者胜。在组织管理中，人们总是通过制定各类组织规划和规范，期望员工按照组织的目标和规范行事，并将组织的目标外化为每一位成员的角色行为，达到上下一心的绩效。然而组织成员与组织规范不一致的行为时有发生，甚至会违背组织规范而导致巨大的破坏（Van Zyl & De Bruin，2018；Wurthmann，2020；卫武等，2019；Seriki et al.，2020）。例如，在个体层面，员工工作时间聊微信，行动不听指挥，时常抱怨公司，频繁跳槽，以及利用公款报销私人消费，消极配合同事，工作时间娱乐等角色外行为比比皆是（Song et al.，2021），巴里·施瓦茨（2016）在一项调研中发现24%的员工存在消极应对工作，这些行为都表现为有意损害组织及其相关者的权益（陈倩等，2022）。

反生产行为（counterproductive workplace behavior，CWB）一般是指员工在工作场所或者履行工作职责过程中有意图地伤害组织或组织相关者的行为，其行为结果会给组织或其他利益相关者带来直接或间接的危害，这里的利益相关者包括客户、同事以及上级领导等（Kaplan，1975；Mangione & Quinn，1975；Fox et al.，2001；张绿漪等，2018）。总之，这些从或大或小的反生产行为累积起来的结果可能导致组织困境（Hollinger & Clark，2010；Mihaela & Mihai，2011），也已然成为组织管理面临的一个严峻现实问题。

已经有学者们对反生产行为的表现、影响机制和内部结构等开展了深入的研究，并从不同维度提出理论模型解释反生产行为的发生机制（Bennett & Robinson, 1995；Heneman & Judge, 2000；Spector & Fox, 2006；Cunningham, 2018；张志鑫, 2021）。而现实中，组织面临内部和外部的环境复杂性日趋严峻，复杂性在组织管理领域也无处不在。吕鸿江等（2009）认为，组织复杂性来源于组织内外部的多样性，外部环境的复杂多变是组织复杂性形成的外因，组织内部各种因素相互作用成为复杂性形成的内因。不论内部复杂性还是外部复杂性都将预测工作中组织成员的一系列反生产行为。目前对于组织外部复杂性的研究还停留在与客户的交互过程中，基本没有对外部宏观大环境（例如地缘政治危机、贸易摩擦、金融市场的变动、经济危机等）与反生产行为之间关联程度的探究。组织任务复杂度在近几年受到广泛关注，通常学者都将其与组织绩效、团队创造力、工作投入等因素进行倒 U 型关联，但任务复杂度与组织中个体反生产行为的关联几乎无人问津。因此，研究触发反生产行为的外部宏观环境因素和组织内部因素及其机制，对组织应对复杂的内外部环境、完善组织运营机制、化解组织冲突具有十分重要的现实意义。

从组织成员个体视角，个体实施反生产行为后在道德层面可能产生一系列变化，自我的道德概念可能不变或增强，从而维持反生产行为或转化为组织公民行为。组织公民行为（organizational citizenship behavior, OCB）是一种积极的且有利于组织及其成员的行为（O'Fallon & Butterfield, 2012；Gino, Gu & Zhong, 2009）。个体资源重获行为也可能受道德的驱动。钱坤和秦向东（2017）提出道德自我概念是促使个体采取合乎组织规范的行为来获取资源的重要保障，从而维持既定的组织规范和道义公正。当大多数组织成员都在实施反生产行为时，反生产行为很容易被合理化，导致个体道德同一性下降。个体还可能采用道德推脱摆脱因违反道德标准而产生的内疚和自责情绪，进而心安理得地实施反生产行为（Ashforth, 2013），即反生产行为在个体内维持。但个体在实施反生产行为之后，道德层面感到自身行为可能给组织或他人带来危害，当道德自我概念意识上升，可能不再维持反生产行为，从而向组织公民行为转化。个体实施反生产行为后还可能产生不同情绪，也会受到情绪影响。反生产行为可以被个体用来作为一种反抗形式以表达不满或试图解决不公正，从而发泄他们的负面情绪，保护他们的正当利益，同时提高他们的自信心和自尊心，获取情绪增益之后，个体感受到情绪资源的恢复，提高工作兴趣，可能在个体内部转化反生产行为，产生组织公民行为。

个体作为组织的一部分，在以往对个体间反生产行为的扩散或分化的研究中，没有考虑到组织资源对其认知以及行为的影响。另外，个体选择维持反生产行为或转化为组织公民行为来应对情绪和道德层面的变化可能受资源损耗、道德认同、工作嵌入等方面因素的调节，这些调节变量是个体反生产行为转化的关键因素。因此有必要围绕相关理论框架，系统探讨个体反生产行为的维持与转化作用机制。

从组织群体视角来看，当组织成员实施反生产行为之后，其他成员很容易受其影响而跟风实施相同的反生产行为，即"近墨者黑"（谭亚莉等，2011；Robinson et al.，2014；Mawritz et al.，2012；Fu & Deshpande，2012；王震等，2015；薛会娟，杨静，2014）。因此，成员的反生产行为可能既是其他组织成员反生产行为的结果，同时又是影响其他组织成员产生反生产行为的诱因，从而使反生产行为在不同组织成员之间相互刺激、相互强化（文鹏，史硕，2012；O'Fallon & Butterfield，2012），逐渐弥漫到整个组织，最终形成较为稳定的、不良的组织氛围（文鹏，史硕，2012；张永军等，2012），危害到组织工作的顺利进行。研究证明，面对组织成员的反生产行为，有些个体非但不会跟风实行反生产行为，反而可能会揭发、惩罚实施反生产行为的"害群之马"，甚至还可能实施对组织有利的补偿行为，使得反生产行为分化，即产生组织公民行为（Gino et al.，2009）。这些积极的组织公民行为在一定程度上可以延缓、阻断甚至逆转反生产行为在组织成员之间的扩散。以往的研究在尝试揭示反生产行为在组织成员之间的扩散或分化时，通常仅仅考虑一种后果，非反生产行为即组织公民行为，而没有将两种可能的后果，即扩散与分化进行整合考虑，对扩散或分化的影响机理研究也较为少见（Song et al.，2021）；也没有考虑到"资源"这一重要的潜在作用机制。根据资源保存理论（COR），有必要将组织成员反生产行为扩散与分化的过程整合成"资源耗损→资源重获"的过程。

人作为群居动物，且组织中又时刻存在着交流沟通，根据消极行为感染模型（Foulk et al.，2016），反生产行为在此过程中不断传播和发展，很容易形成群体反生产行为。形成规模的群体反生产行为对于组织和个人的影响更为恶劣，但目前尚未有研究关注到这一点。

因此，探索个体的反生产行为如何在个体自身内部维持或转化，潜在的机制又是什么？组织成员反生产行为如何在个体间扩散或分化，其动态机制如何显现？群体反生产行为如何影响组织中其他个体，包括对旁观者和受害者行为存在怎样的作用机制？这些都是组织管理特别是反生产行为研究领域亟待解决的理论问题。

1.2　研究目的

本书旨在探究组织内部复杂度和组织外部复杂度对员工反生产行为产生影响的内在机制，开发研究复杂度的测量工具；根据资源保存理论，探讨资源（工作资源损耗和个人资源损耗）的中介作用是否成立，并进一步分析道德认同是否调节这个中介效应。

考虑到现实组织管理中，反生产行为往往是动态的。因此本书还将探索反生产行为在组织内个体间的动态模式，探究组织成员实施反生产行为对受害者工作行为产生动态变化（CWB 扩散或分化）的内在机制，根据资源保存理论，研究资源（工作资源损耗和个人资源损耗）的中介作用是否成立，并探讨道德认同是否调节这个中介效应。

反生产行为一旦发生，会从组织内分散到个体。本研究将进一步从个体内部层次出发，探究反生产行为在员工个体内部层面的动态变化机制，探究员工个体实施反生产行为后对自身后续的工作行为产生动态变化（CWB 维持或转化）的内在机制。根据资源保存理论，本书还将进一步研究资源（工作资源损耗和个人资源损耗）的中介作用是否成立，并探讨工作嵌入度是否调节这个中介效应。

本书还将探究群体反生产行为对旁观者和受害者反生产行为表现的作用差异，并对两者进行简单的横向比较；找到群体反生产行为在组织内传播反生产行为的干预措施，即探究受害者和旁观者反生产行为发生的边界条件；从社会冲突理论和社会燃烧理论的角度研究群体反生产行为作用于旁观者反生产行为的内在机制；从互惠理论的角度研究群体反生产行为作用于受害者反生产行为的内在机制。

1.3　研　究　意　义

1.3.1　理论意义

本书从宏观的外部环境到中观的组织环境再到微观的可观察到的其他个体行为特征和个体内部心理层面的变化出发，系统地探究组织员工反生产行为的发生及动态变化模式。本书将反生产行为作为自变量，同时又考虑将其作为因变量，从多层次的视角依次探讨反生产行为产生的原因和反生产行为在微观个体间和个体内的动态变化，补充了反生产行为的理论研究内涵。本研究提出了环境复杂度的两个方面，即组织外部环境复杂度和内部环境复杂度。根据文献梳理，以往研究多聚焦于组织内部环境对反生产行为的影响，而本书基于 PEST 理论，将外部环境复杂度根据中国国情和实际分为四维度进行衡量，包括延迟退休、欧美堵截、新型冠状病毒感染和技术入侵，补充了以往关于环境复杂度的理论研究。本研究将资源保存理论在组织行为学中的应用进行了拓展，结合现实情境，提出并验证了与组织和员工密切相关的两种资源，解释了反生产行为产生的外部环境和内部组织因素。本书探究了群体反生产行为对组织中其他个体反生产行为的影响机制，从旁观者和受害者两个角度出发，基于认知和情绪的角度解释了群体反生产行为的发生路径及其内在行为表现。本书基于多层次、全方位的视角，补充了以往研究中不够整体、全面、系统的不足，也为研究其他组织行为的扩散与分化等动态机制，以及组织伦理氛围的动态变化和演化进程提供了新的思路。

1.3.2　现实意义

反生产行为在组织中是不可避免的，一旦形成稳定的非伦理氛围将难以逆转（Kish-Gephart et al., 2010），这也是组织管理领域需要面对的重大挑战。目前，我国正处于复杂的内外部环境，这些复杂环境使得组织中的反生产行为尤为凸显。信息技术以及即时通信也为反生产行为提供了便利，然而却使得这一行为更隐蔽、更难以被发现；同时，管理者往往重视工作绩效，而忽略了对反生产行为的管理。从现实组织管理角度看，在对反生产行为的成因进行权衡时，管理者难以避免地带有非理性偏差和非全局的动态思维：局限于组织内部原因而疏忽组织外部价值，局限于反生产行为的静态模式而疏忽于反生产行为和组织公民行为的动态转换。本书基于内外环境复杂度，探讨反生产行为的触发机制，这将有利于管理者重视内外部环境变化对员工行为的影响，以及多以优化型思维加强组织内部管理。研究以资源保存理论为基础，开发资源损耗量表，探究资源因素如何作用于反生产行为的动态变化，这对于组织管理者如何合理分配组织资源、提高工作绩效具有重要的实践价值。探讨反生产行为在个体间和个体内的动态模式，通过实证研究，找到群体反生产行为传播的原因和机制，以及潜在的边界条件，对管理者治理员工反生产行为的传播和有效干预具有实践意义，也为组织行为管理提供实践依据，这些都有利于构建健康的组织、形成良好的组织氛围。

1.4　主要研究内容

本书将主要探究环境复杂度如何引发组织成员后续的反生产行为，以及组织内部反生产行为在个体间和个体内的动态变化情况及其内在机制，并进一步研究群体反生产行为对组织中旁观者和受害者的影响及其内在机制。

1.4.1　环境复杂度与组织成员反生产行为的关联效应

环境复杂度，不论是来自组织外部的复杂度，还是来自组织内部的复杂度，都会对组织成员的反生产行为产生预测作用。环境复杂度使个体感知到工作资源和个人资源受损，因而在行为层面表现出相应的反生产行为以保留或重获资源，并且这个过程可能受道德认同的调节作用。因此，本书将探究两种资源和道德认同是否能解释环境复杂度对员工反生产行为的内在作用机制。研究证明，环境复杂度的不同方面对员工反生产行为会产生影响，个人资源和工作资源在其中的作用有所不同，道德认同的调节效应不成立。"组织内部复杂度""延迟退休政策""技术入侵"对员工反生产行为具有正向预测效力，而"欧美对中国的围追堵截"与员工反生产行为不相关，"新型冠状病毒感染"对员工反生产行为的主效应不成立。

1.4.2　反生产行为在个体间的扩散与分化效应

反生产行为在组织内个体间既可能存在扩散效应，也可能存在分化效应，根据资源保存理论，本书将反生产行为在组织中的扩散与分化整合为"资源耗损→资源重获"的过程，并且这个过程可能受道德认同的调节作用。本书将探究两种资源和道德认同是否能解释反生产行为在个体间的动态变化机制。结果证明，当面临组织成员实施反生产行为时，其他成员也会实施反生产行为，同时减少组织公民行为。进一步研究发现，当组织成员实施指向组织的反生产行为（CWBO）或是指向人际的反生产行为（CWBI）后，受害者也会实施指向组织或指向人际的反生产行为，从而形成反生产行为在个体间的扩散；并且在后续工作行为中不会导致反生产行为在个体间的分化，即会减少组织公民行为的实施。工作资源在组织成员实施指向组织的反生产行为对受害者的组织公民行为的影响中起到部分中介效应，个人资源在组织成员实施指向人际的反生产行为对受害者的组织公民行为的影响中起到完全中介效应，工作资源在组织成员实施指向人际的反生产行为对受害者的组织公民行为的影响中起到完全中介效应。

1.4.3　反生产行为在个体内的维持与转化效应

反生产行为在个体内既可能存在维持效应，也可能存在转化效应。个体在实施反生产行为之后消耗了自己的时间和精力等资源，为了重获资源减少更多的资源损耗，个体在后续的工作中可能会进一步采取反生产行为。但这个过程可能受到工作嵌入的调节。本书将探究两种资源损耗和工作嵌入是否能解释反生产行为在个体内的动态变化机制。结果证明，当员工在工作中实施反生产行为后，在后续工作中仍会维持反生产行为，不会引发反生产行为的转化，而是减少组织公民行为的实施。即：员工个体的反生产行为（T1）正向预测了后续的反生产行为（T3），负向预测了后续的组织公民行为（T3）。员工在实施反生产行为（T1）后会导致资源损耗，从而会引发随后一系列的反生产行为效应。反生产行为在个体内的维持和转化受到工作嵌入度的调节，即员工具有较高工作嵌入度时，会缓解这一效应；反之，若员工的工作嵌入度较低时，会增加反生产行为的实施。

1.4.4　群体反生产行为对个体反生产行为的影响机制

反生产行为在组织中的存在依赖于人际之间的交流互动，并非独立存在，极易形成群体规模。而一旦形成规模，又将持续扩散。因此，本书从群体反生产行为的角度出发，探究对群体外个体的影响，从中寻找干预反生产行为传播的路径。本书共提出了两个有中介的调节模型。首先是从旁观者角度出发，群体反生产行为将会通过个体的免罪认知和道德推脱影响到旁观者的反生产行为。其次是从受害者角度出发，群体反生产行为将会通过个体的消极情绪和人格解体影响受害者的反生产行为。结果证明，当旁观者面临群体反生产行为时，并不会改变其指向人际的反生产行为，但会实施更多指向组织的反生产行为。在领导合作型冲突管理风格下，群体反生产行为对旁观者指向组织的反生产行为的影响消失。在领导回避型冲突管理风格下，群体反生产行为相比个体反生产行为，将通过免罪认知、道德推脱的链式中介作用影响到旁观者的反生产行为。群体反生产行为相比其他个体反生产行为，不会导致受害者的反生产行为水平变化，而相比无明显反生产行为的情况，受害者的反生产行为将显著增加。领导冲突管理的调节作用在受害者视角下不显著。群体反生产行为相比无明显反生产行为的情况，将通过消极情绪和人格解体这一链式中介作用于受害者的反生产行为。

1.5　研　究　创　新　点

本书对以往反生产行为、群体行为进行了文献梳理，并在此基础上开展相关研究和讨论。本书的主要创新点可以概括为：

（1）研究补充了反生产行为的前因变量和结果变量。现有文献主要从个体因素和组织情景因素等方面研究反生产行为的前因变量，从行为交互影响的视角开展实证研究并不多见。本书不仅将反生产行为作为自变量，同时又考虑将其作为因变量，补充了反生产行为的前因变量和结果变量。根据本书的研究结论，无论是组织内个体间还是个体内，组织成员反生产行为都会导致后续反生产行为的发生，即在个体间出现反生产行为的扩散效应，在个体内出现反生产行为的维持效应。

（2）研究从时程视角揭示了反生产行为的动态变化。现有研究较少关注时程视角下反生产行为动态转化过程。以往研究通常采取静态的反生产行为与相关变量数据，只获得个体在某一时间点的反生产行为水平和范围，忽视了个体反生产行为长期的动态变化。本书则从多个时间点获得反生产行为的动态数据，并进行动态演化模式探究，解释了员工个体实施反生产行为对自身后续的工作行为产生动态变化的内在机制。本书的研究结论揭示了 T1 时的反生产行为对后续 T3 时的反生产行为和组织公民行为的直接作用，即 T1 时的反生产行为对后续 T3 时的反生产行为具有显著的正向影响，对后续 T3 时的组织公民行为具有显著的负向影响。从时程视角探究反生产行为的动态变化过程，使得整体研究内容更为细化，也更为全面。

（3）研究从不同视角分析了群体反生产行为对个体反生产行为的作用机制。以往研究通常都是从单一的视角进行分析，或旁观者视角或受害者视角。而本书从受害者和旁观者两个视角，分析了群体反生产行为对个体反生产行为的不同作用机制，并对比了当个体作为反生产行为的旁观者和受害者时，其行为表现的差异，弥补了以往研究视角单一的不足。同时，本书结合反生产行为和群体行为，关注群体反生产行为，并对群体反生产行为和其他个体反生产行为对旁观者及受害者的影响进行探究。作为一种成规模的集体表现，群体反生产行为对群体外的个体的作用值得关注。

在旁观者对群体反生产行为的行为响应中，本书提出了免罪认知和道德推脱作为内在解释机制。免罪认知在以往的研究中一般出现在实验研究中，用于解释通过操纵群体的某些因素引起的个体对待群体的认知、情绪变化，极少被用于解释个体行为，本书结合道德推脱将其作为反生产行为的解释机制。在受害者对群体反生产行为的行为响应中，本书将消极情绪和人格解体作为内在解释机制。人格解体比情绪耗竭更能反映个体在人际方面的状态，且能更好反映个体的人际表现，群体反生产行为同样是一种人际的表现，但人格解体极少得到研究者的关注，本书结合消极情绪将其作为个体反生产行为的解释机制。

2　文献综述与理论基础

2.1　反生产行为

2.1.1　反生产行为的定义和结构

2.1.1.1　反生产行为的定义

反生产行为的研究起源于国外，国外的相关研究已趋于成熟，而国内的反生产行为研究自 21 世纪以来才刚刚起步。

不同时期的学者对反生产行为的定义不尽相同。随着研究的不断发展，工作场所的种种负面行为被学者赋予了明确的定义和内涵。卡普兰（Kaplan，1975）提出了工作越轨行为这一概念，并定义为员工故意实施违反组织规则并对组织造成损害的行为。1975 年，反生产行为一词被首次提及，曼乔内和奎因（Mangione & Quinn，1975）将反生产行为定义为员工损害组织利益，影响组织绩效的一种主动行为。贝内特和罗宾逊（Bennett & Robinsion，1995）在此基础上提出了组织偏差行为，定义为组织内部员工违反组织规定的各种行为规范，对组织及其成员的利益造成损害的自发性行为。贾克林和格林伯格（Giacalone & Greenberg，1996）的研究则认为，反生产行为是损害组织和成员（包括组织所有者和普通员工）利益的所有行为。学者们对于组织中员工这一类负面行为的命名、定义、内涵均未统一，各个学者有不同的命名与角度。例如，斯卡里基和福尔杰（Skarlicki & Folger，1997）基于组织公平角度，将其命名为工作场所中的报复行为（retal-

iation），并探究了与分配公平、程序公平和交互公平的关系；纽曼和巴伦
（Neuman & Baron，1998）则从社会心理学角度将其命名为职场攻击行为
（work aggression）。库帕（Cooper，2000）提出压力源－情绪－反生产行为
模型，研究认为反生产行为是员工对工作压力的反映，情绪起中介作用。

进入 21 世纪以来，反生产行为这一命名才逐渐被统一，其定义和内涵
也得到了不断补充。反生产行为指员工有意违背组织利益的任何行为
（Sackett & DeVore，2001），该定义有多个深层含义：（1）只要该行为是主
观的，有意的，无论是否造成恶劣后果，即使后果轻微的行为也应包含在
内；（2）伤害可以预见，但未必会发生的，属于反生产行为（例如员工埋
怨领导的决策，即使没有实际行为反抗，伤害并不会发生，但如果可以预
见对组织及领导个人的伤害，依然归属于反生产行为范畴）；（3）即使该
行为存在潜在利益，但潜在伤害要大得多的，也属于反生产行为。斯佩克
特和福克斯（Spector & Fox，2006）扩充了反生产行为受害者的范围，认
为不应局限在组织和组织内成员，所有组织利益相关者都可以是反生产行
为的受害者，包括组织内的同事、领导，组织外的客户，供应商等。玻尔
迪亚（Bordia，2008）总结了以往学者的定义，总结了反生产行为的三个
特征：一是由员工经过深思熟虑主动实施；二是违反了组织规范；三是会
对组织和个人造成损害。詹森（Jensen，2010）对反生产行为定义中的组
织利益提高了要求，认为员工的行为只有损害了组织的合法利益时，才能
被称为反生产行为。目前，贝内特和罗宾逊（Bennett & Robinsion，1995）
对反生产行为的定义得到最广泛的认可（Yang & Treadway，2018；Schilbach
et al.，2020）。

进入 21 世纪，国内学者逐步关注反生产行为的研究。郭晓薇和严文华
（2008）回顾了国外对于反生产行为的研究，提出反生产行为指员工有意违
背组织合法利益的任何行为，且破坏组织效能，并赋予了反生产行为边界，
即：明知有不良后果依然实施，那么无论不良后果发生与否，都属于反生
产行为的范畴。林玲等（2010）提出，反生产行为的主要诱因来自组织方
面的不好或不公正对待，核心特点是伤害组织利益。不同学者对反生产行
为的基本特征有不同的理解。例如，彭贺（2010a）认为，反生产行为的三
个特征是有意性、消极性和违背合法利益；而张永军等（2012）则认为，
第三个特征应关注过程而非行为结果是否违背组织规范，即组织利益，因

此提出的三个特征为消极行为、自发行为、角色外行为。随后的相关研究中，大多沿用以上反生产行为的定义。

2.1.1.2 反生产行为的结构与测量

目前，关于反生产行为的维度划分有多种，尚未形成统一意见。本书从四个分类角度对反生产行为的结构进行分析。

1. 行为客体角度

这一分类方式最为常见，它是根据反生产行为的受害目标对反生产行为进行分类，主要有三种分类方法。第一种分为对自我和对外界两类行为，以反生产行为是伤害自己还是伤害除了自己以外的人、组织、任务来划分；第二种分为人际－组织维度和任务相关维度，将反生产行为的客体分为针对人际的、针对组织的和破坏工作任务的；第三种分类方法则得到大多数学者的认可，即根据行为指向分为指向人际的和指向组织的，将与任务相关的反生产行为合并为指向组织的反生产行为中。

（1）对自我和对外界。在不同的不平衡感知和归因角度下，个体的反生产行为可以被分为自我伤害和报复外界（Martinko et al.，2010）。其中，自我伤害特指个体采取的行为仅对个体自身造成或可能造成恶劣影响，例如吸毒、缺勤、沮丧、低绩效工作等；而报复外界则指对组织、组织成员和其他利益相关者采取行动，具体行为包括攻击、暴力、消极怠工和破坏行为等。但该划分并无开发测量量表和实证数据支撑，而是通过理论推导得出的分类方式并进行了简单举例，仅列举了反生产行为的冰山一角。

（2）人际－组织维度和任务相关维度。格鲁伊斯和萨基特（Gruys & Sackett，2003）总结归纳了11种具体的反生产行为，并总结为人际－组织和任务相关性两个维度，开发了66题的量表。彭贺（2010b）通过一个实证研究，以严重程度和道德程度为分类指标，将知识员工的反生产行为划分出4个分类区间，如图2－1所示，最终得到的结果与格鲁伊斯的一致。

（3）指向人际和指向组织。贝内特和罗宾逊（Bennett & Robinson，2000）通过实证研究开发了反生产行为的量表，分为指向人际的反生产行为（CWBI）和指向组织的反生产行为（CWBO），量表共19题，其中7题用于测量CWBI，12题用于测量CWBO。这是目前在测量反生产行为时最常用的量表。杨和迪芬多夫（Yang & Diefendorff，2009）在中国背景下开

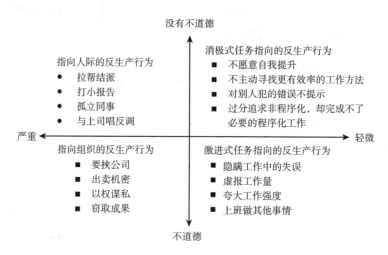

图 2 - 1 彭贺 (2010b) 整理的知识员工反生产行为分类

发的量表与前者维度相同，但反生产行为的具体表现不同，共 23 个题项。

2. 行为类型角度

有学者从行为本身的类型对反生产行为进行划分，反生产行为的表现形式多样，且内涵广泛，有多个行为子集，各子集的前因变量和结果变量并不完全相同，因此根据行为类型划分反生产行为同样值得讨论。

斯佩克特和福克斯（Spector & Fox, 2006）从行为类型视角将反生产行为分为破坏、退缩、生产偏差、偷窃、辱虐 5 个维度，并开发了这一场景下的反生产行为量表，各维度分别有 3、4、3、5、18 题，共 33 题，且研究证明不同的反生产行为类型有不同的前因变量。该量表是基于国外场景开发的，中国人更具传统性，即使实施反生产行为也更为隐蔽，因此该量表在中国情境下使用较少。

中国环境下的反生产行为类型与国外表现存在出入。刘文彬、井润田 (2010) 根据中国文化情境的特殊性，开发了适用于中国场景的反生产行为量表，包括工作怠惰行为、公司政治行为、渎职滥权行为、贪墨侵占行为和敌对破坏行为的五维量表，分别包含 7、6、7、6、6 题，共 32 题。这一量表贴合中国实际职场情景，得到中国学者的广泛认同。

3. 行为动因视角

由于个体实施反生产行为的目的和诱因不同，因此反生产行为的动因也是可以关注的分类维度。

斯佩克特和福克斯（Spector & Fox，2003）认为，反生产行为可以分为激进行为和消极行为，激进行为有明确的指向及目标，被冲动驱使，短期行为居多；而消极行为是长期的行为，被某种目的驱使，故意实施。

根据反生产行为的诱因和动机不同，张永军等（2015）根据以往学者将攻击性分为反应性攻击和前摄性攻击的方式，将反生产行为同样分为前摄性反生产行为（proactive CWB）和反应性反生产行为（reactive CWB），并提出两者的几个差异。前者是主动的，更隐秘，目标模糊；后者是被动的，较为激进，有明确目标。他们提出，两种反生产行为的解释理论和潜在影响都不相同。该分类方式根据理论推导得出，并未获得实践背景下的支持。

格莱克等（Greco et al.，2019）在对反生产行为的负性互惠路径进行元分析时，根据主动性将一些典型的反生产行为分为三类——主动、被动和平衡。主动的反生产行为包括骚扰、人际冲突、暴力行为；被动的反生产行为包括逃避、契约违背、报复、退缩和职场排斥；而平衡的反生产行为则包括辱虐管理、反社会行为、霸凌、伤害和职场攻击。该分类方式过于主观，在发生意见不合时由几位编码人员商讨而定，无理论支持也无实证验证，且只对典型的反生产行为进行了区分，不能作为一种稳定有效的分类方式，但对于从主动性视角切入对反生产行为进行分类，有启蒙意义。

4. 行为严重程度角度

行为严重程度这一视角通常结合其他视角一起对反生产行为进行划分，如彭贺（2010b）在对知识员工的反生产行为进行划分时，将严重程度和道德性相结合进行划分，其中指向人际和指向组织的都被认为是严重的，而指向任务的则被认为是较为轻微的。但该划分并未开发具体的测量量表，只提出了理论上的分类情况。也有学者将行为严重程度作为主要且独立的依据进行划分，例如巴伦（Baron，1998）以及格莱克等（Greco et al.，2019）。

纽曼和巴伦（Neuman & Baron，1998）就反生产行为中的攻击行为进行研究，发现根据其公开程度，可将攻击行为分为言语攻击、蓄意阻挠和暴力行为。该分类仅针对攻击行为，对于反生产行为即其他反生产行为子集并不适用。

格莱克等（Greco et al.，2019）在对反生产行为进行元分析时，对其进行了主观分类，将反生产行为分为轻度、中度和重度。其中，轻度包括逃避、违背合同、不文明行为、报复、退缩和工作场所的排斥，中度包括伤害、人际冲突、霸凌和辱虐管理，而重度则包括反社会行为、性骚扰和暴力行为。

2.1.2 反生产行为的研究进展

2.1.2.1 反生产行为的前因变量研究

1. 理论视角

本研究主要从理论角度探究反生产行为的前因变量。张建卫和刘玉新（2008）提出反生产行为相关研究的突出问题是缺乏系统性，主要原因就是理论零散、指导性不足，因此对可指导反生产行为研究的五个理论进行了梳理。根据不同的理论，可以推出不同的前因变量。

（1）"挫折－攻击"理论。

"挫折－攻击理论"提出，个体遭受的挫折引发了个体的攻击行为（Dollard，1939）。后来的学者一方面对该理论的机械性提出批评，另一方面对其进行拓展。斯佩克特（Spector，1997）将挫折事件定义为工作场所未能实现的工作目标和业绩，引发缺勤、离职、攻击行为等行为反应。另外也有研究关注到人格特质，如工作控制点调节了"挫折－行为"的关系（Storm & Spector，1987）。外控者将事件成功归功于运气和外界环境，相比认为自己才是命运主宰的内控者，对挫折即不成功事件更可能回报以反生产行为。"挫折－攻击"理论是"压力源－情绪"理论的基石。

根据该理论，反生产行为的前因变量是工作场所中的"挫折"，可以理解为工作内容、工作环境、工作绩效等相关事件，具体包括工作内容枯燥、人岗不匹配、工作环境脏乱、同事关系不融洽、绩效不公平、绩效流程不透明不规范等相关工作变量。

（2）反生产行为的自我控制理论。

马克斯和舒勒（Marcus & Schuler，2004）通过实证研究正式验证了自我控制在引发反生产行为过程中的重要作用，并提出了反生产行为的自我控制理论。先前基于犯罪等越轨行为提出的自我控制，是指个体规避那些长期代价超出瞬间获益行为的倾向，得到了反生产行为研究者的关注，而反生产行为从长期而言，都具有消极后果，因此自我控制理论提出，缺少自我控制是反生产行为的关键前因变量。

马丁科和冈拉克（Martinko & Gundlach，2010）基于主导性解释机制（即克制力的差异）和变量来源于内在（个体）还是外在（情境）两个维度，通过二分法形成了四类前因变量——天性、激发源、内部控制和机会（见图2-2）。各种反生产行为的前因变量大多可被纳入这一体系，而自我控制可纳入"个体-控制"板块。

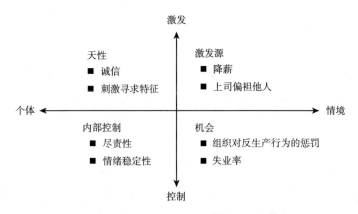

图2-2　反生产行为前因变量分类体系

马克斯（Marcus，2004）对上述四类前因变量进行比较研究后发现，自我控制最为有效。因此提出，自我控制资源是反生产行为最为关键的前因变量。

（3）因果推理理论。

因果推理理论由马丁科和冈拉克（Martinko & Gundlach，2010）提出，结合了归因理论和期望理论，认为个体对环境的归因是决定是否实施反生产行为的主要动因。

根据该理论可以推出，反生产行为的关键前因变量在于个体与情境的交互。当情境中发生某个事件时，个体如何解读这一事件将成为后续行为的关键指导。外部环境的变化是否会引发反生产行为，取决于个体如何解读这一变化。因此反生产行为的前因变量的核心是归因方式：当个体感受到环境的压力，例如绩效考核较差，如果个体认为这是自身能力所限，归因于自身稳定特质，则不会采取反生产行为；如果个体认为这是考核机制的问题，则可能实施反生产行为。

（4）计划行为理论。

计划行为理论是解释个体行为决策的理论。计划行为理论认为行为意向是行为最直接的预测源，而行为意向取决于行为态度、主观规范和行为控制感等。目前，该理论得到了大量支持。就行为态度而言，当反生产行为被视为资源重获行为伴随着潜在收益（张永军等，2017），或是被视为个体或群体因为组织或个人的某些危害其利益的行为而进行的维权抗争（Kelloway，2010）时，在个体眼中反生产行为成为了合理或正义的行为。主观规范指组织中非正式的规范，如组织的伦理氛围。行为控制感指员工感知的被处罚的可能。

根据该理论，反生产行为的前因变量包括了个体与环境两种，其中个体包括行为态度，即个体如何看待反生产行为。当个体认为反生产行为违背道德伦理，与个人价值观相悖时，个体实施该行为的可能性就大大降低；当在某些特殊情境下，反生产行为成为个体反抗不公平、反抗欺辱、表达不满的手段时，反生产行为将被合理化，个体将通过反生产行为宣泄消极情绪，获得公平，保证自身利益。环境因素则包括主观规范和行为控制感。主观规范主要指周围环境如何看待反生产行为。当周围的同事甚至领导都在实施反生产行为时，个体极有可能模仿该行为，认为该行为并无不妥；而当周围同事都视反生产行为为不道德行为，拒绝实施，并在他人实施时加以制止，那么个体同样将避免实施该行为。行为控制感则指个体自身认知及环境压力是否能够控制自己不实施反生产行为，尤其是环境压力。当个体认为实施反生产行为并不会受到惩处，或者可能性极低时，即使反生产行为不道德，个体也会实施；当组织中对反生产行为有极大的惩罚力度时，为了避免被惩罚，个体将避免该行为的发生。

（5）压力源-情绪模型。

压力源-情绪模型认为工作环境的压力源和情绪是反生产行为的触发条件。压力源与消极情绪将引发反生产行为。并非所有的压力都将即时触发反生产行为。巨大的压力可能立刻引发愤怒，从而引发反生产行为，而微小的压力则会引起微弱的情绪变动，但情绪存在累积效应，当累积到一定程度，就将引发反生产行为。另外，模型中的变量具有双向因果关系，某一事件在情绪不好时更可能被认为是压力源。已有研究证明，包括角色模糊、角色冲突、工作负荷等多种压力均正向影响反生产行为。

根据这一模型，反生产行为的主要来源可以被认为是工作中的压力。而压力的涵盖十分广泛，除了前面提到的三种，还包括人际冲突、组织约束、辱虐型领导、同事排斥等多种压力。反生产行为的另一主要来源则是情绪。压力与情绪对反生产行为的作用未必是独立的，也可能是相互作用的，例如个体接受了来自领导高负荷的工作安排，压力源存在，但当个体情绪较好时，会认为这是领导的历练，当个体情绪低落时，这就成了刁难。同样，当个体情绪低落时，若工作负荷较大，则会产生负面心理，消极怠工，降低工作满意度，催生反生产行为；若工作负荷较小，个体有更充分的时间和精力调整情绪，反生产行为则不一定发生。

2. 变量视角

张绿漪（2018）通过对管理学和应用心理学相关期刊上的 100 篇反生产行为相关文献进行分析总结，从四个方面对反生产行为影响因素进行了归纳整理：态度和感知因素、情境和工作因素、人口统计学变量与特质因素以及状态因素。

（1）态度和感知因素：包括分配公平、程序公平、互动公平、人际公平、支持感、满意度、不公平感。

（2）情境和工作因素：包括领导风格、自主权、冲突、工作压力、监管、团队氛围、个人 – 职业匹配、榜样表现、组织文化和工作参与。

（3）人口统计学变量与特质因素：包括性别、年龄、一般智能、职位任期、嫉妒、自恋、性格（大五人格）、控制点、权术主义。

（4）状态因素：包括心理契约违背、睡眠不足、挫折、积极情绪、消极情绪、动机。

3. 在特定场景下成立的影响因素

随着研究的深入开展，国内外学者们发现了一些与传统认知相悖的反生产行为的形成因素，例如组织公民行为、感知被信任、谦卑型领导、归属感、领导 – 成员交换。另外，也有学者提出了与以往研究不同的反生产行为的抑制因素，如辱虐管理。

（1）组织公民行为。如果员工被迫参与组织公民行为，在心理权力的作用下，随后会允许自己实施不道德行为（Yam et al.，2017），包括反生产行为。赵君等（2019）基于资源守恒理论和道德平衡理论对该过程进行了理论推导，提出消极情绪和自我道德概念在其中可能起到中介作用。

（2）感知被信任。陈晨等（2020）基于自我评价理论假设当信任稀缺时，下属感知被信任将导致下属获得心理权力，进而产生反生产行为，并通过三个研究分步骤验证了这一猜测。

（3）谦卑型领导。辛等（Xin et al.，2019）发现谦卑型领导有时会引起下属的反生产行为。大多数研究表明，领导谦卑有利于下属、团队甚至组织，但辛等（Xin et al.，2019）发现，当下属认为领导的谦卑是为了自我服务以达成某种目的时，领导的谦卑将引起下属的心理权力增加，进而引发工作场所中的反生产行为。

（4）归属感。杨和特雷德韦（Yang & Treadway，2018）结合社会信息加工理论和资源保护理论，发现归属感高的员工对其他同事的排斥行为有更敏锐的感知，因此也更可能实施反生产行为。

（5）领导－成员交换。过去的研究一般认为，领导－成员交换与下属反生产行为之间存在正相关，然而最近的研究表明，高水平的领导－成员交换关系将会导致员工认为自己拥有领导的"保护"，从而产生感知偏离容忍，在个体道德推脱水平较高情况下，员工将采取偏离行为（李好男，孔茗，2021）。

（6）辱虐管理。以往研究证明辱虐型领导与反生产行为之间存在正向线性关系，而许勤等（2015）发现，在个体工作嵌入水平较低的情况下：当个体感知的辱虐管理处于低水平时，负面情绪较弱，反生产行为水平较低；当个体感知到的辱虐管理处于中水平时，沮丧、失望等负面情绪应运而生，反生产行为成为引起关注或报复的手段；当个体感知到较高水平的辱虐管理时，个体有限的经历不足以支撑反生产行为的实施即个体面临被惩罚的风险，反生产行为作为反映诉求的手段也失效，因此个体将会实施较低水平的反生产行为。

2.1.2.2 反生产行为的结果变量研究

目前，对于反生产行为的结果变量有积极和消极两种态度。

（1）积极作用。对个体而言，反生产行为有时被认为是引起关注、抒发不满的渠道。例如，反生产行为被视为资源重获行为伴随着潜在收益

（张永军等，2017），或是个体或群体因为组织或个人的某些危害其利益的行为而进行维权抗争及发泄负面情绪（Kelloway，2010）时，反生产行为将具有显著的正向作用。另外，个体对领导辱虐行为的反抗将作用于领导者，减少领导的不良行为，保护个体自身权益，建立自信（Bordia et al.，2008）。对组织而言，张永军等（2012）提出，员工的反生产行为会引起组织管理者的反思，进而促进组织良性发展。

（2）消极作用。大多数学者依然认为反生产行为有显著的消极作用。对个体而言，在没有组织的积极诱导时会导致同事竞相模仿（Bowling，2020），破坏同事与员工的融洽关系（Braun et al.，2018），破坏组织伦理氛围。另外，作用于个体的包括斥责、谣言、辱骂等反生产行为也会对个体的工作和家庭生活产生消极影响，对员工智力和身体健康有损害（张永军等，2015）。对组织而言，由于员工消极怠工，故意延长休息时间等导致生产率下降、运营成本上升、组织名誉下降，甚至引起顾客流失，给组织运营带来阻力。

2.1.3 反生产行为与其他消极行为的关系

反生产行为包括许多行为子集，然而这些子集之间的关系并不明朗。本书选取6个行为子集，分析它们之间的关系。

（1）职场攻击行为指个体对组织内部员工故意实施身体或心理伤害的行为，包括散布谣言、口头辱骂和武力攻击等（Baron & Neuman，1998）。

（2）越轨行为特指违背组织规范的伤害行为（Robinson & Bennett，1995）。

（3）社会破坏指故意阻碍积极人际关系、工作相关成就、良好声誉的行为的建立和维持的行为。社会破坏有三个特征：一是故意性，因不可抗力导致的破坏不包含在内；二是隐蔽性，会逐渐减弱直至消失，因此，身体攻击、排斥等不被包括在内，而忽视别人的意见，阻碍信息传播，以沉默对待他人，不保护受到消极行为对待的他人等行为被包括在内；三是施害者和受害人可能有不同的理解（Duffy et al.，2002）。

（4）不文明行为指没有明显伤害意图，低强度、故意地违反职场中人际相互尊重这一规范的行为（Amdersson & Pearson，1999），以言语或非言语形式存在，包括粗鲁、忽视他人等。典型的不文明行为有在工作场所高声讲话、交谈时心不在焉、认为自己高人一等、无视他人的意见或贡献，背地里闲言碎语等（Lim et al.，2008）。

（5）职场暴力侧重于身体攻击（Tepper，2000）。

（6）辱虐管理特指上级攻击下属（Tepper，2000）。

结合王旭端和郑显伟（2013）的研究整理，从各个消极行为的定义来看，本书认为各类消极行为之间从小到大的关系应为：（1）辱虐管理属于职场攻击行为；（2）职场暴力属于职场攻击行为，且与辱虐管理存在重叠，因为部分辱虐管理通过职场暴力的方式进行，而职场暴力不仅仅局限于同事之间，也存在于领导与下属之间；（3）职场攻击行为属于越轨行为，职场攻击行为指针对组织内部员工采取的伤害行为，而越轨行为中还存在针对组织的行为，例如消极怠工；（4）不文明行为包含于越轨行为之中，与职场攻击行为存在重叠，不文明行为指没有伤害意图且可能直接造成了伤害，也可能造成潜在的或微不足道的伤害的行为，而职场攻击行为则同时包括了有无伤害意图两个方面；（5）社会破坏与不文明行为、职场攻击行为均存在重叠，同时又存在超出越轨行为范畴的行为，例如不保护他人，组织规范只规定不伤害他人，而没有规定必须保护受伤害的人；（6）越轨行为被包含在反生产行为之内。因此，各个行为之间的关系如图2-3~图2-7所示。由图2-3~图2-7可以看出，这几类组织中的消极行为都被包括在反生产行为之内，因此无论是哪一类行为在组织内部进行传播，都意味着反生产行为在组织内部发生了扩散。

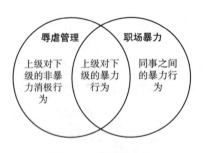

图2-3 辱虐管理与
职场暴力的关系

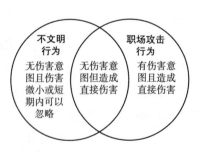

图2-4 不文明行为和职场
攻击行为的关系

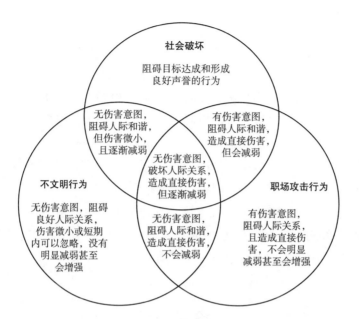

图 2-5 社会破坏、不文明行为和职场攻击行为三者之间的关系

图 2-6 社会破坏和越轨行为的关系

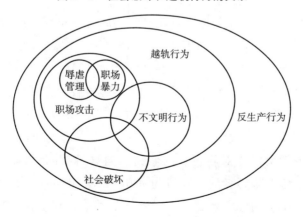

图 2-7 各个消极行为之间的关系

2.1.4 反生产行为发生的旁观者和受害者视角

以往研究中将反生产行为发生过程中的角色归纳为三类，分别是施害者、受害者、旁观者。旁观者泛指获得他人受到伤害信息的个体，可以是受害者的同事、亲属、朋友甚至是和受害方无关联的陌生人（王端旭，郑显伟，2013），但本书讨论的是反生产行为在组织内部的传播问题，因此在讨论旁观者时只考虑组织中的同事。

当反生产行为在组织内部发生后，其施害者与受害者和旁观者与受害者之间均有可能存在双向行为互动，互动可以是正面的也可以是负面的，而施害者与旁观者之间存在单向行为互动（见图2-8）。

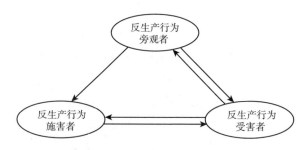

图2-8　反生产行为发生后的三个角色

2.1.4.1 施害者与旁观者

在最初反生产行为实施时，反生产行为施害者对反生产行为旁观者无行为。旁观者则可能采取指向施害者的消极行为。以工作场所不文明行为为例，当工作场所不文明行为由施害者实施时，目睹了这一行为的旁观者的道义公正感受到影响，针对不文明行为的施害者，旁观者将采取职场排斥，这一过程受到利他性的调节（詹思群，严瑜，2021）。当反生产行为施害者实施了相关行为之后，旁观者观察到施害者的无礼行为，出于道义公平，旁观者会产生对施害者的惩罚倾向（Skarlicki & Rupp，2010），甚至会直接实施对施害者的惩罚行为（Reich & Hershcovis，2015），以及触发旁观者为了惩罚施害者的攻击行为（王端旭，郑显伟，2013），这类行为虽是出于善意，但也是反生产行为的一种，比如，当施害者越多实

施反生产行为时，就会受到来自群体中的越多的不礼貌对待（Meier &
Spector，2013）。

2.1.4.2　旁观者与受害者

（1）受害者指向旁观者的行为。受害者对旁观者的行为可能有两个方
向。一个方向是，当受害者无法或者无力反抗施害者时，会向反生产行为
的旁观者求助；另一个方向是，反生产行为的原始施害者掌握威望、权力
等资源，或是受害者对施害者有所求，此时为了发泄消极情绪，受害者可
能转而向旁观者实施反生产行为（Greco et al.，2019）。

（2）旁观者指向受害者的行为。当反生产行为发生时，旁观者如何对
待受害者，与许多因素有关。朱千林等（2020）研究证明，旁观者对受害
者的态度取决于两者间是合作还是竞争的关系。当两者间存在合作关系时，
旁观者对受害者产生同情，并因此而实施支持行为以帮助受害者；当两者
存在竞争关系时，旁观者对受害者则产生幸灾乐祸情绪，并实施职场负面
行为。反生产行为存在溢出效应和交叉效应，当旁观者观察到施害者的反
生产行为时，将会被传染，跟随实施反生产行为，如无礼行为（严瑜，王
轶鸣，2016）。

2.1.4.3　施害者与受害者

（1）受害者指向施害者的行为。根据道德排斥理论，施害者实施工
作场所不文明行为时，将会引发不文明行为受害者的职场排斥，这一过
程可通过心理距离的增加来解释（詹思群，严瑜，2021），这一结果与埃
尔图鲁尔和查菲（Erkutlu & Chafra，2016）的结论相同。一项美国的调
查也证明，有超过80%的美国人都认为，为了应对无礼行为，暴力行为
发生的可能性将会增加，受害者将会升级负面行为还给施害者（严瑜，
李佳丽，2017）。

（2）施害者指向受害者的行为。一方面，这是反生产行为发生的直接
路径；另一方面，在最初的反生产行为发生之后，随着受害者和旁观者的
行为反应，施害者将再次实施反生产行为，如詹思群和严瑜（2021）提出，
由于施害者实施了不文明行为，导致不文明行为的受害者实施职场排斥，
此时两者间的位置发生置换，在职场排斥的作用下，原施害者将继续实施

不文明行为，形成不文明行为与职场排斥间的螺旋效应。

2.1.4.4　小结

当原始反生产行为一旦被实施，随后将在旁观者、受害者之间以不同的形式、强度进行感染传播。根据现有研究，只有受害者向旁观者求助和旁观者向受害者提供支持是正面积极行为，其余的互动关系都是以消极行为进行，因此，一旦反生产行为发生，将会迅速在组织内部扩散，对组织利益造成损失。

除了组织中人际之间的反生产行为互动，旁观者和受害者在施害者实施反生产行为之后，也可能实施指向组织的反生产行为。当旁观者的下属观测到施害者领导实施指向组织的反生产行为时，将会增加下属的反生产行为意图（Kueny et al.，2020）。另一个探究受害者行为的研究也证明了受害者在遭遇反生产行为时可能实施指向组织的反生产行为（Gürlek，2021），如被职场排斥的个体随后将实施反生产行为，包括指向人际的和指向组织的。

2.2　反生产行为的动态模式

反生产行为并非一成不变，在组织伦理环境缺失的情境中，反生产行为可能被同事模仿学习，出现反生产行为的扩散，也可能被同事制止，受到组织惩罚，出现组织公民行为，即反生产行为的分化；同时，个体先前的行为也将对后续行为产生影响，先前实施反生产行为，个体随后可能将维持该行为，也可能出于补偿心理，实施组织公民行为，发生反生产行为的转化，这些个体行为将聚集成反生产行为在组织内的动态演化。本书自个体内部演化至个体间传染，形成关于反生产行为动态变化模式的系统性探究。

2.2.1　反生产行为在个体间动态演化

2.2.1.1　反生产行为在组织成员间的动态扩散

反生产行为有较强的社会互动性，依赖于组织成员之间的沟通和影响，极少孤立存在（文鹏，史硕，2012；Ashforth et al.，2013）。当组织成员实施反生产行为之后，其他成员很容易受其影响而跟风实施相同的行为，即"近墨者黑"（谭亚莉等，2011；Robinson et al.，2014；Mawritz et al.，2012；Fu & Deshpande，2012；王震等，2015；薛会娟，杨静，2014）。因此，个体反生产行为可能既是其他组织成员反生产行为的结果，成为受害者（Fu & Deshpande，2012），同时又是影响其他组织成员产生反生产行为的诱因，从而使反生产行为在不同组织成员之间相互刺激、相互强化（文鹏，史硕，2012；O'Fallon & Butterfield，2012），逐渐弥漫到整个组织，最终形成较为稳定的、不良的组织氛围（文鹏，史硕，2012；张永军等，2012）。

2.2.1.2 反生产行为在组织成员间的动态分化

面对组织成员的反生产行为，有些个体非但不会"近墨者黑"，反而可能会揭发、惩罚实施反生产行为的"害群之马"，甚至还可能作出补偿行为，如组织公民行为（O'Fallon & Butterfield，2012；Gino et al.，2009）。这些积极的组织公民行为在一定程度上可以延缓、阻断甚至逆转反生产行为在组织成员之间的扩散。组织公民行为和反生产行为代表两种截然不同的资源增益行为，从回报角度来看，组织公民行为有利于组织及其成员，而反生产行为则有损于组织及其成员，但可能有利于反生产行为实施者本人；从付出角度来看，组织公民行为可能需要个体付出部分利益或资源，而反生产行为则不需要（张永军等，2012）。因此，反生产行为与组织公民行为存在很多影响相同但方向正好相反的前因变量，且两者一般呈高度负相关，甚至有学者认为它们是同一连续体对立的两极，但是其诱发机制可能不同（钱坤，秦向东，2017）。赵君等（2019）认为，组织公民行为与反生产行为之间的互动极为复杂，需要从认知角度与道德角度进行实证研究。

2.2.2 反生产行为在个体内动态演化

组织成员自愿实施的违反组织规则并威胁到组织及其成员幸福的反生产行为（Bennett & Robinson，2000），随着时间的推移会形成动态变化，且这种变化受多因素影响,包括资源获取、个体特征、情绪、自控水平以及道德自我概念等。例如,实施了反生产行为的组织成员,为了抵御未来可能发生的资源损失,会努力获取资源以创造资源盈余(Hobfoll,2001),从而转化为组织公民行为(Rappaport,1981;Cohen & Wills,1985)。斯佩克特和福克斯(Spector & Fox,2003)提出,情绪对个体自愿工作行为存在动态影响,组织公民行为和反生产行为的变异大部分来自个体内部,即人类的行为会随着不同的情况而改变。这些自主行为是离散的和情景性的,因此它们是时间动态的。这意味着一个人可能会根据情况作出完全不同的行为(组织公民行为,或反生产行为,或两者行为同时进行)。不断增强人们基于组织情境的行为知识,有助于揭示组织公民行为和反生产行为的动态性,实现未来组织公民行为的增加和反生产行为的减少。斯佩克特和福克斯(Spector & Fox,2010a)研究认为,在一定的条件下,个体反生产行为和组织公民行为可能同时发生或先后发生,即引发两者的转化,并运用情绪作为中介变量,验证了工作激励不足、组织限制、不合作、缺乏对组织公民行为的褒奖和对反生产行为的惩罚等五种情形可导致两种行为的转化。斯佩克特和福克斯(Spector & Fox)进一步解释个体内存在组织公民行为和反生产行为的动态转化。员工实施组织公民行为时将会寻求合理的归因解释,而遇到组织限制、工作不合作等情景时,可能引发组织公民行为转化为反生产行为。相反地,个体基于自身归因时,也会从自身寻找原因,反生产行为可能转化为组织公民行为。

2.3 群体行为和群体反生产行为

2.3.1 群体行为

2.3.1.1 群体行为的定义

群体行为(collective behavior)更多属于社会学和社会心理学范畴。群体行为由于包含了行为、进程、结构等多种因素,目前学界尚未对群体行为的定义达成统一,从不同的角度切入则会形成不同的定义。

群体行为是在群体外环境的作用下形成的，群体外环境的变化导致群体内个体形成了一种短暂又明确的群体心理，并在其驱动下自发形成某种行为（Bon，1896）。这种行为在外界环境的作用下，是动态变化的。随着时间的作用，可能会强化，即在外界环境不断加强影响的情况下，群体内行为发生扩散；可能会弱化，即在外界刺激逐渐减退，群体心理消失后，个体结束冲动行为；也可能会消失，即外界刺激彻底消失，群体心理冷却后，个体彻底放弃该行为。群体行为的最大驱动力和影响因素就是外界环境。

而派克等（Park et al.，1921）则认为，群体行为的动因是群体中的个体。群体行为在最初，是由群体中的某一个体将某行为传入群体，而后通过社会互动，比如模仿和学习，在群体内传播，最终形成了一定规模，被称为群体行为。米尔格拉姆和斯坦利（Milgram & Stanley，1963）认为，群体行为的发生没有组织性，在群体成员间相互刺激下发展和扩大。因此，群体行为是群体内自发形成的，但在形成过程中，受到外界环境、个体间互动的影响。

以上两种观点更偏向于认为群体行为是一种有数量规模的行为。派克（Park，1927）则认为，群体行为是在群体促进和作用下的个人行为，一般发生于情绪冲动状况下。

布卢默（Blumer，1969）较早在群体行为的定义中赋予负面含义，提出群体行为与社会正常秩序相悖，扰乱社会进程，并对社会已有的稳定结构造成打击。从微观角度看，库帕等（Cooper et al.，2006）认为，能够控制与引导群体行为建立，甚至预测群体行为的心理因素有三个：个体共有的某一目标；个体行为受环境影响；变动的环境。群体行为之所以可以预测，是因为它是有迹可循的，有目标导向性，随着时间演变为层次目标。而从宏观角度看，群体的利益需求、外部环境、群体互动和群体结构是群体行为形成的原因。

2.3.1.2 群体行为的研究进展

以往对群体行为的研究更多是理论研究和案例分析，近几年有许多学者都开始关注网络群体行为（郭艳燕等，2016；张瑞等，2019）。网络时代的到来拉近了个体间距离，加速了群体行为的传播与发展。网络群体行为指一定数量、无组织的网络群体，在外界刺激下产生，以意见强化与汇聚为特征，实现具有现实影响力的网民聚集（杜骏飞，魏娟，2010）。网络群体行为是公民在有一定利益诉求的情况下，为了实现目的采取的行为。一方面，网络群体行为具备现实群体行为的特征，同时网络又赋予了现实群体行为独有的内涵（张静，赵玲，2017）。

目前对于群体行为研究的方法概括起来主要有以下6种。

（1）案例分析。赵奕奕等（2015）在日本核危机等实例中发现，不同信任水平的子群体对群体观点演化有显著影响。

（2）实证研究。唐莉芳（2016）通过一个实证研究证明，社会资本对网络群体行为具有正向影响作用，且三个维度的作用大小并不相同，关系维度有最为显著的作用，结构维度次之，最后才是认知维度。孙剑等（2019）同样通过一个实证研究，证明了在隧道工人群体中，群体心理资源对群体行为有显著积极作用，陈海涛和魏永（2020）开发了群体行为意愿量表，对339份样本进行了结构方程模型分析，最终发现，群体认同、社会比较频率将正向影响群体行为意愿。

（3）解释结构模型技术。张静和赵玲（2016）运用解释结构模型技术探究群体行为的前因变量，将28个群体行为的因素进行全面分析，得到各因素之间的逻辑关系。根据其结论，微博用户群体行为的最根本原因是政府工作机制的不完善和法律政策与制度的缺失。

（4）仿真实验。吴文静等（2017）以行人过街为例，首先进行了演化博弈推理，然后进行了一个仿真实验，证实了在群体行为发生过程中从众心理的作用。

（5）OD数据可视化技术。黄文达等（2018）通过OD数据可视化技术，对租借自行车群体进行分析，在聚类、视图设计、关系分析等基础上，以4个案例的时空模式，证明自行车租借交互系统的作用。

（6）学习分析。马婧等（2014）通过学习分析这一定量的方法探究了网课场景下师生交互的类型及因果关系，探究了学生群体阅读行为、反馈行为等群体行为。

2.3.2　群体反生产行为

凯洛威等（Kelloway et al.，2010）基于社会抗议模型提出了反生产行为的群体和个体两个维度，开创了群体反生产行为这一研究视角。根据群体行为和个体行为两个维度，反生产行为的分类如图 2 - 9 所示。员工在职场中遭受的不文明对待随着时间的推移已经增长为 20 年前的两倍多（Schilpzand et al.，2016）。这意味着反生产行为在组织以及群体内将会发生传播、扩散等现象，随着时间的推移以及反生产行为后果的累积，将对企业造成巨大的威胁。孙博和董福荣（2014）基于 SIMCA 框架，认为群体情绪、社会认同、工具理性都将引发群体指向组织的反生产行为和群体指向人际的反生产行为，并提出了群体情绪产生的一个关键因素是不公平感知；社会认同需求则是部分个体放弃中立，害怕谴责而加入群体反生产行为的动因；工具理性则是指群体如何看待反生产行为，当反生产行为能够提高目标达成可能性，并提高收益，群体反生产行为就诞生了。

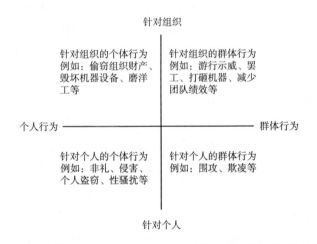

图 2 - 9　凯洛威等（Kelloway et al.，2010）的反生产行为分类

在以往的大多数研究中，都证实了同事可以对员工的态度和行为产生影响（任晗，陈维政，2014；Koopman et al.，2019；Greco et al.，2019）。出于反生产行为的社会互动性，当群体中有部分人实施了反生产行为时，其他成员或是跟风实施（Robinson et al.，2014；薛会娟，杨静，2014），或是出于保护自己资源的目的，或是为了应对工作压力和缓解工作紧张（Krischer et al.，2010），或为了向冒犯者进行报复（Folger & Skarlicki，2005；Greco et al.，2019），会选择采取反生产行为来适应消极情感和压力（Reynolds et al.，2015），即反生产行为发生之后会迅速扩散，从而导致团

队其他成员也表现出相似的反生产行为（赵旭，胡斌，2016）。通过对以往研究的总结回顾，笔者发现反生产行为的规模在群体中维持甚至扩大可能存在四种原因：一是跟风；二是宣泄报复；三是惩罚；四是逃避退缩。

（1）跟风。在群体中，一些成员既不是反生产行为的施害者，也不是反生产行为的受害者，但却因为跟风，主动或者被动地实施了反生产行为。消极行为感染模型认为，群体中成员的不良行为会受到其他成员不良行为的感染（Foulk et al.，2015）。这些行为可能是职场霸凌、不文明行为、消极怠工、偷窃办公物资、破坏办公室环境等。不少学者提出包括职场排斥在内的职场霸凌不是一种单一或孤立的行为，而是一组复杂的行为，在持续过程中逐步升级（Einarsen et al.，2011），也就包括了行为后果的升级，以及参与霸凌的人数的升级，这是由于个体为了避免自己成为被霸凌对象，被迫参与霸凌他人，是一种被动且消极的行为反应（Baillien et al.，2014）。此时同事间互相伤害的行为被群体以及领导默许甚至包庇，在这样恶劣而浑浊的组织环境与氛围下，反生产行为将会愈演愈烈，最终给企业带来沉重的打击。如果反生产行为由领导进行，那么其扩散导致规模增大的可能性更高，当旁观的下属感知到同事遭遇的来自领导的冷暴力，会产生一系列属于各种动机的心理、态度和行为等反应，例如，干预或效仿排斥行为（Johnson，2011），领导排斥的涟漪效应由此产生。当旁观者与作为排斥施害者的领导关系更亲密，则为了讨好领导或打压竞争对手，旁观者会选择模仿排斥者，出现 CWB 在群体中规模的扩大（陈志霞等，2019）。

（2）宣泄报复。作为反生产行为的受害者，也可能实施一些行为进行宣泄报复。大量研究表明，工作相关的前因可能引起反生产行为（Brand et al.，2017；王娟等，2018），个体将反生产行为作为关注和发泄情绪的手段。以往学者的研究对宣泄报复的对象进行探究，发现存在不同的情况。一部分学者认为报复将针对反生产行为施害者进行。当个体在组织中经历不合适的对待，成为了反生产行为的受害者时，对工作控制水平高的员工倾向于参与虐待和破坏，他们的动机是侵略和报复，这是冲动和即时的，严重有害，并直接指向压力的来源（Baka，2019），即反生产行为施害者。当个体坚持以牙还牙时，与同事间的冲突会逐渐升级为职场霸凌（Baillien et al.，2016）。一部分学者认为报复将针对旁观者。当遭受了来自领导的反生产行为时，受传统"上尊下卑"文化的影响，下属可能不会对主管进行报复，而是将敌意对准易于接近的其他个体（曹元坤等，2015）。还有部分学者认为，报复对象是不确定的，可能同时包括反生产行为施害者和旁观者。例如，破坏行为被认为是组织成员遭受到反生产行为后为了报复所实施的行为（Ambrose et al.，2002），个体不但会对违背社会规范并实施反生产行为的个体采取报复行为，还会对一般个体实施报复行为（Walker et al.，2014），同时，群体中违背社会规范的情景越普遍，对一般个体的报复行为就越容易发生。个体反生产行为的报复对象虽然更可能是反生产行为的最初施害者，但针对无辜第三方的报复也同样存在，即以上三者观点都是成立的（Greco et al.，2019）。不论反生产行为受害者的报复对象是针对反生产行为施害者，还是与此无关的旁观者，反生产行为在此过程中规模都有所扩大。与此相同，大量研究表明，当组织中存在排斥时，被排斥者会采取反生产行为，拒绝合作，甚至阻挠同事完成工作（Ferris et al.，2008；罗瑾琏等，2015）。

（3）惩罚。作为反生产行为的旁观者，也可能采取一些行为对反生产行为施害者进行报复。研究表明，旁观者目睹反生产行为后，痛苦程度增加，进而出现心理健康问题，不利于幸福感，而阻挠反生产行为的旁观者则心理健康问题水平无明显变化（Nielsen et al.，2021）。因此当反生产行为施害者实施了相关行为之后，会触发旁观者为了惩罚反生产行为施害者的攻击行为（王端旭，郑显伟，2013），这类行为虽是出于善意，但也是反生产行为的一种，就如梅尔和斯佩克特（Meier & Spector，2013）发现，当个体越多实施反生产行为时，就会受到来自群体中越多的不礼貌对待。

（4）逃避退缩。还有一部分个体在遭受了反生产行为时，会选择逃避与退缩。反生产行为受害者和旁观者都可能因为群体中有人实施反生产行为而产生更大的工作压力以及更多的负面情绪，出现职业倦怠（赵金金，刘博，2019），甚至抑郁和旷工（Boudrias et al.，2021）。就像格里芬等（Griffin et al.，2010）所指出的，不文明行为会弥漫为组织氛围因素，形成工作小组共享压力源，并调节个体经历的不文明行为与留任意愿的关系。为了缓解这些压力和负面情绪，受害者和旁观者选择逃避。例如，作为职场霸凌的结果，旁观者和受害者出于逃避、厌恶情绪，将会增加缺勤率（Asfaw et al.，2014）和离职率（Glambek et al.，2015；Boudrias et al.，2021）。当职场霸凌发生时，被害者将减少工作投入，降低工作专注度，因为他们认为自己并没有被组织重视与尊重，因此他们通过消极怠工的形式进行宣泄和反抗（Power et al.，2013）。董进才和王浩丁（2018）提出，同事间不文明行为作为阻碍性职场压力源，会消耗认知和情绪资源，激发员工保存既有资源的动机，为了避免资源的实际损耗和资源损耗的威胁，员工会采取退缩行为。而李锡元等（2020）则发现，当面临职场排斥时，受害者将产生情绪耗竭，进而出现网络怠工行为，虽然轻微但依然能够伤害组织生产。胡丽红（2016）和姜雨峰（2017）提出，遭遇到年龄歧视的员工，尤其是老龄员工，由于生理机能衰退，更易紧张焦虑，在遭遇歧视后，将会减少工作投入，减少创新行为，实施退缩行为，甚至提前退休。

2.4 领导冲突管理

2.4.1 冲突管理

2.4.1.1 冲突

要理解冲突管理首先需要了解什么是冲突。作为群居动物，人们的日常交流无法避免，个体成长环境和价值理念的差异会引起态度、信念和价值上的不一致，在交流中这种不一致会被表现出来，冲突在交流过程中就难以避免，因此冲突到处可见。

冲突是两者一种敌对或者敌对互动所连接的现象（Fink et al.，1999）。冲突产生的主要原因就是双方由于客观差异的存在而在某些事件上无法达成一致的过程。但冲突并不一定需要个体双方，个体与自身内部也存在很多交流，当个体从不同角度看到某一事件时，可能也会发生内部冲突。另外，冲突双方不一定是以个体形式存在，也可能是一个群体和个体、群体和群体之间发生冲突。

学者对冲突的态度并不一致，而这种不一致的根源是对待冲突的态度。

第一种观点认为，冲突是绝对消极的，每一次冲突都将产生负面影响。在中国文化中，冲突的近义词包括龃龉、争执、摩擦、矛盾、争端等，而这些词通常蕴含负面意义；另外，人际冲突、暴力冲突等短语同样包含消极内涵。国外研究也表明，由于解决冲突时需要耗费大量的精力和成本（Northcraft，2002），因此冲突的存在是企业家竭力想避免的。因此，在这种观点下，冲突是管理者需要及时避免和解决的。

第二种观点认为，冲突并不完全有害。冲突是在人际关系交往过程中诞生的，冲突能够加深人与人之间的了解，拉近人与人之间的关系，这是冲突的潜在功能。冲突在得不到友好解决的情况下，是有害的，而当冲突能够被妥善解决时，将会成为一种积极的力量，提高组织运用效率。

第三种观点认为，冲突是作用于当事双方的。冲突无法避免，也不需要避免，甚至应该被鼓励和刺激。研究表明，一方面冲突能够通过改善团队内部信息处理质量，形成创新导向；另一方面冲突引发情感冲突，消极影响创新行为（弋亚群等，2018）。因此当冲突能够得到合理管理时，冲突将发挥其正面作用，这一积极作用不仅表现在团队内部，同样表现在对组织绩效的影响，陈龙等（2019）研究发现，高管团队认知冲突与企业创新绩效存在倒 U 型关系。而这一积极作用不仅反映在创新表现上，阿尔珀等（Alper et al.，2010）认为，冲突管理的关注点应该是增加学习，提高组织有效性和组织绩效。陈建勋等（2016）研究表明，高管团队冲突对组织探索式学习行为的影响在变革型领导水平高或是交易型领导水平低时，存在"鱼缸曲线"关系。

随着人力资源管理水平的提高和对冲突的认识加深，目前组织中对于冲突的态度也越来越积极。

2.4.1.2 冲突管理

冲突管理是个体面临冲突，引发不适时所需要面临的问题。冲突管理的目的是引导冲突向正面积极的方向转变，避免冲突的消极结果。管理作为一门科学和艺术，最重要的概念一直就是有效性。冲突本身是一把双刃剑，潜在的结果并不唯一，因此冲突管理十分重要。冲突管理是希望将冲突从消极影响转变为通过谈判、学习及其他干预模式达到积极结果。但不同的冲突管理方式结果并不一样，造成个体的行为和绩效后果也大相径庭。

目前已有的关于冲突管理的方式，大多是根据 2 个维度划分为 5 种类型，但以往学者对于这 2 个维度的获取和 5 种管理方式的命名存在出入。

布雷克和莫尔顿（Blake & Mouoton，1964）最早提出管理方格理论，根据"关心自我"和"关心生产"将冲突管理的方式划分为分享、撤退、强迫、问题解决和缓和5种。在此基础上，拉希姆（Rahim，1983）根据"关心自我"和"关心他人"将冲突管理方式划分为竞争、合作、折中、回避、妥协5种类型，这一分类与托马斯（Thomas，1992）的相同（见图2-10）。

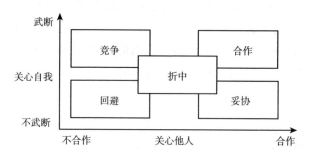

图 2 - 10　拉希姆（Rahim，1983）的冲突管理模型

邓汉慧（2011）结合上述2种分类方式，从他人—自我—任务3个维度，认为员工在面对冲突时有6种解决方式：合作型、折中型、竞争型、服从型、回避型和强制型。同时，每种解决方式也被赋予定义。合作型：冲突双方互相考虑对方利益，同时关注任务完成度；折中型：双方通过妥协折中解决问题；竞争型：一方过度关心自身利益，将冲突看作是零和博弈；服从型：一方为他人利益而自我牺牲；回避型：退避，不作为；强制型：双方无视他人利益，升级冲突。武雅敏等（2018）在拉希姆（Rahim，1983）的基础上提出，折中型和妥协型与其他3种冲突管理方式存在概念重合，因此冲突管理方式被划分为合作、回避、竞争3种。而杜鹏程等（2017）则认为可以用合作和竞争2种方式概括冲突管理。

2.4.2　领导冲突管理

前述的冲突管理方式都是基于冲突双方，没有关注第三方的介入。而在员工冲突问题上，考虑第三方的介入至关重要。第三方的介入能够调节矛盾，对于解决冲突有积极作用，促进双方有效沟通，也能引导双方考虑实质问题（张军果，任浩，2006）。领导作为组织的代言人，通常能够起到关键作用。

领导冲突管理方式指领导作为冲突第三方，如何管理下属双方的冲突。领导冲突管理是由冲突管理理论衍生而来。目前，对领导冲突管理方式的研究还在探索中，相关文献并不多。本书以研究所采用量表进行分类，整理了相关研究进展。

盖尔芬德等（Gelfand et al.，2012）首先提出了领导冲突管理行为分为三种模式——合作式、支配式和回避式，并进行了量表开发，三个维度分别有 4 题、3 题、4 题。后续研究大多借鉴这一量表开展。领导合作式冲突管理指领导采用沟通、包容的方式解决冲突；领导支配式冲突管理则提倡对抗和竞争；回避式冲突管理一般通过回避的方式粉饰太平。例如，张军伟和龙立荣（2013）借鉴该量表进行了领导冲突管理与员工宽恕的实证研究，结果表明，领导合作式冲突管理行为对员工宽恕有正向影响，领导支配式冲突管理对员工宽恕有负向影响，而领导回避式冲突管理对员工宽恕无显著影响。

王盛文等（2014）提出，以往关于冲突管理的五大理论假设都是从当事人个体角度出发，而实践中应考虑第三方。因此他们通过定量和定性研究结合的方式，根据关心程度和处置时间两个维度将领导冲突管理分为 3 种——回避、决断和审慎，分类方式如图 2 - 11 所示。回避表示不关心，决断表示关心且快速处理，审慎表示关心但处理较慢，每个维度共 4 题，开发的量表共 12 题。

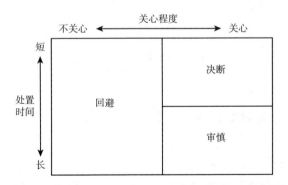

图 2 - 11 王盛文等（2014）的领导冲突管理模型

虽然上述几位学者已经开发了领导冲突管理的相关量表，但依然有许多学者对传统的冲突管理量表进行改编整合，通过多层回归技术，衡量领导冲突管理。如尹洁林等（2020）借鉴拉希姆等（Rahim et al.，2001）的研究发现，领导合作型冲突管理方式通过团队积极情绪氛围正向作用于团队创新绩效，而回避型和竞争型冲突管理风格对团队积极情绪氛围的作用不显著。陈云和杜鹏程（2020）则借鉴了拉希姆（Rahim，1983）的量表，证明了领导合作和竞争冲突管理方式分别能降低和提高员工敌意，同时，在该量表基础上，这两种冲突管理方式对员工态度的影响方向也相反（杜鹏程等，2018）。乐云等（2014）的实证研究按照王盛文等（2014）对领导冲突管理方式进行划分，结合了拉希姆（Rahim，1983）和王盛文等（2014）的量表，通过一个实证研究证明领导采取决断和审慎的冲突管理模式可以加强领导－成员交换关系，而回避的模式则将增加离职倾向。

由于领导冲突管理相关理论尚未成熟，本书在选择领导冲突管理操作性定义时结合领导冲突管理和冲突管理的研究成果，选取在冲突管理模式中的一对完全相反的冲突管理方式，即合作型与回避型。合作型冲突管理强调交流沟通，强调对他人观点的开放性，是一种以主动积极的态度看待冲突，以合理、双赢的思维解决冲突的方式。这种冲突管理方式是在求同存异的基础上对冲突的有效管理，最终实现组织的合作学习，并达成组织绩效。而回避型冲突管理方式是指领导不直面冲突双方，对冲突采取妥协、迁就和回避等管理方式。这种冲突管理方式会严重干扰组织的正常运营和发展，降低组织绩效。

2.5　相关理论基础

2.5.1　资源保存理论

资源保存理论（conservation of resources theory，COR）一直是组织心理学和组织行为学领域的重要理论之一（Hobfoll，2018）。研究发现，资源保存理论的核心要素是基于工作特质，工作要求资源模型（job demands-resources model）对此作了解释。与工作控制等单一的资源要素相比，资源保存理论作出了一系列更加广泛的研究假设，并给出了实证分析。贺福等

（Hobfoll et al. ，2018）的研究对资源保存理论的基本原则和主要论点作了分析，并对资源的获取和保存作了有益的探讨。

2.5.1.1 资源保存理论的内涵

1. 资源

对资源保存理论的研究，首先要明确资源的概念。资源是指人们认为的一切有价值的事物（Hobfoll，1988）。这些资源包括物质资源，如工作的工具、车辆等；条件资源，如积极的工作关系、工作资历等；个体资源，如个体核心技术、人格特质（自信、自尊）等；能源资源，如学识、信用等（Hobfoll，1988；Hobfoll，2011a）。

2. 资源保存理论的基本原则

贺福（Hobfoll，1988）将资源与价值联系起来，指出资源保存理论的研究始于人们对事物核心价值的获取、保持、促进和保护等。人们使用核心资源是为了更好地自我管控和运营社会关系。进一步地，资源保存理论认为资源的核心价值非常广泛，包括健康、保健、和睦、自我保护和积极的自我认知等。基于一系列人们对压力和挫折的实证研究，资源保存理论发现了一些核心原则（Hobfoll，1989；Hobfoll，1998，2001；Hobfoll et al. ，2003）。

第一是资源损失原则。与资源的收益相比，人们总是更加关注资源的损失（Hobfoll，2011b），对损失更加敏感（Hobfoll et al. ，2018）。因此，资源表现为损失优先原则。损失对人们的影响更为广泛，人们对资源损失的关注不仅是损失的程度，更关注损失的速度。比如，当经济危机来临时，人们关注的仅仅是各类资源损失的速度。在人类生物系统中，一旦出现资源损失的证据，资源收益循环（gain cycles）将难以维持，随即个体和系统将启动损失控制模式。

第二是资源投资原则。人们对资源投资是为了避免资源损失、恢复损失的资源以及增加资源（Hobfoll，2011a）。贺福等（Hobfoll et al. ，2018）对资源投资作了推论，他认为资源丰富的个体往往对资源的投资能力较强，即恢复损失的资源或资源增益的水平较高，因此不易受到资源损失的伤害。反之，先天资源匮乏的个体对资源损失更为敏感，对资源投资的能力亦较弱，表现为缺乏资源投资意识和投资行为。

第三是资源的增益和损失循环。资源的增益和损失循环往往源于长期的压力情境、个体或组织资源的匮乏以及一些重大压力源的产生。贺福（Hobfoll）认为，资源的增益和损失机制呈现螺旋型。拥有较多资源的个体，获取资源增益的能力较强，资源表现为螺旋式增益上升（段锦云等，2020）。相反，本身资源较少的个体，在遭遇资源损失时，更易陷入压力情境，这加大了资源损失的强度和速度。相较于资源增益螺旋，人们更关注资源的损失螺旋。个体资源的增益不仅关系到其工作状态，也与工作－家庭产生交互作用。工作和家庭都需要消耗个体资源，进而引发资源争夺。为了避免工作－家庭冲突，人们总是努力地争取资源增益，同时防止资源的损失。进一步地，这种资源增益螺旋也可以延伸到雇主－员工关系的研究。

第四是自卫原则。当面临资源耗尽危机时，为了保护自己的资源，人们往往会启动自卫模式，这种自卫模式可能会演变为非理性的攻击行为（Hobfoll et al.，2018）。研究发现，自卫原则将可能嵌入多种演变策略。例如，自卫型策略，个体会选择保护资源；探究型策略，个体会寻找新的替代资源以适应环境变化。

2.5.1.2 资源保存理论的主要研究模型

1. 资源交换模型（the crossover model）

资源保存理论（Hobfoll，1989，2001）聚焦于保护、获取和维持资源，提出了资源交换模型。博尔杰等（Bolger et al.，1989）的研究提出了交换的概念，认为在组织情境中，工作压力、心理负担等会在人际之间相互影响，也就是说心理状态和经历会在人际之间相互传递。资源交换模型勾勒了社会和组织情境中经历、情绪和资源的相互转换机制（Hobfoll，2018）。

2. 资源交换过程机制

韦斯特曼（Westman，2001）的研究提出了解释资源交换过程的三种内在机制。第一种是直接传播机制，经历、情感状态和资源通过同伴共鸣而触发同伴间传播的机制。第二种是间接传播，个体间相互影响、干扰的传播机制，如社会支持、社会阻抑等。第三种是导致不良影响的传播，人们通过传递经济困难等压力源，导致在同伴中形成焦虑、不悦等不良情绪影响。对传播机制的研究主要聚焦于压力、重负等，试图找出焦虑、过度劳累、自感健康和工作家庭冲突等心理压力、重负的转化证据。韦斯特曼（Westman，2001）指出，情绪、资源等的转换机制均适用于消极和积极的情境。积极情感交换机制是间接触发的，多表现为同伴间的相互影响等形式。如工作支持、自我控制等个体资源增加，人们可能会给予同伴更多的支持。积极的情感交换也会影响整个工作团队，进而形成良好的工作环境。

3. 自扩模型

基于阿冉等（Aron et al.，1991）的自扩理论，内夫等（Neff et al.，2012）证明了自尊、工作自信等积极资源在个体间的转换机制。根据自扩模型，人们有自扩的内在动力增加社会资源、表达观点，以促进工作目标的完成（Aron et al.，2001）。自扩加工过程始于当下自我和潜在自我的对比，包括个体自我与同事间观点、资源和身份等的关系。如果潜在自我需要改进，人们将会触发自扩行为。内夫等（Neff et al.，2013a）进一步研究发现与工作相关的自我效能转换在个体间是间接相关的。在对个体自尊转换效应的纵向研究中，内夫等（Neff et al.，2013b）发现，当个体表现出低水平的自尊时，该个体在时间 1 的自尊将会改变其同事在时间 2 的自尊表现，这也印证了贺福（Hobfoll，2011b）的研究。这种资源的转换机制将会触发资源的积累，形成资源增益螺旋（Hobfoll，2002，2011a）。

2.5.1.3　资源保存理论的主要研究结论

在研究资源保存理论四项核心原则基础上，贺福等（Hobfoll et al.，2018）提出了资源保存理论研究的三个主要结论。在个体或组织层面，人们总是会采取多种复杂策略以应对不同的压力情境。

结论一：当面临资源损失时，资源丰富的个体或组织由于资源的投资能力较强，因此更有能力快速恢复资源；反之，资源匮乏的个体或组织往往缺乏资源投资意识，对资源损失更为敏感，并且缺少资源重获的能力。

结论二：资源的损失存在螺旋下降的现象。与资源的增益相比，资源损失的影响更大、作用更为强烈。研究显示，在资源损失时，个体和组织都会面临较大的心理压力，因此在每一次压力螺旋的迭代中，其可用于抵消损失的资源也大幅减少。

结论三：资源的增益存在螺旋上升的现象。与资源的损失相比，增益螺旋的速度较慢、规模相对较小，表现较为弱势和缓慢。研究表明，在高损失情境下，个体更有动力去构建资源增益螺旋以获取更多的资源。

此外，贺福（Hobfoll，2011a）指出，无论个体还是组织资源，都不会孤立存在，因为资源是培育和适应的结果。自尊、乐观等资源都与环境、组织高度交互，是交互培育、适应的产物。贺福等（Hobfoll et al.，2018）认为，以往研究往往聚焦于某个确定时间点上的资源概念，多为静态的，忽略了资源与环境和组织的交互作用。该研究提出资源具有动态的特性，与外界的自然环境和组织背景具有交互影响。这种自然环境、组织背景既可能助长和培养资源，也可能会阻碍资源的重获、维持和创造。

根据贺福等人提出的 COR 理论核心原则和主要研究结论，本书认为有必要将资源的动态交换变化过程整合成"资源耗损→资源重获"的过程，并将"资源耗损→资源重获"模型应用于组织成员反生产行为的动态模式研究。

2.5.2 组织复杂性理论

由于经济发展、科技进步以及文化差异等因素的影响，组织和个人的活动将面临更多复杂性。同时组织复杂性（organizational complexity）也已成为组织发展中不可避免的问题。探索管理和处理组织复杂性已是当前学术界和商界讨论的热门话题。美国学者詹姆斯（James F，1996）在《竞争的衰亡——商业生态系统时代的领导和战略》的研究中，较为系统地阐述了组织复杂性理论，核心观点是商业系统的复杂性，强调商业系统应注重不同参与者及其相互关系。之后，该理论得到了广泛关注。

2.5.2.1 组织复杂性理论的内涵

1. 组织复杂性的概念界定

组织中的多种元素之间是相互作用的，而组织中的不同层次之间也是相互作用的，这种相互作用使得组织呈现多样性、动态性、变异性和不可预见性等复杂特征（Damanpour，1996）。刘婷（2006）指出，复杂性问题已成为企业管理的突出难题。组织复杂性源于组织外部、内部不同元素的交织作用。外部环境的多变性是外生的，是组织复杂性的外因。由于环境处于快速变化中，企业决策所需的诸如市场需求等信息往往是不确定的，这种环境不确定性始终存在。外部环境的元素数量以及元素之间的变化速度决定了环境不确定性的程度（Duncan，1972）。普拉肯（Prakken，2004）指出，环境不确定性的产生是由于环境的复杂性和动态性。环境复杂性和环境动态性对组织复杂性有正向影响。内因由组织结构、组织内部规模、组织战略、组织文化和组织领导者风格等内部多要素、多层次的相互作用形成（吕鸿江等，2009）。罗珉和周思伟（2011）研究认为，现代组织层次或整体复杂性主要包括以下特性：自组织性、自适应性、自相似性、自组织临界态、动态性、不可预测性、突现性、新生性和多层级性。

2. 组织复杂性的类型

由于研究的视角不同，导致组织复杂性的分类不尽相同。目前使用较多的是从组织结构、组织行为和组织认知等视角来研究组织复杂性。基于此，组织复杂性可分为结构复杂性、行为复杂性和认知复杂性（Daft RL，2001；Moldoveanu MC，2004）。

结构复杂性是组织层面的复杂性，研究重点是组织中结构单元的多样性以及相互之间错综复杂的关系。斯泰西（Stacey，1995）认为，组织结构可分为组织单元间的关系网络和组织员工间的关系网络，而这种关系网络可以被清晰地定义。里巴科夫（Rybakov，2001）从组织结构之间的网络关系数量、员工的沟通和岗位关系数量研究组织结构的复杂性。吕鸿江和刘洪（2009）分别从组织和个人两个维度研究了组织中各类活动的数量和子系统的数量。传统机械论认为，组织结构越简单，信息传递和决策的效率越高；反之，决策信息被扭曲的可能性增大，导致决策失败。然而复杂适应系统观认为，组织中子系统增加、权力分散等，加大了组织的结构复杂性，这种分权有助于增加结构单元及员工间的信息交流水平，提高组织对环境的适应能力（Ashmos et al.，1996）。

行为复杂性是组织行为层面的复杂性。行为复杂性是组织的各个行为主体（包含组织层次、成员层次）受到内外环境因素的影响产生复杂的交互作用，进而形成多种复杂特征（Anderson，1999；Lissack & Letiche，2002）。领导者的个人意愿（如权力、地位等）往往会加剧组织行为的复杂性，造成复杂性过剩，影响组织绩效（Rybakov，2001）。这些都是传统机械论的观点。复杂适应系统观则认为组织的行为复杂性有利于促进组织成员之间的沟通（吕鸿江，刘洪，2009）。在组织决策过程中，由于不同群体的共同参与，使得参与者不同的知识背景、文化背景相互作用，这有利于集思广益，提高决策水平。因此管理者如果能有效整合社交行为的复杂性，就能转变为企业的竞争优势，使组织更好地适应环境变化（Ashmos et al.，1996）。

认知复杂性主要是基于组织的战略复杂性和目标复杂性。环境的急剧变化、市场需求的不确定性、员工行为的多样性等，使得管理者难以预知企业的发展规律，具体表现为认知的不确定性和不可预见性（Lissack & Letiche，2002；Moldoveanu M C，2004；Browaeys M J，2003）。传统机械论的观点认为，多元战略（战略复杂性）使得组织资源分散，难以实现"集中力量办大事"，这将会导致战略失败。组织确定的经营管理目标应该是清晰且层次分明，使各层级的员工都能清晰地理解组织目标及相应工作任务，提高员工工作效率。多目标的决策（目标复杂性）将会导致组织混乱、员工无所适从而降低工作绩效。复杂适应系统观认为，多元战略并不一定完全是相互矛盾的，也可能是一致或互补的（吕鸿江等，2009）。不同战略在实施过程中能主动适应多种环境特征，能促成多元的战略思维，推动战略的实施、提升组织绩效（Neil & Rose，2006）。

2.5.2.2 组织复杂性理论的主要研究关系

按照复杂性的类别不同，目前组织复杂性理论主要研究了结构复杂性、行为复杂性和认知复杂性，其主要结构关系及测量也集中在以下三个方面。

1. 结构复杂性的主要研究关系

组织结构复杂性可以分为水平和垂直两个维度（Damanpour，1996）。在此基础上，达夫特（Daft，2001）又从水平、垂直和空间三个维度来测量组织结构复杂性。水平维度主要测量组织中平行部门的数量，垂直维度主要测量组织中上下层级的数量，而空间维度则是从地理分布来测量的。也有学者提出 NK 模型，N 表示组织中平行的单元数（部门数），K 表示单元（部门）之间的关系数量（Moldoveanu，2004）。NK 模型也是目前较为常用的结构复杂性测量工具。

2. 行为复杂性的主要研究关系

基于外显行为方式，算法函数通过构建 PNPU 模型以解释其中主要变量之间的关系（Moldoveanu，2004），P 表示简单的生产行为，NP 表示困难的生产行为，而 U 表示生产中的一些模糊行为，如个体心理的变化等。环境不确定性始终影响着组织与环境之间的交换关系。吕鸿江和刘洪（2009）从环境复杂性和环境动态性两个维度测量组织复杂性。

3. 认知复杂性的主要研究关系

由于认知复杂性又可分为目标复杂性和战略复杂性，因此有学者从目标复杂性和战略复杂性两个维度测量组织认知复杂性（Ashmos et al，1996；吕鸿江和刘洪，2009）。吕鸿江和刘洪（2009）通过开发战略导向量表，从防御者战略、前瞻者战略、分析者战略和反应者战略四个方面测量了组织目标复杂性和战略复杂性。

以上三种复杂性结构关系及测量方法是按照组织复杂性类别来测量的。唐（Tang，2006）从综合的视角编制了中国特色情境下组织复杂性量表：（1）13 个结构复杂性测量题项；（2）12 个目标复杂性测量题项；（3）11个战略复杂性测量题项。

2.5.3　社会燃烧理论

社会燃烧理论从物理理论推演而来。燃烧是物体快速氧化产生光和热的化学反应过程。燃烧必须同时具备燃烧物质、助燃剂和燃点。社会燃烧理论正是借鉴了这一简单的物理现象，探寻社会行为规律和经济规律。

社会燃烧理论的逻辑就是类比。将社会中的无序、动乱现象类比于自然界中的燃烧现象。"人与人之间的不和谐""人与组织之间的不和谐""人与群体之间的不和谐""群体与群体之间的不和谐"，它们也就是前面提到的冲突，扮演了"燃烧物质"的角色，是"燃烧"的根本。而社会舆论、谣言、个体对个体利益的追求、非理性的判断、匿名心理（在群体中，个体行为常常被掩盖，成为匿名状态，社会约束失效，此时人可能失去社会责任感和自我控制能力）、群体归属心理（当个体渴望融入某一集体时，会以群体行为和规范为准则，模仿群体内主流行为，关注群体内他人感情）、认同心理（当同属于一个群体时，对群体外部的事件会有相似的看法和态度。认同有两种形式。一种是群体对个人有较大的吸引力，能满足个体的期待，产生主动的认同；另一种是为避免被冷落和抛弃而顺应群体压力产生的从众行为）、促进心理（在群体中个体敢于采取个人不敢表现的行为，将群体视为个体的后盾，从群体中获得支持）等心理活动过分放大，外界势力的干预等都将成为"助燃剂"，成为"燃烧"的助力。个体观测到的某个有一定规模的突发事件，如突发的公共卫生事件、摩擦事件、安全事件等，将成为个体行为的导火索，即"燃点"。

作为物理学科探索社会问题的理论研究成果，社会燃烧理论对社会事件、社会行为的解释得到了不少学者的认可，例如李其原和胡伟（2017）将社会矛盾、社会舆论和社会突发事件类比燃烧物质、助燃剂和点火条件，探究了网络群体性事件发生机理与应对策略。王冠群和杜永康（2020）以仙桃市为例，将闭塞的决策条件、低效的政府回应及刚性的政府治理类比为燃烧物质、助燃剂和点火条件，探究了"中国式邻避"的生成，并从这3类条件的角度，提出了治理方式。王晟旻等（2021）以新冠疫情为例，建立了网络情绪传播模型，探究在公共卫生事件网络情绪传播过程中如何引导网络舆情。

对社会燃烧理论的相关文献进行回顾发现，社会燃烧理论目前在教育学、网络事件、民族安全、卫生事件等领域中有相关探索，但在组织行为学中的探索却几乎没有。

2.5.4 互惠理论

2.5.4.1 理论起源

互惠理论起源于社会交换理论。社会交换理论是解释人与人之间关系质量变化和发展的一个重要理论，而社会交换理论的一个原则就是互惠（norm of reciprocity）（Gouldner，1960）。互惠在人与人交际过程中普遍存在，且意义重大。

根据不同的角度，互惠可分为不同的类别。根据作用方向，可分为正性互惠和负性互惠；根据互惠的作用大小，可分为强互惠和弱互惠；根据互惠的作用途径，可分为直接互惠和间接互惠等。互惠可从三个方面进行评价——平等性、及时性和利益性（Sahlins，1972）。互惠具有 3 个特征：交互性，强调一方在接受另一方的给予后回报对方，互惠是双向的；价值观，人际交往中双方的价值观认可双向的沟通包含双方的付出与回报；规范和个人导向，这将影响互惠的频率，如果个人拒绝对接受他人的帮助实施回报，则会受到惩罚，同时，个人的互惠导向将影响互惠结果的好坏（Cropanzano et al，2005）。

2.5.4.2 互惠理论的研究进展

经济管理领域中，互惠主要应用于以博弈论为理论基础的经济学实验和组织环境中的行为研究。本书主要关注互惠理论在组织内部环境中探究个体行为时的应用。邹文簏等（2012）在以往学者的研究基础上，提出了如图 2 - 12 所示的互惠和交换的连续体。李卫东和刘洪（2014）通过一个实证研究发现，同事间的信任将提高员工个体对未来同事间互惠互利的预期，从而建立同事间良好的互惠互动，增强知识共享意愿。陆欣欣和孙家卿（2016）同样基于实证研究发现，互惠信念的高低并不能调节领导 - 成员交换和情绪枯竭的关系，但互惠信念、权力距离导向和领导 - 成员交换的三维交互作用成立，具体表现在对于高互惠信念和低权力距离导向的个体，领导 - 成员交换和情绪枯竭将存在正向关系。赵宏超等（2018）研究某药企发现，共享型领导对于新生代员工建言行为具有显著的正向积极影响，而积极互惠在这一过程中起到完全中介作用。凌文辁等（2019）考察了组织中上司按照下属个人才能的不同，建立不同亲疏关系和交换类型时采用的不同互惠法则，如上司将同时采用公平法则和人群法则来决定给予下属的工具性回报（如晋升、奖励、福利等），而下属则采用公平法则应对上司不等价的工具性回报，采用人情法则应对上司不等价的情感性回报。吴等（Wu et al.，2014）证明，消极互惠信念能够增强工作场所不文明行为和人际偏差之间的正向促进作用。威兰德等（Vriend et al.，2020）发现，高质量领导 - 成员关系将激发下属亲领导的不道德行为意图作为积极互惠的手段，反之则将激发下属亲自我的不道德行为意图作为消极互惠的手段。刘等（Liu et al.，2021）的研究结果表明，广义互惠和平衡互惠对员工的自主动机和受控动机产生积极影响，而消极互惠对自主动机则会产生消极影响，三种互惠对自主动机的作用都受到基本心理需求满足的中介作用。

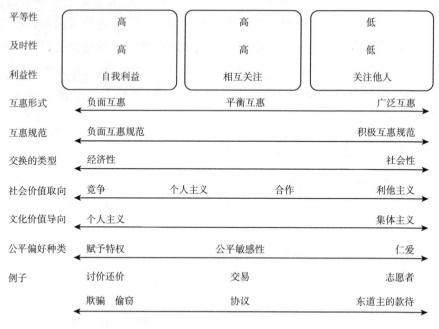

图 2-12　邹文篪等（2012）互惠和交换的连续体

2.6　研究述评

2.6.1　反生产行为与环境复杂度的关联研究层面

复杂度在工作生活之中无处不在，且被认为是身体健康、行为和工作环境最有效的预测因子之一（Schmitz & Ganesan，2014；Xie & Johns，1995）。吕鸿江等（2009）认为，组织复杂性来源于组织内外部的多样性，包括外部环境的复杂性和组织内部各种因素相互作用形成的内部复杂性。不论内部复杂性还是外部复杂性都将预测工作中一系列的反生产行为。目前，对于组织外部环境复杂度的研究还停留在与客户的交互过程中，基本没有对外部宏观大环境（例如技术入侵等）与反生产行为之间关联程度的探究。任务复杂度在近几年受到广泛关注，通常学者都将其与组织绩效、团队创造力、工作投入等因素进行倒 U 型关联，但任务复杂度与组织中个体行为的关联几乎无人问津。环境复杂度与组织行为的相互作用模式使我们开始反思并探讨当前复杂的环境状态下组织、员工行为与复杂环境之间的关系。

2.6.2 反生产行为的动态变化模式研究层面

目前，尚未有研究对反生产行为的效应范围及程度在组织内的动态变化进行探究。反生产行为依赖于人际交换，并非独立存在，具有不稳定性。在个体间层面，他人的反生产行为可以促使反生产行为在组织内的合理化，即个体的反生产行为可以是他人反生产行为的结果变量，同时也是第三方反生产行为的前因变量。在个体内层面，个体实施反生产行为后会为了提高自身的道德水准实施组织公民行为，也可能惩罚不足继续实施反生产行为。在群体层面，群体行为的因变量研究需要扩充。以往对群体行为的研究通常关注对整个社会的影响，或是对群体的影响，这些都是宏观层面的探究。目前对于群体行为的研究尚未关注到微观层面，即群体行为如何作用于群体内部或外部的个体，群体行为在微观层面的因变量尚需更多探索。反生产行为动态转化的内在机制尚未得到稳定的理论模型解释，因此需要更细致的研究，以获得稳定的变量间关系模式，构建理论解释模型。

2.6.3 群体行为研究层面

群体行为在组织行为学领域研究极少。以往针对群体行为的研究大多都是从社会学出发，关注社会群体、网络群体，较少研究关注到小群体，如隧道工人群体（孙剑等，2019）、大学生群体等（王儒芳，陶铮，2013）。

本书探究群体行为对反生产行为的影响，为群体行为找到在组织层面微观层面的结果变量，拓宽群体行为的研究领域，同时为反生产行为在较为宏观的群体层面扩充其前因变量、丰富群体行为及反生产行为的研究。

因此，本书主要解决以下问题：（1）触发反生产行为的外部宏观环境和内部组织因素有哪些？（2）个体的反生产行为在个体间如何发生扩散与分化？（3）个体的反生产行为如何在个体自身内部维持与转化？（4）受害者和旁观者视域下，群体行为如何影响个体反生产行为，作用机制如何？这些问题的研究对员工反生产行为的清晰认知、工作绩效的提高、职业生涯的快速进步以及组织高质量发展具有十分重要的理论与现实意义。

3 研究设计与研究假设

触发反生产行为的诱因是什么？与外部环境、组织现状的关联效应是什么？反生产行为在被触发之后，在组织中如何动态演化？群体反生产行为又如何影响个体反生产行为？本书将聚焦这些现实问题开展深入探索，并讨论其内在机制。

围绕以上现实情境，本章提出本书的核心理论假设：（1）环境复杂度（包括外部复杂度和组织内部复杂度）对组织成员的反生产行为产生影响；（2）反生产行为在组织内个体间存在扩散或分化的动态变化；（3）反生产行为在员工个体内部存在维持和转化的动态变化；（4）群体反生产行为对旁观者和受害者反生产行为产生影响。

3.1 研究构思

根据以上研究回顾，本书构建了基本研究方向，并进行五个子研究。

研究一：环境复杂度（外部复杂度和组织内部复杂度）对组织成员反生产行为的影响

面对环境复杂度，不论是来自组织外部的复杂度，还是来自组织内部的复杂度，都会对组织成员的反生产行为产生预测作用。环境复杂度使个体感知到工作资源和个人资源受损，因而在行为层面表现出相应的反生产行为以保留或重获资源，并且这个过程可能受道德认同的调节作用。因此，本研究将探究两种资源和道德认同是否能解释环境复杂度对员工反生产行

— 51 —

为的内在作用机制。

研究二：反生产行为在个体间的扩散与分化效应

反生产行为在组织内个体间既可能存在扩散效应，也可能存在分化效应，根据资源保存理论，将反生产行为在组织中的扩散与分化整合成"资源耗损→资源重获"的过程，并且这个过程可能受道德认同的调节作用。本研究将探究两种资源和道德认同是否能解释反生产行为在个体间的动态变化机制。

研究三：反生产行为在个体内的维持与转化效应

反生产行为在个体内既可能存在维持效应，也可能存在转化效应。个体在实施反生产行为之后消耗了自己的时间和精力等资源，为了重获资源以及减少更多的资源损耗，个体在后续的工作中可能会进一步采取反生产行为。但这个过程可能受到工作嵌入的调节。本研究将探究两种资源损耗和工作嵌入是否能解释反生产行为在个体内的动态变化机制。

研究四：群体反生产行为对旁观者反生产行为的影响

研究四的研究目的在于通过社会冲突理论和社会燃烧理论，探究群体反生产行为相比同事个体反生产行为和无明显反生产行为时，对旁观者反生产行为的作用，并探究领导冲突管理能否作为这一过程的边界条件，同时发掘其内在解释机制。

研究五：群体反生产行为对受害者反生产行为的影响

研究五的研究目的在于通过互惠理论，探究群体反生产行为相比同事个体反生产行为和无明显反生产行为时，对受害者反生产行为的作用，并探究领导冲突管理能否作为这一过程的边界条件，同时将发掘其内在解释机制。

3.2　研究假设

3.2.1　环境复杂度与组织成员反生产行为的关联效应研究假设

3.2.1.1　环境复杂度对组织成员反生产行为的直接影响

基于组织复杂性理论，组织复杂性源于组织外部、内部不同元素的交织作用。已有研究表明，环境复杂度会影响组织成员实施反生产行为（Fox et al.，2001；Yang & Diefendorff，2009；Fida et al.，2014）。复杂度被认为是身体健康、行为和工作环境最有效的预测因子之一（Schmitz & Ganesan，2014；Xie & Johns，1995）。环境复杂度是一种无处不在的现象，如果管理不当，将会影响相关工作人员的工作绩效。复杂性强的、高要求的工作会引起消极的、负面的行为后果和心理后果（Schmitz & Ganesan，2014），现有研究已经证明工作角色模糊（Schmitz & Ganesan，2014）、工作场所冲突（Ingram，2004）、个人负面情绪（Leischnig，et al.，2015）都是环境复杂性造成的后果。

内部复杂度指对各种信息（包括宗旨、规则等）、决策和同事（例如管理者、上级、同级）行为必须作出反应的程度（Neil & Rose，2006；Schmitz & Ganesan，2014）。内部复杂度是一种无处不在的现象，可能导致工作压力源的产生，是销售行业的隐患，使得工作更加困难。库帕（Cooper，2000）的研究揭示了工作压力、情绪和反生产行为的关系模型，即压力 – 情绪 – 反生产行为理论，研究指出反生产行为是个体对工作压力源的一种应对反应。工作压力源也可以分为很多种类型，如角色冲突、工作任务不明确（Kahn et al.，1964）、人际冲突（Spector et al.，1998）、工作情境约束（Peters & O'Connor，1980）等。福克斯等（Fox et al.，2001）研究指出，反生产行为是一种压力反应消极情绪在压力源和压力之间起调节作用。

外部复杂度指的是外部环境中的异质性和结构缺乏程度，并且可能源于客户对产品规格、交付时间和跨站点协调的不同期望（Jones et al.，2005）。环境的动态变化和异构性对组织成员工作造成了更大的不确定性（Dwyer & Welsh，1985）。在谈论环境复杂度的影响时，应将宏观环境的变化考虑在内。2020 年，我国"两会"时提到"延迟退休"方案，有学者研究证实老年劳动力增加确实会降低青年人的就业率（张熠等，2017），由此引发员工失业焦虑，增加实施负面行为的概率。有研究证明，经济危机与感知压力、工作负荷正相关，与身体健康、心理健康以及工作满意度负相关，而这些都是反生产行为的预测因子（Mihaela & Mihai，2011）。另外研究人员还发现，经济危机会对反生产行为的不同项目造成不同的影响，例如，与缺席、计划外的休息时间负相关，与偷窃正相关。由此，本研究选择的欧美国家对中国的围追堵截的操作性定义，可能预测员工的负面行为。2020 年暴发的新冠疫情给各国带来了严重的负面影响，学者研究发现，新冠病毒感染引发员工出现工作不安全感，而感知工作不安全导致员工增加组织偏离行为（Lin et al.，2021）。信息时代背景下，技术更新换代速度加快，企业管理不可避免地提高了对员工的要求，随着员工角色压力增加（Tarafdar et al.，2007），容易出现角色过载现象，进而引发员工工作行为的改变。

因此，无论是组织内部复杂度或是组织外部复杂度，均会对员工工作行为产生影响。由此本书提出以下假设。

H1 - 1：环境复杂度，包括外部复杂度和组织内部复杂度，对组织成员的反生产行为产生影响。

H1 - 1a：组织内部复杂度对员工反生产行为有影响。

H1 - 1b：延迟退休政策对员工反生产行为有影响。

H1 - 1c：欧美国家对中国的堵截对员工反生产行为有影响。

H1 - 1d：新型冠状病毒感染对员工反生产行为有影响。

H1 - 1e：技术入侵对员工反生产行为有影响。

3.2.1.2 工作资源和个人资源的中介作用

环境复杂度的变化将会引发个体感知压力的变化。对于组织内部复杂度而言，组织内部复杂度越高，流程越复杂，越会引发员工感知压力增加（Schmitz & Ganesan，2014）。对于组织外部复杂度而言，我国人力资源和社会保障部在 2017 年出台"延迟退休"方案，并在 2020 年"两会"时再度被提及。这意味着现在青壮年以及中年劳动力退休后年龄较大，从而引发退休焦虑，导致员工感知压力增加。而已有研究证明，退休焦虑与工作退缩行为存在显著正相关关系（胡丽红，2018）。关于经济方面对员工的反生产行为的影响因素，经济危机不止一次被提及。有研究证明，经济危机与感知压力、工作负荷正相关，与身体健康、心理健康以及工作满意度负相关（Chraif & AniEi，2011），出现这个现象的原因可能是员工害怕失去工作，因此在工作上更具有竞争力，同时又希望能够不遵守组织规则来获得一些个人资源。

根据资源保存理论，当个体感知到压力时，会采取自身所拥有的资源来抵抗压力，因此，环境复杂性的变化将会引发个体的资源损失。对于工作资源，由于环境复杂性的变化有时会造成企业资源的损失，此时企业提供的工作条件更为艰难，员工从中获得的工作资源减少。当公司疲于应对环境复杂性带来的负面影响时，员工的工作自主性感知也会有明显下降，工作社会支持感知削弱。对于个人资源，环境复杂性的变化使得个体所处的环境熟悉度下降、可预测性下降，一些员工可能会因自己处于复杂的环境中，产生抑郁心理。这样压抑的心理状态也是其个人资源中自我效能感、基于组织的自尊削弱的表现。因此引发个人资源的下降。

根据资源保存理论，个体感知到自身的资源损耗时，将会采取一定的行为重获或保留有价值的资源，反生产行为就是一种可以重获资源的行为（Kelloway et al.，2010）。因此，当面对环境复杂性变化时，个体的资源将遭受损失，为了挽回资源，个体将采取反生产行为。因此，工作资源、个人资源在环境复杂度对员工反生产行为的影响中起到中介作用。由此本书提出以下假设。

H1-2：工作资源、个人资源在环境复杂度对员工反生产行为的影响中起中介作用。

H1-2a：组织内部复杂度会通过个人资源影响到员工反生产行为。

H1-2b：延迟退休政策会通过个人资源影响到员工反生产行为。

H1-2c：欧美国家对中国的堵截会通过个人资源影响到员工反生产行为。

H1-2d：新型冠状病毒感染会通过个人资源影响到员工反生产行为。

H1-2e：技术入侵会通过个人资源影响到员工反生产行为。

H1-2f：组织内部复杂度会通过工作资源影响到员工反生产行为。

H1-2g：延迟退休政策会通过工作资源影响到员工反生产行为。

H1-2h：欧美国家对中国的堵截会通过工作资源影响到员工反生产行为。

H1-2i：新型冠状病毒感染会通过工作资源影响到员工反生产行为。

H1-2j：技术入侵会通过工作资源影响到员工反生产行为。

3.2.1.3 道德认同的调节作用

道德认同这一概念最早由布拉西（Blasi，1983）提出，他指出，道德认同是社会道德规范体系对个体的影响，反映了个体对道德品质的认可与接受程度，是道德行为的推动力。在后续研究中，学者们又将道德认同看作是一种个体差异，是个体希望使自身与道德行为保持一致的心理需要。鲁洁（1998）提出，道德认同是道德主体与社会基本道德价值体系取得一定共识的过程。阿基诺和里德（Aquino & Reed，2002）在研究中将道德认同分为象征化维度和内化维度。内化维度代表道德规范在自我概念中的重要程度，是一种内部维度，与自我价值感中的"内在自我"相对应。而象征化是一种外部维度，指道德规范向外部环境或其他个体体现的程度，研究证明内化维度能够更有效地预测人类道德行为。布拉西（Blasi，1983）研究了道德认同与道德行为之间的关系，阐述了二者的作用。布拉西（Blasi，1983）认为，道德认同引起相应的道德行为，当个体具有高度的道德认同感时，就会有道德责任促使其行为符合道德要求。因此，道德认同是将道德判断转化为自身行为的机制，是刺激行为的重要动机。

阿基诺等（Aquino et al.，2009）提出，道德认同是一种个人持有的道德特质和道德自我的认知模式。曾晓强（2011）在研究中指出，道德认同是个体对自身德行的评判，能够激发道德行为。阿什沃思等（Ashforth et al.，2016）认为，道德认同作为扎根于个体内心关于是非判断的认知模式，是将个体认知转化为道德行为的关键心理机制。沃茨和巴克利（Watts & Buckley，2017）指出，基于道德行为的自我调节机制，道德认同在理解个体道德行为过程中扮演着重要角色。章发旺和廖建桥（2017）提出当个体违背内在道德规范和道德标准时，内心会产生道德惩罚和道德谴责，这些心理压力促使其表现出与内部道德标准相一致的行为。个体都有其内在的道德规范和道德标准，并且会将自身行为与其进行比较。具有强烈道德认同的个体认为道德价值对于定义他们个人身份至关重要，因而他们通常表现出更多的亲社会行为（Weaver，2006；Winterich，2013），比如，绿色消费行为、捐赠行为等。王兴超和杨继平（2013）通过实证研究发现，道德认同能够调节道德推脱与亲社会行为之间的关系。程琪等（2016）通过对大量中学生进行调查研究后得出，道德认同正向预测亲社会行为。

综上所述，道德认同是对道德的自我接受，是道德行为的推动力。道德认同反映了个体对道德事件或行为的接受或认可程度，对个体的道德认知判断和行为具有一定的缓冲作用，即：由于环境复杂度使得成员工作资源和个人资源受损，高道德认同的个体实施反生产行为的可能性减少。道德认同可能调节资源与反生产行为之间的关系。由此本书提出以下假设。

H1 - 3：道德认同在环境复杂度通过工作资源和个人资源对员工的反生产行为的影响中起到调节作用。

H1 - 3a：道德认同在组织内部复杂度通过工作资源、个人资源对员工的反生产行为的影响中起调节作用。

H1 - 3b：道德认同在延迟退休政策通过工作资源、个人资源对员工的反生产行为的影响中起调节作用。

H1 - 3c：道德认同在欧美国家对中国的堵截通过工作资源、个人资源对员工的反生产行为的影响中起调节作用。

H1 - 3d：道德认同在新型冠状病毒感染通过工作资源、个人资源对员工的反生产行为的影响中起调节作用。

H1 - 3e：道德认同在技术入侵通过工作资源、个人资源对员工的反生产行为的影响中起调节作用。

3.2.2 反生产行为在组织内个体间的扩散与分化效应研究假设

3.2.2.1 组织成员的反生产行为对受害者的直接影响

反生产行为的社会互动性较强，依赖于组织成员之间的相互沟通和影响，极少孤立存在（文鹏，史硕，2012；Ashforth et al.，2013）。当组织成员实施反生产行为之后，其他成员很容易受其影响而跟风实施相同的行为，使得反生产行为扩散到整个组织。然而面对组织成员的反生产行为，有些个体可能会揭发、惩罚实施反生产行为的"害群之马"，甚至还可能作出补偿行为，如组织公民行为（O'Fallon & Butterfield，2012；Gino et al.，2009）。这就形成了反生产行为在个体间的动态分化。

综上所述，组织成员实施反生产行为之后，受害者可能受之影响跟随其实施反生产行为，导致反生产行为在组织内扩散。但受害者也可能出淤泥而不染，对反生产行为实施者进行反抗和揭发，实施对组织有益的组织公民行为，从而导致反生产行为在组织中分化。由此本书提出以下假设。

H2 - 1：反生产行为在组织内个体间存在扩散或分化的动态变化。

H2 - 1a：组织成员指向组织的反生产行为对受害者指向组织的反生产行为有影响。

H2 - 1b：组织成员指向组织的反生产行为对受害者指向人际的反生产行为有影响。

H2 - 1c：组织成员指向组织的反生产行为对受害者组织公民行为有影响。

H2 - 1d：组织成员指向人际的反生产行为对受害者指向组织的反生产行为有影响。

H2 - 1e：组织成员指向人际的反生产行为对受害者指向人际的反生产行为有影响。

H2 - 1f：组织成员指向人际的反生产行为对受害者组织公民行为有影响。

3.2.2.2 工作资源和个人资源的中介作用

组织成员反生产行为可能使受害者感觉到工作资源减少，如资源分配不公、职业成长与发展机会受限、工作安全感降低等，继而表现出一系列消极的工作行为，如退缩、离职、不道德行为等（Robinson et al.，2014）。同时，组织成员反生产行为也会损耗受害者个人资源，反生产行为将讽刺、敌意、贬损等负性评价加予受害者，使受害者降低其自我评价（Huang et al.，2016；马粤娴等，2016）。当个体资源减少且没有及时补充时，其伦理意识降低，反生产行为随之增多，即，处于自我耗损状态下的个体极有可能因失控而实施反生产行为（Baumeister & Heatherton，1996；Gino et al.，2011）。

肖费勒和巴克（Schaufeli & Bakker，2004）认为，工作资源具有激励作用，一方面能够推动员工学习或者促进个人的发展，另一方面能为员工提供实现目标的工具性支持和具体信息，从而激励员工成长与发展。当员工的工作资源受到伤害，为了保护自身资源，员工会选择降低自身绩效目标，出现退缩行为，而退缩行为也属于反生产行为。组织成员反生产行为将会造成个体控制环境能力的下降以及工作资源的减少。大量研究证明，工作资源的减少将会引发消极的工作态度和绩效行为（Pyszczynski et al.，2004）。同样，大量的实证研究支持个人资源的减少对反生产行为的负面影响。由此，无论是个人资源还是工作资源，都有可能导致员工实施反生产行为。

根据资源保存理论，人们努力创造资源盈余以抵御未来可能的资源损失（Hobfoll, 2002），这将给人们带来积极的幸福感。对于拥有资源的个人来说，他们也会进行资源投资，这也意味着必须调动现有的资源或从系统外部获得新的资源，以在更大的社会系统中实现资源交换的平衡。面对组织成员的反生产行为，员工的资源受损，部分员工不愿同流合污，为了获取更大的资源盈余，可能在个体间出现反生产行为分化，产生组织公民行为。由此本书提出以下假设。

H2-2：工作资源、个人资源在组织成员反生产行为对受害者反生产行为和受害者组织公民行为的影响中起中介作用。

H2-2a：组织成员指向组织的反生产行为会通过个人资源影响到受害者指向组织的反生产行为。

H2-2b：组织成员指向组织的反生产行为会通过个人资源影响到受害者指向人际的反生产行为。

H2-2c：组织成员指向组织的反生产行为会通过个人资源影响到受害者组织公民行为。

H2-2d：组织成员指向组织的反生产行为会通过工作资源影响到受害者指向组织的反生产行为。

H2-2e：组织成员指向组织的反生产行为会通过工作资源影响到受害者指向人际的反生产行为。

H2-2f：组织成员指向组织的反生产行为会通过工作资源影响到受害者组织公民行为。

H2-2g：组织成员指向人际的反生产行为会通过个人资源影响到受害者指向组织的反生产行为。

H2-2h：组织成员指向人际的反生产行为会通过个人资源影响到受害者指向人际的反生产行为。

H2-2i：组织成员指向人际的反生产行为会通过个人资源影响到受害者组织公民行为。

H2-2j：组织成员指向人际的反生产行为会通过工作资源影响到受害者指向组织的反生产行为。

H2-2k：组织成员指向人际的反生产行为会通过工作资源影响到受害者指向人际的反生产行为。

H2-2l：组织成员指向人际的反生产行为会通过工作资源影响到受害者组织公民行为。

3.2.2.3 道德认同的调节作用

与研究一相同，道德认同是自身自我意识和自身行为认知的重要组成部分，也是个体知行合一的内在动力。在道德驱动的资源增益行为中，个体行为可能主要受道德的支配。将道德认知转化成道德行为与个体道德认同有密切的关系。道德认同在个体行动的过程中起到缓冲作用。当组织成员实施反生产行为后导致其他成员的利益受损，即受害者的资源受损，但道德认同高的受害者即使遭遇了这种对自己不利的行为，也可能不会去实施反生产行为来进行报复，也可能为了体现自身道德认同而实施组织公民行为。综上所述，道德认同会调节资源损耗对受害者反生产行为或组织公民行为的影响。由此本书提出以下假设。

H2-3：道德认同在组织成员反生产行为通过工作资源和个人资源对受害者反生产行为和组织公民行为的影响中起调节作用。

H2-3a：道德认同在组织成员指向组织的反生产行为通过工作资源和个人资源对受害者指向组织的反生产行为的影响中起调节作用。

H2-3b：道德认同在组织成员指向组织的反生产行为通过工作资源和个人资源对受害者指向人际的反生产行为的影响中起调节作用。

H2-3c：道德认同在组织成员指向组织的反生产行为通过工作资源和个人资源对受害者组织公民行为的影响中起调节作用。

H2-3d：道德认同在组织成员指向人际的反生产行为通过工作资源和个人资源对受害者指向组织的反生产行为的影响中起调节作用。

H2-3e：道德认同在组织成员指向人际的反生产行为通过工作资源和个人资源对受害者指向人际的反生产行为的影响中起调节作用。

H2-3f：道德认同在组织成员指向人际的反生产行为通过工作资源和个人资源对受害者组织公民行为的影响中起调节作用。

3.2.3 反生产行为在个体内的维持与转化效应研究假设

3.2.3.1 员工个体反生产行为对自身后续反生产行为的维持与转化的直接影响

组织成员表现出违反组织规则并威胁到组织及其成员幸福的自愿行为，即反生产行为，它会随着时间的推移形成一种动态变化（Bennett & Robinson，2000）。斯佩克特和福克斯（Spector & Fox，2003）提出，情绪对个体自愿工作行为存在动态影响。斯佩克特等（Spector et al.，2006）研究指出，个体实施反生产行为往往是由于资源耗损，产生愤怒、焦虑、嫉妒等消极情绪，这些消极情绪既是个体对反生产行为及其资源耗损的即时反应，又是个体后继行为的诱发因素。杨等（Yang et al.，2009）认为，日常压力引起的负面情绪会导致反生产行为。根据情绪一致性理论，坏情绪会导致对工作环境的负面评价，从而导致更多的反生产行为。

虽然反生产行为对于组织的负面影响不言而喻（Rotundo & Xie，2008；Hershcovis & Barling，2010），但也并非一无是处。反生产行为可以作为个人表达不满或试图解决不公平的一种反抗，由此来发泄消极情绪，保护合法利益，同时也提高自信和自尊。迈纳等（Miner et al.，2010）证明了反生产行为有助于满足个体的发泄需求，从而实现情绪资源的恢复，此外，员工的组织公民行为水平可能受坏心情影响，当员工存在消极情绪时，他们会同样以消极的方式评估和了解工作活动和工作环境（Borman et al.，2001），导致对组织和同事的负面评价。如果这种消极的评价被员工纳入行为决策中，就会降低员工自愿帮助组织和同事的意愿，减少组织公民行为，增加反生产行为。萨米纳等（Samnani et al.，2014）的研究同样证实了个体在经历消极情绪时更倾向于从事反生产行为。另外，消极情绪是一种消极的心理状态，表明自我受到了伤害和威胁。根据资源保存理论，实施反生产行为有助于缓解情绪耗竭，恢复工作兴趣，从而实现情绪资源的恢复（Krischer et al.，2010）。斯佩克特和福克斯（Spector & Fox，2010b）的研究进一步指出，员工实施反生产行为之后会因为伤害了组织和组织成员的利益而感到羞愧，从而在后续工作中表现出一定程度的组织公民行为，实现个体反生产行为到组织公民行为的动态转化。

综上所述，员工个体在实施反生产行为之后，在后续工作过程中可能维持反生产行为，也有可能向组织公民行为转化。由此本书提出以下假设。

H3 - 1：反生产行为在员工个体内部存在动态变化。

H3 - 1a：员工实施反生产行为之后，仍会继续实施反生产行为。

H3 - 1b：员工实施反生产行为之后，后续会减少实施组织公民行为。

3.2.3.2 工作资源损耗和个人资源损耗的中介作用

员工个体实施反生产行为需要投入自身的工作资源和个人资源，造成资源损耗。工作资源具备天然的激励作用，能够促进工作目标实现，激发个人成长和发展（Bakker，2003，2007），工作资源的减少将会引发个体消极的工作态度和绩效行为（Pyszczynski et al.，2004），例如旷工（Bakker，2005）、降低工作动机（Wong et al.，2011）。同样，个人资源对反生产行为的负向影响也得到了实证研究支持，例如，自我效能感和组织支持（杨皖苏等，2018）负向影响反生产行为，促进组织公民行为，而组织自尊（苏伟琳，林新奇，2019）的损耗正向影响反生产行为中的员工沉默行为。无论是个人资源还是工作资源的损耗，都是导致反生产行为的心理诱因。

根据资源保存理论（Hobfoll，1989），当员工个体的资源面临损耗的可能或已经造成实际损耗时，个体就会因为资源损失而产生巨大的压力，为了缓解压力，个体会继续投入自己所拥有的资源来重获损耗的资源。当个体无法有效阻断资源损耗，并且不能获得资源增益时，个体有限的资源将会不断损耗，此时，个体仍会投资其资源，进而导致第二次的资源损耗，循环往复，最终导致一种恶性循环的后果——资源损失螺旋。此外，缺乏资源的个体获取资源的速度比资源损失的速度慢，呈损失螺旋效应（Hobfoll，2002）。贺福等（Hobfoll et al.，2018）依据资源保存理论进一步推导出，与拥有更多资源的人和组织相比，资源缺乏的个体和组织在资源损失情境中处于更加脆弱的状态，同时，获得资源增益的能力也更弱。根据资源损失螺旋效应，资源损耗比资源获得具有更大的影响力，这是因为资源损耗将促进压力进程，随着压力螺旋的迭代，个体和组织能用于补偿损失的资源逐渐减少，损失螺旋的量级与动能随之不断增强。根据资源增益螺旋效应，由于资源获得增长的量级与强度均小于资源损失，资源获得螺旋的发展通常更小、更慢。

综上所述，个体在实施反生产行为之后，对个人资源和工作资源的损耗产生了一定的影响，从而选择在后续工作过程中实施反生产行为或者组织公民行为。由此本书提出以下假设。

H3-2：工作资源损耗和个人资源损耗中介了反生产行为在员工个体内部的维持和转化。

H3-2a：员工实施的反生产行为会通过个人资源损耗影响到后续反生产行为的实施。

H3-2b：员工实施的反生产行为会通过工作资源损耗影响到后续反生产行为的实施。

H3-2c：员工实施的反生产行为会通过个人资源损耗影响到后续组织公民行为的实施。

H3-2d：员工实施的反生产行为会通过工作资源损耗影响到后续组织公民行为的实施。

3.2.3.3 工作嵌入的调节作用

个人-组织匹配是员工组织公民行为、反生产行为等的重要影响因素。个体与组织的匹配，不仅包含个体与组织价值观的一致性，还取决于两者之间多个层面特征的互补性。本书选取工作嵌入作为调节变量，考察反生产行为在个体内部的动态变化过程是否可能受工作嵌入度的调节。

工作嵌入度表明了个体与工作的嵌入程度，解释了个体为什么留在组织中的一系列因素（袁庆宏，陈文春，2008）。米切尔等（Mitchell et al.，2001）研究证实了工作嵌入显著负向预测员工的离职意愿、离职行为，显著正向预测工作满意度和组织承诺。李等（Lee et al.，2004）在2001年研究的基础上，对一家大型银行机构雇员进行调研，结果发现工作外嵌入比工作满意度和组织承诺更能预测离职，工作内嵌入则不显著；工作内嵌入比工作满意度和组织承诺更能预测组织公民行为和工作绩效，工作外嵌入不显著；同时在缺席、组织公民行为、工作绩效与离职的相互关系上工作嵌入起调节作用。组织嵌入程度越高，员工越会加强与同事的信息交流，获取更多的资源信息，自身解决问题的能力也越强，在面对不确定的工作环境时抗压能力也就越强，任务绩效和周边绩效也越高，说明工作嵌入对工作绩效有着积极的正向影响（Liu，2018）。托马斯和费尔德曼（Thomas & Feldman，2009）研究发现，当组织嵌入成为控制变量时，其与工作绩效和公民组织行为的创造力正相关。

托马斯和费尔德曼（Thomas & Feldman，2010）的研究进一步证实，工作嵌入对员工传播新知识和实施新计划有显著正向影响。霍尔汤姆（Holtom，2006）对于财富500强公司的员工的调查研究发现，工作嵌入程度高的员工能获得较高的社会资本，从而增强了积极工作行为的动力。卡拉泰佩等（Karatepe et al.，2012）以一家五星级酒店和三家四星级酒店的212名一线员工为研究样本，研究结果证实了工作嵌入对工作绩效的直接影响。同时，维勒等（Wheeler et al.，2012）研究证实，组织嵌入为员工提供了直接和持续有效的工作动力，增加了员工的工作动机和绩效，促进了员工的组织公民行为。此外，李永周等（2014）研究发现，科技研发人员的工作嵌入会促进创新行为、提升创新工作绩效，并且工作嵌入度高的员工能够更好地应对困难和挑战，倾向于积极主动地采取创新行为。

综上所述，从工作嵌入的角度，员工与组织联系得越紧密，个人与组织匹配程度越高，越认为自己离不开组织，是组织的一部分，即工作嵌入度较高。在这种情况下，个体即使资源受到了一定程度的损耗，但是由于具有自身与组织的关联程度较高的认知，会转向实施对组织有益的组织公民行为。相反，工作嵌入度较低的员工面对自身资源受损，可能会维持反生产行为的实施。因此反生产行为在个体内部的动态变化过程可能受工作嵌入度的调节。由此本书提出以下假设。

H3 - 3：工作嵌入在员工个体反生产行为通过工作资源损耗和个人资源损耗对后续反生产行为和组织公民行为的影响中起到调节作用。

H3 - 3a：当员工有较高的工作嵌入程度时，员工反生产行为会通过个人资源损耗影响到后续反生产行为的实施。

H3 - 3b：当员工有较高的工作嵌入程度时，员工反生产行为会通过工作资源损耗影响到后续反生产行为的实施。

H3 - 3c：当员工有较高的工作嵌入程度时，员工反生产行为会通过个人资源损耗影响后续组织公民行为的实施。

H3 - 3d：当员工有较高的工作嵌入程度时，员工反生产行为会通过工作资源损耗影响到后续组织公民行为的实施。

3.2.4 群体反生产行为对组织中旁观者反生产行为的影响机制研究

3.2.4.1 群体反生产行为对旁观者反生产行为的直接影响

已有大量研究表明，当反生产行为的个体实施者实施了初始反生产行为之后，旁观者将会实施反生产行为（詹思群，严瑜，2021）。当反生产行为的实施者从个体升级为群体时，相比个体实施者和组织内没有反生产行为的情况，旁观者采取反生产行为的可能性上升。一方面，归属需求是组织内部成员最重要且最基本的动机（王莹等，2020），基于归属需求的驱动，当个体为了融入某一群体时，极可能跟随群体行为，即使该行为是消极的（Foulk et al.，2015），而只有特定个人实施反生产行为或者无人实施反生产行为时，旁观者则没有归属需求促使行为发生；另一方面，当群体都在实施某一消极行为，例如霸凌时，旁观者为了避免自己成为下一个受害者，可能被迫参与霸凌行为（Baillien et al.，2014），而当只有个人实施该行为时，旁观者可以选择坐视不管或者帮助受害者。以上两方面分别对应社会冲突理论的两个主要观点，群体外冲突可以促进群体内的和谐和"社会安全阀"理论。

第一个观点，外部冲突可以促进内部和谐。群体内成员有更强的自我归属感和认同感，在群体反生产行为场景中，群体反生产行为的受害者和利益受损组织是群体以外的冲突，实施与群体中大多数人相同的行为可以迅速建立旁观者的自我归属感和认同感，促进旁观者融入群体之中，建立与群体的和谐关系，因此旁观者相比只有特定个人实施反生产行为或者无人实施反生产行为时，有更强的实施反生产行为的意愿。

第二个观点，"社会安全阀"理论。社会安全阀理论提出，敌意和压力通过一定途径释放可以减少更强烈冲突的发生。当群体中大多数人都在实施针对组织或针对某个体的反生产行为时，旁观者将这一行为视为"社会安全阀"，即群体用于减压、缓解情绪的手段，此时旁观者将该行为合理化，为了避免自己因拒绝实施该行为而造成自身利益的损失，旁观者也会加入群体实施反生产行为。当群体中只有某特定个人在实施反生产行为，或者无人实施反生产行为时，不存在"社会安全阀"之说，反生产行为在旁观者眼中依然是不合理行为，因此旁观者不会实施。

综上所述，当旁观者观测到群体反生产行为时，不论是出于融入组织的目的还是出于"社会安全阀"信念，都会跟随实施指向人际的反生产行为或者指向组织的反生产行为。由此本书提出以下假设。

H4-1：相比无人实施反生产行为和其他个体实施反生产行为，当群体实施反生产行为时，旁观者将实施更多反生产行为，包括指向人际的反生产行为和指向组织的反生产行为。

H4-1a：相比无人实施反生产行为和同事个体实施反生产行为，当群体实施反生产行为时，旁观者将实施更多指向人际的反生产行为。

H4-1b：相比无人实施反生产行为和同事个体实施反生产行为，当群体实施反生产行为时，旁观者将实施更多指向组织的反生产行为。

3.2.4.2 领导冲突管理的调节作用

由于领导冲突管理相关理论尚未成熟，本书综合领导冲突管理和冲突管理相关文献，选择在冲突管理模型中一对完全相反的冲突管理方式，即合作型与回避型。

领导合作型冲突管理强调交流沟通，共同解决问题，是一种以主动积极的态度看待冲突，以合理、双赢的思维解决冲突的方式。合作型冲突管理方式会促进冲突双方在冲突解决进程中主动学习，在研讨中成长，促进双方知识水平提升，妥善处理矛盾，提高组织运行效率和组织绩效表现。合作型冲突管理被证明是一种有效解决人际冲突的策略（尹洁林等，2020），能够将团队成员的注意力聚集到团队目标中，找到高效完成工作任务的办法而非制造冲突（Liu & Wang，2017）。因此在领导合作型冲突管理氛围下，不论旁观者观察到组织内无明显反生产行为，还是有其他个体实施反生产行为，或者是群体实施反生产行为，都不会主动实施反生产行为。

领导回避型冲突管理方式则会使员工对于领导不作为失望，领导顺其自然、粉饰太平的行为将使员工的冲突随着时间的流逝快速增长，矛盾愈演愈烈，严重干扰组织的正常运营和发展。刘和王（Liu & Wang，2017）提出，领导回避型冲突管理风格将会使冲突双方减少沟通，进而加剧冲突双方的隔阂。因此在领导回避型冲突管理风格的管理下，群体内部的反生产行为将愈演愈烈。由于领导的不作为，旁观者在观察到组织内有其他个体实施反生产行为和群体实施反生产行为时，将更可能实施反生产行为。由此本书提出以下假设。

H4－2：在群体反生产行为和旁观者反生产行为的关系中，领导冲突管理风格将起到调节作用。在领导合作型冲突管理风格下，相比同事个体反生产行为和无明显反生产行为，群体反生产行为不会引发旁观者反生产行为水平变化，包括指向人际的反生产行为和指向组织的反生产行为；在领导回避型冲突管理风格下，相比同事个体反生产行为和无明显反生产行为，群体反生产行为会对旁观者反生产行为有更强的促进作用，包括指向人际的反生产行为和指向组织的反生产行为。

H4－2a：在领导合作型冲突管理风格下，相比同事个体实施反生产行为和无明显反生产行为，群体实施反生产行为不会引发旁观者指向人际的反生产行为水平变化。

H4－2b：在领导合作型冲突管理风格下，相比同事个体实施反生产行为和无明显反生产行为，群体实施反生产行为不会引发旁观者指向组织的反生产行为水平变化。

H4－2c：在领导回避型冲突管理风格下，相比同事个体实施反生产行为和无明显反生产行为，群体实施反生产行为会对旁观者指向人际的反生产行为有更强的促进作用。

H4－2d：在领导回避型冲突管理风格下，相比同事个体实施反生产行为和无明显反生产行为，群体实施反生产行为会对旁观者指向组织的反生产行为有更强的促进作用。

3.2.4.3 免罪认知和道德推脱的链式中介

根据前文论述，在领导合作型冲突管理风格下，群体反生产行为并不会引起旁观者反生产行为，因此在讨论中介机制时本书只考虑领导回避型冲突管理风格。

免罪认知（exonerating cognitions）是个体的一种认知，指个体免除群体罪过，以维护积极的群体认同的认知机制，例如，将群体成员的某些恶劣行为解释为防御行为或许可以淡化行为结果的严重性（Sulliva et al.，

2013）。免罪认知的策略包括道德辩护、优势对比、否认责任和责怪群体外部等（Szabó et al. , 2017）。道德辩护指通过一些有价值的社会或道德目的来解释有害行为，例如，将在消费过程中通过欺骗商家的行为获得商家赔偿解释为丰富商家的经商经验；优势对比是将有害行为与更恶劣的行为对比，显得有害行为看起来较好，即"矮个里拔高个"，例如，将说话不礼貌与人身攻击相对比，显得说话不礼貌可以接受；否认责任较好理解，指不承认所做的事，撇开自身责任；指责外部群体指以自卫来解释恶劣行为，将群体内部成员形容为受害者，外部群体为施害者，例如在发生暴力冲突时认为外部群体先行挑衅。

道德推脱（moral disengagement）指个体进行自我辩护的认知倾向（杨继平等，2010）。采取道德推脱的个体通过减弱对自我道德要求的约束，进而采取不道德行为。最初道德推脱被认为是一种特质性变量，一个人的道德推脱水平是恒定的，但随着研究的发展，学者们逐渐意识到道德推脱是一种道德认知状态变量，会受到环境变化的影响（张桂平，2016；陈默，梁建，2017）。与免罪认知相似的是，道德推脱也有几个主要的策略（Paciello et al. , 2008）：归因于受害者、道德辩护或语言重述、模糊甚至扭曲行为后果。道德推脱可以使个体道德机制失灵，诱导个体实施非伦理行为（Fida et al. , 2015）。道德推脱理论被广泛用于组织行为学研究中，已有大量研究表明，在外部刺激下，个体的道德推脱水平将会发生变化，个体因此而改变道德标准，决定是否包括反生产行为在内的不道德行为。而已经被探究的外部刺激包括但不限于：（1）领导因素：例如，领导非权变惩罚将刺激个体采取道德推脱策略，个体放松对自身行为的约束后将实施越轨行为（张浩等，2018）；领导辱虐管理同样将通过个体的道德推脱水平影响个体的知识隐藏行为（何培旭等，2018）。（2）同事因素：例如，占小军等（2019）研究表明，同事的助人行为将会引发个体道德推脱水平的降低，个体更严格规范自身行为，从而减少包括职场不文明行为在内的反生产行为。（3）工作因素：例如甄杰等（2018）研究发现，组织施加的信息安全压力将通过道德推脱水平的变化影响到个体的信息安全违背意愿；心理契约违背同样将引起个体道德推脱水平的提高，进而实施非伦理行为（钟熙等，2020）；塞里克等（Seriki et al. , 2020）以销售人员为例，证明组织外部竞争环境和组织内部氛围都将给个体造成压力，进而采用道德推脱策略实施反生产行为。

免罪认知和道德推脱同样通过一些策略，如道德辩护、归因外界等，将不道德行为合理化，其差别在于，免罪认知的关注对象是个体所在群体，且发生在事后，当群体中的个体采取消极行为时，为群体辩护；而道德认同的关注对象是自我，发生在事前，个体通过将不道德行为合理化，降低自身的道德要求来为自己将要实施的消极行为进行辩护，减轻在行为发生过程中的道德负担。

根据社会燃烧理论，群体事件的发生可以类比物质燃烧过程。个体参与群体反生产行为作为一个群体事件，同样可以类比。根据社会冲突理论可以得到，在面临群体反生产行为时，相比群体内无明显反生产行为和只有同事个体反生产行为的情况，旁观者将有更强的意愿参与反生产行为，旁观者的行为意愿就是"燃烧物质"。

当旁观者将反生产行为视为组织中的"社会安全阀"，认为对组织及组织中其他不被群体所接受的个体实施反生产行为是维护群体平稳运行、保证群体满意度和情绪积极性的手段，可以促进群体内部和谐，或者，旁观者认为反生产行为可以作为自身的"安全阀"，保证自己在组织中不会受到攻击、冒犯等，保证自身利益不受侵犯时，旁观者将通过道德辩护、优势对比、否认责任和责怪群体外部等策略为群体行为脱罪。例如，旁观者认为相比群体内成员相互攻击导致群体四分五裂，有一个或几个大家认可的攻击目标将会更好，群体实施反生产行为是为了发泄情绪和不满，进行情绪调整后可以更好地完成群体的共同任务等。此外，当旁观者为群体的行为找到合理解释的理由时，该行为将被合理化，旁观者不再考虑该行为的道德性，此时道德机制失灵，在群体实施反生产行为时越认为群体无罪，此时就越认为自己实施该行为可以接受，即道德推脱水平越高。为群体辩护的免罪认知和为自己辩护的道德推脱，就是"助燃剂"。

此时，旁观者再次目睹的某次群体反生产行为，就成为了"燃点"，即点火温度。在群体反生产行为的刺激下，旁观者自身的反生产行为意愿被"点燃"，在免罪认知和道德推脱的作用下，该旁观者将加入群体实施反生产行为。而旁观者面对同事个体反生产行为和无明显反生产行为情况时，不能将反生产行为合理化为"安全阀"，因而在道德自我规范的约束下，不能采用免罪认知策略和道德推脱策略。综上所述，本书提出以下假设。

H4-3：在领导回避型冲突管理风格下，相比同事个体实施反生产行为和无明显反生产行为，群体实施反生产行为对旁观者指向人际的反生产行为和指向组织的反生产行为的影响中，免罪认知和道德推脱起到链式中介作用；而在领导合作型管理风格下，群体反生产行为与同事个体反生产行为和无明显反生产行为引起的旁观者反生产行为水平并无差异，不考虑中介机制。

H4-3a：在领导回避型冲突管理风格下，相比同事个体实施反生产行为和无明显反生产行为，群体实施反生产行为对旁观者指向人际的反生产行为的影响中，免罪认知和道德推脱起到链式中介作用。

H4-3b：在领导回避型冲突管理风格下，相比同事个体实施反生产行为和无明显反生产行为，群体实施反生产行为对旁观者指向组织的反生产行为的影响中，免罪认知和道德推脱起到链式中介作用。

3.2.5　群体反生产行为对组织中受害者反生产行为的影响机制研究

3.2.5.1　群体反生产行为对受害者反生产行为的影响

大量研究表明，反生产行为的受害者，将会实施反生产行为来报复实施者（Erkutlu & Chafra，2018；周畅等，2018）或旁观者（Greco et al.，2019），而对待自我时，可能会伤害自己，如出现酗酒（Schaubroeck et al.，2016），也可能出现退缩行为（黄攸立，李游，2018；王莹等，2020）。以往研究为这一因果关系寻找了很多解释机制，例如王等（Wang et al.，2018）提出由于个体有被接纳、被尊重的组织归属需求，同事的反生产行为将削弱个体的归属感，个体因此将实施反生产行为（王莹等，2020）；雷诺兹等（Reynolds et al.，2015）提出，个体实施反生产行为是为了适应消极情感和压力；巴卡（Baka，2019）则指出，当个体在组织中接受不合适的对待时，出于侵略和报复的动机，将会实施反生产行为。马吟秋等（2017）则基于社会认知理论，认为心理契约破裂是内在解释机制。

相比成为其他同事个体反生产行为的受害者，当成为群体反生产行为的受害者时，个体未必会实施更多反生产行为。一方面，实施反生产行为将消耗个人的情绪和认知资源。当个体成为群体行为的受害者时，个体需要投入更多的资源来应对群体行为对自己造成的压力，如马吟秋等（2017）提出，应对来自权威的辱虐管理需要个体付出更多资源，此时个体没有精力来实施反生产行为，而群体在与个体的对比中同样可以作为权威。另一方面，作为群体反生产行为的受害者，一旦反抗施害者或者攻击旁观者，都可能招致更高水平的反生产行为侵害。对于反抗施害者，詹思群和严瑜（2021）就提出，当施害者实施不文明行为时会引起受害者排斥（即反抗施害者），而施害者在他人负面行为的刺激下，将继续实施不文明行为，从而引发受害者更高水平的排斥，形成负面行为之间的螺旋效应。根据该螺旋效应，当受害者通过一些行为反抗施害者的反生产行为时，将会受到施害者升级的反生产行为对待。而对于攻击旁观者，受害者对旁观者的攻击将影响旁观者如何看待两者间的关系，当旁观者认为与受害者之间存在合作关系，则会对受害者实施支持行为，当认为与受害者之间存在竞争关系，则会加入群体反生产行为的队伍（朱千林等，2020），受害者对旁观者的攻击则将旁观者推至对立面。出于以上考虑，当面临群体反生产行为时，受害者不会实施相比面临个人反生产行为时更高水平的反生产行为。由此，本书提出以下假设。

H5-1：个体成为群体反生产行为的受害者时，相较于成为其他同事个体反生产行为的受害者，其指向人际的反生产行为和指向组织的反生产行为水平无明显变化。

H5-1a：个体在成为群体反生产行为的受害者时，相较于成为其他同时个体反生产行为的受害者时，其指向人际的反生产行为水平无明显变化。

H5-1b：个体在成为群体反生产行为的受害者时，相较于成为其他同时个体反生产行为的受害者时，其指向组织的反生产行为水平无明显变化。

相比组织中没有反生产行为，成为群体反生产行为的受害者将触发受害者反生产行为。根据互惠理论中的负性互惠，受害者在施害者群体率先打破两者间积极或平衡的互惠关系时，其内心的互惠信念也随之消失，取而代之的是受害者的利己信念，受害者认为自己由于利益损失，被赋予了特殊的权力以完成利益重获，即可以实施反生产行为。而组织中没有反生产行为的情况时，个体与群体之间基于利益交换的互惠关系依然存在，在这种关系下，个体可以获得更长远和稳定的利益，因此不会轻易实施反生产行为打破现有的利益平衡。由此提出如下假设：

H5 - 2：个体成为群体反生产行为的受害者时，相较于群体无明显反生产行为，将会引发其指向人际的反生产行为和指向组织的反生产行为。

H5 - 2a：个体在成为群体反生产行为的受害者时，相较于群体无明显反生产行为，将会引发其指向人际的反生产行为。

H5 - 2b：个体在成为群体反生产行为的受害者时，相较于群体无明显反生产行为，将会引发其指向组织的反生产行为。

3.2.5.2 领导冲突管理的调节作用

根据前述假设，受害者面临同事个体反生产行为和群体反生产行为时，其反生产行为水平并不会产生差异，因此在关注调节作用时，本书仅考虑组织内部无明显反生产行为和组织内部发生群体反生产行为时，作为受害者的个体，在反生产行为表现上的差异。

采用合作型冲突管理风格的领导认为，下属发生内部冲突时，可以通过沟通、协调的方式使得双方和解，达成共识，促进合作，并促进双方在冲突过程中正视冲突，获得进步。因此领导合作型冲突管理风格将降低组织内部的敌意，引发员工积极态度和团队积极情绪，实现冲突双方双赢。且领导合作型冲突管理风格通过积极主动的方式解决问题。当个体成为群体反生产行为的受害者时，领导积极的处理能够降低受害者的敌意，个体选择相信领导能够解决问题，因此会暂缓或停止为了宣泄和报复而实施的反生产行为。因此，在领导合作型冲突管理费风格下，无论是否面临群体反生产行为，受害者表现出的反生产行为并无明显差异。

采用回避型冲突管理风格的领导在下属发生冲突时，为了维持现状，避免干预引发冲突加剧，不考虑冲突对双方的影响，期望冲突随着时间流逝而缓解，担心自己的干预将使得到维护的一方更仗势欺人，又担心没有得到维护的一方对自身产生不满，不利于工作推进，这样的领导将冲突双方视为"零和博弈"，领导典型的行为就是"不作为"。但研究结果与领导期望相反，领导的回避将加剧双方的冲突（Liu & Wang，2017）。此时作为受害者，为了反击群体的不合理对待，也将采取更高水平的反生产行为。

综上所述，本书提出以下假设。

H5 - 3：在群体反生产行为和受害者反生产行为的关系中，领导冲突管理风格将起到调节作用。在领导合作型冲突管理风格下，群体反生产行为与无明显反生产行为相比，会引发受害者反生产行为水平变化，包括指向人际的反生产行为和指向组织的反生产行为；在领导回避型冲突管理风格下，群体反生产行为与无明显反生产行为相比，会对受害者反生产行为有更强的促进作用，包括指向人际的反生产行为和指向组织的反生产行为。

H5-3a：在领导合作型冲突管理风格下，相较于无明显反生产行为，群体反生产行为会对受害者指向人际的反生产行为有更强的促进作用。

H5-3b：在领导合作型冲突管理风格下，相较于无明显反生产行为，群体反生产行为会对受害者指向组织的反生产行为有更强的促进作用。

H5-3c：在领导回避型冲突管理风格下，相较于无明显反生产行为，群体反生产行为会对受害者指向人际的反生产行为有更强的促进作用。

H5-3d：在领导回避型冲突管理风格下，相较于无明显反生产行为，群体反生产行为会对受害者指向组织的反生产行为有更强的促进作用。

3.2.5.3 消极情绪和人格解体的链式中介

消极情绪（negative emotions）指处于不愉快境况的主观体验，包括焦虑、恐惧和愤怒等令人生厌的负面情绪感受（Watson et al.，1988），在工作环境中则是由外因或内因影响而产生的不利于工作和正常思考的情感（卫武等，2019），而情绪会影响个体的工作态度和决策。心境一致理论提出，当个体心境愉快时，对愉快的信息更敏感，反之，则对负面信息更敏感。于晓彤等（2019）提出，消极情绪是许多情景因素对员工行为、态度和绩效产生影响的桥梁。消极情绪预测员工反生产行为的作用已经得到广泛认可。例如，于晓彤等（2019）研究发现，消极情绪会导致感知到工作卑微感的个体实施工作退缩行为；格里普等（Griep et al.，2020）研究发现消极情绪可以作为心理契约违背和反生产行为之间的中介机制。而组织中他人的行为，例如主管不文明行为（占小军，2017）、破坏性领导行为（黄攸立等，2018）、职场排斥（赵秀清，孙彦玲，2017；关涛，沈涵，2017）、人际冲突（Kundi & Badar，2021）等可以导致个体产生消极情绪进而获得消极结果的现象，也已得到不少研究验证。

人格解体（depersonalization）在对工作倦怠的结构分析中被发现，是个体对待工作对象的负性态度和不良人际关系（李永鑫，吴明证，2005），被认为是工作倦怠的人际交往表现。这一含义自心理学中的人格解体引申而来。人格解体具体指他人消极、冷淡、疏远或隔离的状态（Lee & Ashforth，1990）。王海珍（2020）提出，人格解体比情绪耗竭更能反映个体在人际方面的状态，且能更好反映个体的人际表现。人格解体程度高的个体更容易表现出人际指向的偏差行为（Smoktunowicz et al.，2015）。目前组织行为学研究较少关注个体的人格解体（王海珍，2020），即使对人格解体进行探索也是在工作倦怠框架下（辛杰，吴创，2015；郑建军，2016），关于人格解体的结果变量则被关注得更少。

根据前文，本书仅考虑组织内部无明显反生产行为和组织内部发生群体反生产行为时，作为受害者的个体，在反生产行为表现上的差异。

根据互惠的负面表现，当受害者感知到成为群体反生产行为的受害者，且认为群体在双方的互惠关系中率先成为打破平衡的一方，并损害了其自身利益时，受害者倾向于以牙还牙。工作场所中负面的人际关系将引发员工消极情感的产生（Dimotakis et al.，2011），作为一种外部刺激，负面人际关系导致的受害者消极情绪将使得受害者对工作环境形成负面评价（卫武等，2019），对组织的归属感和认同感随之下降，由于存在价值被忽视，受害者会减少组织内部合作，与组织的情感依赖越来越薄弱（杜恒波等，2017），与组织的连接越来越远，受害者逐渐认为自己与组织两者之间是独立的，这种状态就是人格解体。当人格解体状态出现后，个体不再顾及组织和群体利益，从而产生责任意识淡漠、反生产行为等现象（Maslach et al.，2001）。

综上所述，本书提出以下假设。

H5-4：在领导回避型冲突管理风格下，相较于无明显反生产行为，群体反生产行为对受害者个体指向人际的反生产行为和指向组织的反生产行为的影响中，消极情绪和人格解体起到链式中介作用；而在领导合作型管理风格下，不考虑中介机制。

H5-4a：在领导回避型冲突管理风格下，相较于无明显反生产行为，群体反生产行为对受害者指向人际的反生产行为的影响中，消极情绪和人格解体起到链式中介作用。

H5-4b：在领导回避型冲突管理风格下，相较于无明显反生产行为，群体反生产行为对受害者指向组织的反生产行为的影响中，消极情绪和人格解体起到链式中介作用。

3.3 研究设计与方法

根据以上文献回顾和假设，本书将进行五个研究。从外部宏观和组织中观环境的视角探究环境复杂度和组织复杂度在组织成员反生产行为产生过程中的作用模式；从个体微观的视角探索组织内个体间和个体自身反生产行为的动态变化机制，为反生产行为的产生和变化寻找一个中介机制和边界条件；进一步分别从旁观者和受害者角度探究群体反生产行为相比其他同事个体反生产行为和无明显反生产行为时，对旁观者和受害者反生产行为水平的影响，同时为群体反生产行为作用于个体反生产行为寻找一个边界条件。

3.3.1 环境复杂度对反生产行为产生的作用机制

根据文献研究发现，反生产行为的前因变量已经被证明是来自环境层面的多种因素。新冠病毒感染、经济危机、组织内部复杂度等关于环境复杂度对于员工行为（如反生产行为、组织公民行为、创新行为等）的影响一直在被学者关注，但对于环境复杂度没有形成系统研究。有学者将环境复杂性分为内部复杂性和外部复杂性。但复杂性的概念并不成熟，且对其维度划分尚未达成统一，对复杂性的操作性定义也存在分歧。为了探索环境复杂度对反生产行为的影响，研究一梳理了相关文献，并在以往学者研究的基础上，将环境复杂度分为组织内部复杂度和组织外部复杂度。关于组织外部复杂度，研究一基于 PEST 理论，从政治、经济、社会、技术四个方面出发，探究外部环境复杂度对员工反生产行为的影响机制。

企业实践场景与情景模拟相比更为复杂多样，也有许多不同的因素影响发挥作用，但采用启动式的情景模拟比较片面和极端，实地调研更具有真实性，更能体现出作为企业员工对调查目的的真实想法。因此，研究一采用实地调研的方法，对浙江省绍兴市若干制造企业的一线员工进行调查。本研究在企业场景中进行，通过问卷调查的研究方法采集数据，被试由公司主管召集员工在会议室进行统一填写，过程中仅有研究人员和被试在场。

在员工填写问卷之前，研究人员介绍了延迟退休政策、当今欧美对中国企业的围追堵截、新型冠状病毒感染以及先进技术入侵四种外部环境的复杂度。问卷填写结束后被试离开会议室，研究人员统一回收问卷并进行数据整理和分析，从而探究当今时代所存在的外部环境复杂度和组织内部复杂度对企业员工反生产行为的影响，同时基于资源保存理论模型探讨资源和道德认同的作用机制。

3.3.2 反生产行为在个体间的扩散与分化机制

根据文献研究发现，当组织成员在实施反生产行为之后，其他组织成员很容易受其影响，或近墨者黑，或出淤泥而不染。因此深入探究反生产行为在员工个体间的扩散与分化机制对于塑造健康的工作环境、提高员工工作绩效和组织利益尤为重要。

研究二将探索反生产行为在组织成员个体间的扩散与分化，并进一步探究其中的发生机制。因此，研究采取线下问卷调查的方法进行数据收集。调查对象为浙江工业大学 MBA 在读学生群体，利用周末课下时间让其进行问卷填写。问卷借助优化过的成熟量表，让被试对过去一周同事和自己的行为进行回忆并进行评分，并回答有关资源和道德认同的问题。最后收回数据并进行筛选分析。本研究基于资源保存理论等模型，探究反生产行为在个体间的扩散与分化，以及资源和道德认同在其中的作用机制。

3.3.3 反生产行为在个体内的维持与转化机制

根据文献研究发现，员工个体的反生产行为并不是一成不变的，其受多种因素的影响，例如个体特质、情绪、道德、自控力以及情景因素等。员工个体反生产行为对其自身、工作甚至组织都会产生一定的影响。因此，探究反生产行为在个体内部的维持和转化是研究人员关注的重点。

研究三深入探索反生产行为在员工个体自身内部是如何进行维持或转化的，资源损耗和工作嵌入是否能作为这种动态变化的中介和调节机制。研究采取了线上问卷调查的研究方法对员工个体反生产行为的动态机制进行数据收集。问卷结合已有的成熟量表并通过调研访谈和专家评定等方法对量表进行进一步的筛选和补充，在前测的基础上再修订，最终得到问卷版本。问卷调查采用他评的方式让被试回忆最近一段时间与自己交往最密切的同事近三天的一些行为，并回答这位同事有关资源损耗和工作嵌入的问题。这种他评的方式能够减少社会称许性带来的结果偏差，更加有效地记录真实的反生产行为。

3.3.4　群体反生产行为对个体反生产行为的影响机制

群体反生产行为对个体反生产行为的影响机制包括研究四和研究五，每个研究又分别包含两个子研究。研究四和研究五将分别通过问卷法实施的情景模拟实验和通过 E-prime 实施的实验来验证研究假设。情景模拟实验的具体程序为：获得群体反生产行为、其他同事反生产行为和无明显反生产行为及领导合作型冲突管理方式和领导回避型冲突管理方式的情境描述，选择研究工具，研究问卷发放，数据回收与分析以及假设检验。E-prime 实施的实验目的是验证情景模拟实验所获结果的稳定性，避免因单节点问卷收集引发的共同方法偏差问题对结果可信度的干扰。

其中，情景描述的具体获得步骤为：第一步，整理刘文彬和井润田（2010）、贝内特和罗宾逊（Bennett & Robinson，2000）及斯佩克特和福克斯（Spector & Fox，2006）对于反生产行为的测量条目。根据测量条目中涉及的反生产行为进行初筛，将符合中国国情和适用于当前组织环境的题项挑选出来。第二步，与领域内研究者进行探讨，获得典型且实用的反生产行为具体描述。第三步，参考刘玉新等（2013）的故事情境，对第二步中获得的反生产行为具体描述进行情节加工、润色，获得职场场景后通过与领域内和领域外的学者进行多次探讨，获得组织中群体反生产行为、其他同事个体反生产行为和无明显反生产行为的情景，其中旁观者视角的群体反生产行为描述为："我在一个月前新入职了一家公司。这一个月以来，我发现大多数同事都会在上班时间因为与工作无关的事情玩手机，经常闲聊，擅自延长中午休息时间，不认真工作，拖拖拉拉工作效率低，将公司的打印机用于私人用途，将工作环境搞得乱七八糟，把茶水间的咖啡、茶包和公司派发的纸巾、笔等公物带走。同时，他们也会针对某一同事，取笑他，开过分的玩笑让他难堪，并让他独自打扫公司卫生，帮同事做很多杂活,如拿外卖、整理资料等"。受害者视角的描述与旁观者视角的描述仅在行为主体上有差别。

根据同样的步骤获得了领导合作型冲突管理方式和领导回避型冲突管理方式的情境描述,其中前者的描述如"领导也注意到了这个情况,找这些同事了解情况,希望结合大家的看法和期望,找到大家都能接受的方案,以最佳方式解决问题"。同理,在其他同事个体反生产行为和无明显反生产行为时仅替换其中的行为主体。

4 环境复杂度对反生产行为的影响机制研究

4.1 研究目的

环境复杂度会影响员工的反生产行为。信息时代的到来，使得员工反生产行为种类越来越多，程度也在不断加深，互联网的发展使得反生产行为存在明显的滞后性，更为隐蔽，长此以往，不可避免地会对企业造成负面影响，甚至影响企业正常运转。本研究基于研究假设和理论推导，探究组织内部复杂度和组织外部复杂度对员工反生产行为产生影响的内在机制，即工作资源和个人资源的中介作用是否成立。此外，探讨道德认同是否调节这个中介效应。

4.2 研究概述

本研究于 2022 年 3 月通过实地调研的方式进行，受访企业包括绍兴市某机械公司、绍兴市某服饰公司、绍兴市某纺织公司等，共收集问卷 265 份。在回收问卷后，对问卷填写质量进行检查，将数据缺失较多、明显未通过反向题检测、题项答案一致或有明显规律性的样本剔除。最终获得有效问卷数量为 202 份，有效率为 76.2%。在回收数据后，对纸质问卷进行录入，处理反向题，随后通过 SPSS23.0 和 Smart. PLS 软件进行信度分析、验证性因子分析以及相关回归分析，验证假设。

4.3   研 究 工 具

4.3.1   反生产行为量表

参照刘文彬和井润田等（2010）根据中国文化情境的特殊性开发的适用于中国场景的反生产行为量表，包括工作怠惰行为、公司政治行为、渎职滥权行为、贪墨侵占行为和敌对破坏行为的量表，共30题。这一量表贴合中国实际职场情景，得到中国学者的广泛认同。本研究采用李克特7级量表，"1"＝非常不同意，"7"＝非常同意。

4.3.2   环境复杂度量表

本研究将环境复杂度分为组织内部复杂度、组织外部复杂度进行研究。组织内部复杂度参照施密兹等（Schmitz et al.，2014）编制的用于测量组织内部复杂度的量表，共5部分。本研究采用李克特7级量表，"1"＝非常不同意，"7"＝非常同意。

组织外部复杂度基于 PEST 理论，从政治、经济、社会、技术四个角度出发，选择调查期典型事件，形成4组题项，作为环境变化的衡量。政治方面，本研究选择"延迟退休政策"进行测量；经济方面，本研究选择"欧美国家对中国的围追堵截"进行测量；社会方面，本研究选择"新型冠状病毒感染"进行测量；技术方面，本研究参照塔拉夫达尔等（Tarafdar et al.，2007）编制的量表，考虑到实地问卷题项设置从简需要，根据前测数据筛选出4道题项进行测量。本研究采用李克特7级量表，"1"＝非常不同意，"7"＝非常同意。

4.3.3   资源损耗量表

工作资源损耗、个人资源损耗采用了段陆生（2008）关于资源量表中的各5个题项进行评估，共10道题项。该量表来自皮尔斯等（Pierce et al.，1989）、舍尔等（Scheier et al.，1994）、施瓦泽等（Schwarzer et al.，1995）

和贺福（Hobfoll，2002）等的研究。虽然在一些研究中使用了完整的资源量表，但量表包含题项较多。因此，与以往研究人员（例如，deRoon-Cassini et al.，2009）一致，我们选择了量表的一个子集。本研究采用李克特 7 级量表，"1" = 非常不同意，"7" = 非常同意。

4.3.4 道德认同量表

本研究参照阿基诺和里德（Aquino & Reed，2002）关于道德认同的量表。量表两个维度，其中象征化维度有 5 个题项，内隐维度有 5 个题项，包括两个反向计分题。本研究采用李克特 7 级量表，"1" = 非常不同意，"7" = 非常同意。

4.4　研究数据分析

4.4.1 描述性分析

本研究有效数据 202 份。有效调查对象中，女性占 53.9%，男性占 46.1%；20 岁及以下占 3.9%，21～30 岁占 41.3%，31～40 岁占 31.6%，41 岁及以上占 23.2%；关于工作岗位，一般工作人员占比 81.8%，基层管理者占比 11.8%，中层管理者占比 6.4%。

通过独立样本 t 检验对性别与反生产行为的关系进行分析。结果表明，性别在反生产行为上的作用显著（$M_男 = 2.37$，$SD_男 = 1.16$；$M_女 = 1.76$，$SD_女 = 0.41$；$t = 1.63$，$p = 0.104$）。因此，在后续研究中需要将性别作为控制变量考虑。

由于年龄是连续变量，因此与反生产行为进行相关分析。结果表明，年龄与反生产行为之间存在显著的正相关关系（$r = 0.21$，$p < 0.01$）。因此，在后续研究中需要将年龄作为控制变量考虑。

工作岗位是一个 4 组的分类变量，由于本研究收集的数据中不包含高层管理者，因此工作岗位成为一个 3 组的分类变量，包括一般工作人员、基层管理者、中层管理者，通过方差分析对比各组间差异，单因素方差分析结果如表 4 - 1 所示。

表 4 - 1　　　　　　　工作岗位对反生产行为的影响

项目		平方和	df	均方	方差齐性检验		方差检验	
					Levene 值	显著性	F	显著性
反生产行为	组间	2.616	2	1.308	8.174	0.000	1.635	0.198
	组内	159.211	199	0.800				
	总数	161.827	201					

从表 4 - 1 可以看出，工作岗位对反生产行为不具有显著影响 [$F(2, 199) = 1.635$，$p = 0.198$]，由于方差不齐，后续进行 Tamhane 事后检验。具体结果如表 4 - 2 所示，说明工作岗位不同组间无明显差异。

表 4 - 2　　　　　　工作岗位对反生产行为的多重比较检验

工作岗位（I）	工作岗位（J）	均值差异（I - J）	显著性
一般工作人员	基层管理者	0.182	0.352
	中层管理者	- 0.374	0.784
基层管理者	中层管理者	- 0.556	0.534

4.4.2　信效度检验与共同方法偏差

4.4.2.1　组织外部复杂度分析

本研究将环境复杂度分为组织内部复杂度、组织外部复杂度。组织外部复杂度中政治、经济、社会选取经典事件组成题项来测量。题项设计流程如下：

（1）形成问卷，发放并回收。将设计的问卷题项写入实地调研问卷，进行发放和数据收集。

（2）量表的设计。基于 PEST 理论，从文献与时事热点出发，选取符合政治、经济、社会的典型事件设计题项，要求提炼出的题目能满足对该变量内涵的解释，测量事件对员工的实际影响。由 5 名研究生对事件、题项设计进行讨论，对题项的语言表达提出建议，并邀请一名组织行为学领域专家进行最终的题项设计，设计的题项如表 4 - 3 所示。

表 4 − 3   外部复杂度的量表

量表	题项表述
延迟退休	1. 延迟退休政策使我需要多缴社保，少领养老金，增大了我的生活压力
	2. 延迟退休政策使我认为工作更加无趣
	3. 延迟退休政策使我心里感觉很不好
欧美堵截	1. 欧美国家对中国围追堵截导致进口商品价格上涨，生活成本上升
	2. 欧美国家对中国的围追堵截导致外资撤出中国，影响中国实体经济的发展，使我或我的家人收入下降
	3. 欧美国家对中国的围追堵截导致人民币贬值，使我感到担忧
新型冠状病毒感染	1. 新型冠状病毒感染使我收入降低，消费增加，经济压力增大
	2. 新型冠状病毒感染破坏了我的出行、聚餐计划，打乱了我的生活
	3. 新型冠状病毒感染使我担惊受怕

（3）探索性因子分析。将回收的数据进行探索性因子分析，得到最终的量表。延迟退休最终量表共 3 题，解释变异量的 61.46%。欧美堵截的最终量表为 3 题，解释变异量的 74.53%。新型冠状病毒感染的最终量表为 3 题，解释变异量的 62.74%。探索性因子分析的过程如下：

延迟退休、欧美堵截、新型冠状病毒感染量表的 KMO 值均大于 0.7，达到了显著性水平（df = 3，p < 0.001），表示可以进行探索性因子分析。

接下来，研究采用主成分分析法进行因子提取，并采用最大方差法对坐标轴进行旋转。延迟退休量表的因子分析结果如表 4 − 4 所示，结果显示，该三题量表为单维量表，累积解释变异量的 61.46%，大于 50%。欧美堵截量表的因子分析结果如表 4 − 5 所示，结果显示，该三题量表为单维量表，累积解释变异量的 74.53%，大于 50%。新型冠状病毒感染量表的因子分析结果如表 4 − 6 所示，结果显示，该三题量表为单维量表，累积解释变异量的 62.74%，大于 50%。

表 4 − 4   延迟退休量表的主成分分析

题目表述	因素 1
延迟退休政策使我需要多缴社保，少领养老金，增大了我的生活压力	0.896
延迟退休政策使我认为工作更加无趣	0.875
延迟退休政策使我心里感觉很不好	0.725

注：解释变异量的 61.46%。

表 4 - 5   **欧美堵截量表的主成分分析**

题目表述	因素 1
欧美国家对中国围追堵截导致进口商品价格上涨，生活成本上升	0.882
欧美国家对中国的围追堵截导致外资撤出中国，影响中国实体经济的发展，使我或我的家人收入下降	0.875
欧美国家对中国的围追堵截导致人民币贬值，使我感到担忧	0.832

注：解释变异量的 74.53%。

表 4 - 6   **新型冠状病毒感染量表的主成分分析**

题目表述	因素 1
新型冠状病毒感染使我收入降低，消费增加，经济压力增大	0.823
新型冠状病毒感染破坏了我的出行、聚餐计划，打乱了我的生活	0.811
新型冠状病毒感染使我担惊受怕	0.740

注：解释变异量的 62.74%。

组织外部复杂度的技术量表参照摩尔多韦亚努等（Moldoveanu et al.，2004）编制的量表，考虑到实地问卷题项设置从简需要，根据前测数据简化出 4 道题项进行测量，KMO 值大于 0.7，达到了显著性水平（df = 4，p < 0.001），具体结果如表 4 - 7 所示，解释变异量的 53.07%，大于 50%。

表 4 - 7   **技术量表的主成分分析**

题目表述	因素 1
新技术发展增加工作复杂性，使我的工作量更大	0.782
我觉得新技术发展正在侵入干扰我的个人生活	0.732
我没有足够的时间来学习和升级我的新技术技能	0.718
新技术不断发展给我的工作安全带来持续的威胁	0.679

注：解释变异量的 53.07%。

4.4.2.2 资源损耗分析

工作资源和个人资源的题项原本分别有 19 题与 25 题，考虑到本研究需要在企业中进行现场发放，将占用工作时间，为了数据有效性，本研究需要对工作资源和个人资源的量表进行简化。题项设计流程如下：

（1）工作资源和个人资源量表的简化与优化。根据过去文献中对工作资源和个人资源的维度划分，为每个变量提炼出各 5 题用于描述，要求提炼出的题目既能满足对该变量内涵的解释，又能涵盖该变量下的所有维度，其中工作资源包含 1 道反向题。在完成提炼后，由 5 名研究生对这 10 题进行讨论，对题项的语言表达提出建议。题目如表 4 - 8 所示。

表 4 - 8　　　　　　　　　　资源损耗的简化量表

工作资源题项表述	个人资源题项表述
我的工作帮助发展和提升自己	我对自己的未来总是很乐观
我看不到我的工作有任何发展	我的状态保持乐观
在工作中我有较大的自主决定权	我的存在对公司很有价值
在工作中，同事会给予我支持	我感觉到我能控制自己的生活
与其他同事相比，我所得的报酬是公平的	遇到麻烦或者困难时，我大多数时候能够解决

（2）形成问卷，发放并回收。将工作资源的 5 个题项与个人资源的 5 个题项编写在初始的 24 题之后，同时发放进行数据收集。

（3）探索性因子分析。将回收的数据进行信效度检验以及探索性因子分析，得到最终的量表。工作资源最终量表共 5 题，在该样本下 Cronbach's α 为 0.784，解释变异量的 54.17%。个人资源的最终量表同样为 5 题，在该样本下 Cronbach's α 为 0.757，解释变异量的 50.85%。探索性因子分析的过程如下：

工作资源初始测量量表的 KMO 值为 0.79，Bartlett 球形检验的近似卡方值为 271.11，达到了显著性水平（df = 10，p < 0.001），表示可以进行探索性因子分析。接下来，采用主成分分析法进行因子提取，并采用最大方差法对坐标轴进行旋转。工作资源初始量表的因子分析结果如表 4 - 9 所示，结果显示，该五题量表为单维量表，累积解释变异量的 54.17%，大于 50%。由此本研究获得了工作资源的简化量表，该量表只包含一个维度。

表 4 - 9　　　　　　　　　　工作资源量表的主成分分析

题目表述	因素 1
我的工作帮助发展和提升自己	0.804
我看不到我的工作有任何发展	0.794
在工作中我有较大的自主决定权	0.603
在工作中，同事会给予我支持	0.704
与其他同事相比，我所得的报酬是公平的	0.756

注：解释变异量的 54.17%。

个人资源初始测量量表的 KMO 值为 0.79，Bartlett 球形检验的近似卡方值为 215.926，达到了显著性水平（df = 10，p < 0.001），表示可以进行探索性因子分析。接下来，采用主成分分析的方法进行因子提取，并采用最大方差法对坐标轴进行旋转。个人资源初始量表的因子分析结果如表 4-10 所示，结果显示，该五题量表为单维量表，累积解释变异量的 50.85%，大于50%。由此本研究获得了个人资源的简化量表，该量表只包含一个维度。

表 4-10　　　　　　　　个人资源量表的主成分分析

题目表述	因素 1
我对自己的未来总是很乐观	0.783
我的状态保持乐观	0.767
我的存在对公司很有价值	0.717
我感觉到我能控制自己的生活	0.684
遇到麻烦或者困难时，我大多数时候能够解决	0.600

注：解释变异量的 50.85%。

至此，本研究对外部环境复杂度量表、工作资源和个人资源量表的设计获得了研究结果。在后续研究中将这三个量表与成熟量表形成问卷，在企业中投放，获得实地调研的数据。

4.4.2.3　信效度检验

在检查路径模型和中介效应之前，本研究进行了数据质量检验。按照吴明隆（2010）的建议，接下来对各个项目和因子结构进行验证性因子分析，将因子载荷低于 0.6 的题项予以删除，再次进行验证性因子分析，各题项的因子载荷均满足要求。最终删除的题项中，组织内部复杂度量表中删除的题项包括"在我的公司里做决定需要很多人和程序"，技术入侵量表中删除的题项包括"我没有足够的时间来学习和升级我的新技术技能"，工作资源量表删除的题项包括反向题"我看不到我的工作有任何发展"，个人资源量表中删除的题项包括"遇到麻烦或者困难时，我大多数时候能够解决"，反生产行为量表中删除的题项包括"工作时间网上购物、使用私人聊天工具或浏览与工作无关的网站""未经主管人员许可无故迟到早退""工作间隙故意延长休息时间""工作时间假借任务需要外出办私事""工作时间与同事闲谈、串岗聊天"。在多重共线性检验中，方差膨胀因子（VIF）都低于可接受的阈值 5.0。

表 4-11 呈现了信效度的检验结果。对于信度，每个构面的 Cronbach's α 值都大于建议值 0.7，均在 0.70（技术入侵）到 0.97（反生产行为）之间。组合信度在 0.83（新冠感染）到 0.98（工作资源）之间，另外一致性 PLS 方法通过使用一个新的信度系数 ρ_A，修正了被测量结构的估计，本研究中的 ρ_A 范围在 0.67（欧美堵截）到 1.40（新冠感染）之间。这些证明本研究测量的内部一致性较好。

表 4-11　　　　　　　　　测量及验证性因子分析结果

构面	项目	平均值（SD）	因子载荷	α	ρ_A	组合信度	AVE
组织内部复杂度	1. 通常，我不清楚谁对公司的各种决策负责	3.73（1.96）	0.97	0.96	0.97	0.97	0.90
	2. 总的来说，公司的各个业务领域的运作方式非常不同	3.71（1.77）	0.91				
	3. 有时，我们公司办公室的行为使流程变得复杂	3.91（1.74）	0.94				
	4. 我的公司有太多的规则和程序来指导工作	3.89（1.82）	0.97				
延迟退休	1. 延迟退休政策使我需要多缴社保，少领养老金，增大了我的生活压力	4.25（1.44）	0.95	0.90	0.97	0.94	0.83
	2. 延迟退休政策使我认为工作更加无趣	4.32（1.54）	0.97				
	3. 延迟退休政策使我心里感觉很不好	4.54（1.68）	0.80				
欧美堵截	1. 欧美对中国围追堵截导致进口商品价格上涨，生活成本上升	5.44（1.51）	0.87	0.83	0.67	0.87	0.69
	2. 欧美对中国的围追堵截导致外资撤出中国，影响中国实体经济的发展，使我或我的家人收入下降	4.98（1.62）	0.91				
	3. 欧美对中国的围追堵截导致人民币贬值，使我感到担忧	5.00（1.57）	0.69				

续表

构面	项目	平均值 （SD）	因子 载荷	α	ρ_A	组合 信度	AVE
新冠感染	1. 新型冠状病毒感染使我收入降低，消费增加，经济压力增大	5.48 (1.47)	0.71	0.76	1.40	0.83	0.63
	2. 新型冠状病毒感染破坏了我的出行、聚餐计划，打乱了我的生活	5.69 (1.38)	0.95				
	3. 新型冠状病毒感染使我担惊受怕	5.18 (1.26)	0.69				
技术入侵	1. 新技术发展增加工作复杂性，使我的工作量更大	3.63 (1.53)	0.86	0.70	0.75	0.83	0.63
	2. 我觉得新技术发展正在侵入干扰我的个人生活	3.26 (1.53)	0.82				
	3. 新技术不断发展给我的工作安全带来持续的威胁	3.34 (1.67)	0.68				
工作资源	1. 我的工作帮助发展和提升自己	5.15 (1.60)	0.92	0.97	0.97	0.98	0.91
	2. 与同事相比，我所得的报酬是公平的	5.41 (1.43)	0.96				
	3. 在工作中，同事会给予我社会支持	4.73 (1.57)	0.95				
	4. 在工作中我有较大的自主决定权	4.68 (1.70)	0.97				
个人资源	1. 我对自己的未来总是很乐观	4.61 (1.41)	0.86	0.77	0.80	0.85	0.59
	2. 我的状态保持乐观	4.59 (1.48)	0.77				
	3. 我的存在对公司很有价值	4.66 (1.42)	0.77				
	4. 我感觉到我能控制自己的生活	4.55 (1.54)	0.67				

续表

构面	项目	平均值（SD）	因子载荷	α	ρ_A	组合信度	AVE
道德认同	1. 我的着装打扮能体现出我有这些品质	4.38 (1.70)	0.75	0.85	0.87	0.89	0.63
	2. 我在业余时间的活动爱好表明我有这些品质	4.62 (1.57)	0.77				
	3. 我阅读的书籍杂志能够体现我有这些品质	4.58 (1.48)	0.80				
	4. 我会与别人沟通，让别人知道我有这些品质	4.66 (1.51)	0.81				
	5. 我积极参加那些能够体现我这些品质的活动	4.71 (1.68)	0.83				
反生产行为	1. 在没生病的情况下请病假	2.09 (1.21)	0.63	0.97	0.97	0.97	0.57
	2. 工作时间利用互联网等途径从事私人商业活动	1.97 (1.08)	0.65				
	3. 对自己职责范围内的工作应付了事、得过且过	2.08 (1.34)	0.66				
	4. 不遵守相应的工作计划或任务流程而导致误工	2.08 (1.19)	0.75				
	5. 面对不好的结果时推卸本属于自己应承担的责任	2.13 (1.49)	0.81				
	6. 发现与公司生产经营和管理有关的重大问题却不上报	1.99 (1.26)	0.81				
	7. 独享与工作任务有关的信息或资源，不协作、不融入团队	2.03 (1.16)	0.71				
	8. 与同事互相推诿可能产生任务交叉和职责重叠的工作	2.27 (1.47)	0.69				
	9. 在未经许可的情况下将公司财物据为己有	1.77 (1.15)	0.66				
	10. 将团队或部门一起完成的工作算到自己一个人身上	1.82 (1.22)	0.76				

构面	项目	平均值（SD）	因子载荷	α	ρ_A	组合信度	AVE
反生产行为	11. 虚开报销单据谋取私利	1.58 (1.04)	0.79	0.97	0.97	0.97	0.57
	12. 利用公司的各种资源满足私人需要，达成私人之便	1.70 (1.19)	0.76				
	13. 在以公司的名义进行交易的过程中收受某些形式的好处	1.73 (1.06)	0.82				
	14. 私下里议论、嘲笑同事或上级领导	1.87 (1.15)	0.65				
	15. 抵制与公司各项改革有关的新制度或新安排	2.21 (1.36)	0.73				
	16. 无故不参加公司组织的各项集体活动	2.48 (1.35)	0.70				
	17. 影响或破坏过办公室（区）内的工作环境	2.12 (1.29)	0.75				
	18. 散布未经证实的小道消息甚至谣言	2.01 (1.44)	0.80				
	19. 向新员工或外界表达一些不利于公司的个人想法	1.96 (1.33)	0.88				
	20. 利用职权或工作之便报复同事	1.73 (1.43)	0.88				
	21. 挑拨同事间关系	1.68 (1.28)	0.85				
	22. 为某些利益而和同事进行恶性竞争	1.71 (1.24)	0.78				
	23. 未经允许翻看同事私人邮件或物品	1.68 (1.15)	0.81				
	24. 忽视其他同事的合理建议	2.01 (1.47)	0.78				
	25. 以各种方式建立派系和有特殊目的的小圈子	1.71 (1.09)	0.75				

对于效度，从聚合效度和区分效度两个方面进行考虑。（1）聚合效度的判断标准一般为：每个项目在其对应的构面上，因子载荷大于 0.6，且每个构面的平均变异提取量（AVE）都超过 0.5。本研究数据中，所有项目在其对应构面上的因子载荷在 0.63（道德认同）到 0.97（工作资源）之间，均大于 0.6，AVE 在 0.57（反生产行为）到 0.91（工作资源）之间，均大于 0.5，表明本研究数据的聚合效度良好。（2）区分效度强调了构面间测量的不同程度。一是以 Fornell-Larcke 方法为标准，即构面与自身构面的变异量大于与其他所有构面的变异量；二是以 Heterotrait-monotrait（HT-MT）为标准，要求小于 0.9。如表 4 – 12 和表 4 – 13 所示，本研究的数据符合上述两个标准，表明有较好的区分效度。

表 4 – 12 区分效度（Fornell-Larcker 准则）

构面	反生产行为	个人资源	内部复杂度	工作资源	延迟退休	技术入侵	新冠感染	欧美堵截	道德认同
反生产行为	0.753								
个人资源	0.038	0.769							
内部复杂度	0.320	0.122	0.947						
工作资源	0.265	0.183	0.036	0.952					
延迟退休	0.284	− 0.090	0.125	0.241	0.912				
技术入侵	0.474	0.141	0.192	0.136	0.234	0.792			
新冠感染	− 0.126	− 0.249	− 0.197	− 0.164	− 0.001	0.141	0.792		
欧美堵截	− 0.021	− 0.117	− 0.049	− 0.096	0.095	0.185	0.470	0.829	
道德认同	0.197	0.199	0.020	0.227	0.159	0.217	− 0.008	− 0.034	0.792

表 4 – 13 区分效度（HTMT）

构面	反生产行为	个人资源	内部复杂度	工作资源	延迟退休	技术入侵	新冠感染	欧美堵截
个人资源	0.140							
内部复杂度	0.326	0.140						
工作资源	0.264	0.210	0.037					
延迟退休	0.298	0.128	0.124	0.249				
技术入侵	0.570	0.189	0.238	0.152	0.278			
新冠感染	0.178	0.224	0.191	0.165	0.118	0.199		
欧美堵截	0.112	0.125	0.054	0.098	0.117	0.306	0.686	
道德认同	0.208	0.278	0.051	0.254	0.193	0.277	0.119	0.180

模型拟合度将 SRMR 作为衡量指标，本研究被估计的模型中 SRMR 值为 0.073，小于 0.08，表示模型拟合可接受，并累计解释了反生产行为 11.5% 的变异量。

4.4.2.4 共同方法偏差检验

对模型中 9 个关键变量进行 Harman 单因素检验，结果表明，特征根大于 1 的因子有 12 个，第一个因子解释了变异量的 15.93%，小于 40%，说明共同方法偏差在可接受范围内。

4.4.3 假设检验

4.4.3.1 相关分析

表 4 - 14 是变量描述性统计表，展示了各变量的均值、标准差和相关系数。

表 4 - 14　　　　　　　　　　变量描述统计

变量	M	SD	内部复杂度	延迟退休	欧美堵截	新冠感染	技术入侵	个人资源	工作资源	反生产行为	道德认同
内部复杂度	3.89	1.49	1								
延迟退休	4.37	1.42	0.129	1							
欧美堵截	5.14	1.36	-0.007	0.1	1						
新冠感染	5.45	1.13	-0.155 *	-0.041	0.553 **	1					
技术入侵	3.41	1.25	0.181 **	0.221 **	0.231 **	0.143 *	1				
个人资源	4.99	1.21	0.107 *	-0.082 *	-0.091	-0.172 *	0.138 *	1			
工作资源	4.60	1.40	0.065 *	0.230 **	-0.036	-0.141 *	0.123 *	0.185 **	1		
反生产行为	1.94	0.95	0.322 **	0.282 **	-0.003	-0.148 *	0.469 **	-0.162 *	0.257 **	1	
道德认同	4.59	1.26	0.059	0.151 *	0.031	0.043	0.187 **	0.214 **	0.229 **	0.187 **	1

注：** 表示 $p < 0.01$；* 表示 $p < 0.05$。

从表 4 - 14 可以看出，欧美堵截与反生产行为不相关，因此后续研究中不再研究欧美堵截与反生产行为之间的关系，即，放弃对假设 H1 - 1c、假设 H1 - 2C、假设 H1 - 2h、假设 H1 - 3c 的检验。

4.4.3.2 假设检验

运用 SPSS23.0 检验环境复杂度对反生产行为的直接效应，检验假设 H1 - 1。回归结果如表 4 - 15 ~ 表 4 - 18 所示。控制了性别、年龄变量以后，内部复杂度对反生产行为具有显著正向影响（B = 0.16，p < 0.001），延迟退休政策对反生产行为具有显著正向影响（B = 0.12，p < 0.001），新型冠状病毒感染对反生产行为没有显著影响，技术入侵对反生产行为具有显著正向影响（B = 0.29，p < 0.001）。因此，假设 H1 - 1a、假设 H1 - 1b、假设 H1 - 1e 成立，假设 H1 - 1d 被拒绝。

表 4 - 15　　　　　　　　内部复杂度对反生产行为的影响

项目	反生产行为	
	模型 1	模型 2
常量	2.19 *** (0.29)	1.57 *** (0.33)
性别	- 0.57 *** (0.13)	- 0.49 *** (0.12)
年龄	0.23 *** (0.07)	0.19 *** (0.07)
内部复杂度		0.16 *** (0.04)
R^2	0.14	0.20
ΔR^2	0.13	0.19
F 值	16.35 ***	16.35 ***

注：*** 表示 p < 0.001。

表 4 - 16　　　　　　　　延迟退休政策对反生产行为的影响

项目	反生产行为	
	模型 1	模型 2
常量	2.19 *** (0.29)	1.49 *** (0.40)
性别	- 0.57 *** (0.13)	- 0.44 *** (0.13)

续表

项目	反生产行为	
	模型 1	模型 2
年龄	0.23 *** (0.07)	0.22 *** (0.07)
延迟退休		0.12 *** (0.05)
R^2	0.14	0.17
ΔR^2	0.13	0.16
F 值	16.35 ***	13.38

注：*** 表示 $p < 0.001$。

表 4 – 17 　　　　　新型冠状病毒感染对反生产行为的影响

项目	反生产行为	
	模型 1	模型 2
常量	2.19 *** (0.29)	2.27 *** (0.43)
性别	− 0.57 *** (0.13)	− 0.57 *** (0.13)
年龄	0.23 *** (0.07)	0.23 *** (0.07)
新冠		− 0.15 (0.06)
R^2	0.14	0.14
ΔR^2	0.13	0.13
F 值	16.35 ***	0.07

注：*** 表示 $p < 0.001$。

表 4 – 18 　　　　　技术入侵对反生产行为的影响

项目	反生产行为	
	模型 1	模型 2
常量	2.19 *** (0.29)	0.99 *** (0.33)
性别	− 0.57 *** (0.13)	− 0.34 *** (0.12)

项目	反生产行为	
	模型 1	模型 2
年龄	0. 23 *** (0. 07)	0. 17 ** (0. 07)
技术		0. 29 *** (0. 05)
R^2	0. 14	0. 27
ΔR^2	0. 13	0. 26
F 值	16. 35 ***	36. 20 ***

注：*** 表示 p < 0. 001；** 表示 p < 0. 01。

4.4.3.3　中介效应和有调节的中介效应检验

本章提出的模型是一个二阶有调节的中介模型（Edwards & Lambert，2007）。我们使用 SPSS 的 PROCESS 插件（Hayes，2013）进行了一项有调节的中介分析，以生成 bootstrapped（n = 5000）的偏倚校正回归估计和置信区间，以检验中介作用和有调节的中介效应。具体来说，为了检验研究的中介假设，本书使用 PROCESS 的模型 4。

对于"组织内部复杂度→个人资源→反生产行为"这一路径，见表 4 - 19 中的模型 1 和模型 3。在模型 1 中，组织内部复杂度与个人资源没有显著关系。在模型 3 中，个人资源与反生产行为无显著关系。组织内部复杂度通过个人资源对反生产行为的间接影响路径中，95% 的置信区间为 [- 0. 012，0. 005]。结果表明，个人资源的中介作用不成立，假设 H1 - 2a 被拒绝。

表 4 - 19　　　　　　　　中介作用检验结果 1

项目	个人资源	工作资源	反生产行为	
	模型 1	模型 2	模型 3	模型 4
常量	4. 07 *** (0. 46)	4. 62 *** (0. 53)	1. 67 *** (0. 39)	0. 94 * (0. 38)
性别	0. 04 (0. 17)	- 0. 31 (0. 20)	- 0. 49 *** (0. 12)	- 0. 45 *** (0. 12)

续表

项目	个人资源	工作资源	反生产行为	
	模型 1	模型 2	模型 3	模型 4
年龄	0.21 * (0.10)	0.12 (0.12)	0.19 ** (0.17)	0.17 * (0.07)
内部复杂度	− 0.07 (0.06)	− 0.03 (0.07)	0.16 *** (0.04)	0.15 *** (0.04)
个人资源			− 0.03 (0.05)	
工作资源				− 0.12 ** (0.04)
F 值	2.31 *	1.47	12.29 ***	15.34 ***
R^2	0.18	0.22	0.20	0.24

注：*** 表示 $p < 0.001$；** 表示 $p < 0.01$；* 表示 $p < 0.05$。

对于"组织内部复杂度→工作资源→反生产行为"这一路径，见表 4 – 19 中的模型 2 和模型 4。在模型 2 中，组织内部复杂度与工作资源没有显著关系。在模型 4 中，工作资源与反生产行为有显著的负相关关系（B = − 0.12，$p < 0.01$）。组织内部复杂度通过工作资源对反生产行为的间接影响路径中，95% 的置信区间为 ［− 0.02，0.02］。结果表明，工作资源的中介作用不成立，假设 H1 – 2f 被拒绝。

个人资源和工作资源在内部复杂度对员工反生产行为影响中的作用模型见图 4 – 1。

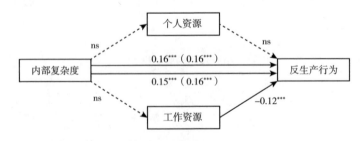

图 4 – 1　资源在内部复杂度对反生产行为影响中的作用模型

注：*** 表示 $p < 0.001$；ns 表示无显著相关性。

对于"延迟退休→个人资源→反生产行为"这一路径，见表4-20中的模型1和模型3。在模型1中，延迟退休与个人资源没有显著关系。在模型3中，个人资源与反生产行为无显著关系。延迟退休通过个人资源对反生产行为的间接影响路径中，95%的置信区间为［-0.01，0.01］。结果表明，个人资源的中介作用不成立，假设H1-2b被拒绝。

表4-20 中介作用检验结果2

项目	个人资源	工作资源	反生产行为	
	模型1	模型2	模型3	模型4
常量	4.07 *** (0.46)	3.53 *** (0.62)	1.67 *** (0.39)	1.06 * (0.38)
性别	0.04 (0.17)	-0.10 (0.21)	-0.49 *** (0.12)	-0.43 ** (0.13)
年龄	0.21 * (0.10)	0.11 (0.11)	0.19 ** (0.17)	0.21 ** (0.07)
延迟退休	-0.07 (0.06)	-0.21 ** (0.07)	0.16 *** (0.04)	0.09 ** (0.04)
个人资源			-0.03 (0.05)	
工作资源				-0.12 ** (0.04)
F 值	2.31 *	4.12 **	12.29 ***	12.26 ***
R^2	0.18	0.06	0.20	0.20

注：*** 表示 $p<0.001$；** 表示 $p<0.01$；* 表示 $p<0.05$。

对于"延迟退休→工作资源→反生产行为"这一路径，见表4-20中的模型2和模型4。在模型2中，延迟退休与工作资源有显著的负相关关系（B=-0.21，$p<0.01$）。在模型4中，工作资源与反生产行为有显著的负相关关系（B=-0.12，$p<0.01$）。延迟退休通过工作资源对反生产行为的间接影响路径中，95%的置信区间为［0.01，0.06］。结果表明，工作资源部分中介了延迟退休与反生产行为之间的正向关系，假设H1-2g被验证。

个人资源和工作资源在延迟退休政策对员工反生产行为影响中的作用模型见图4-2。

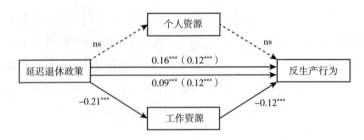

图 4 - 2 资源在延迟退休政策对反生产行为影响中的作用模型

注: *** 表示 $p < 0.001$; ns 表示无显著相关性。

对于"技术入侵→个人资源→反生产行为"这一路径,见表 4 - 21 中的模型 1 和模型 3。在模型 1 中,技术入侵与个人资源有显著的负相关关系(B = - 0.12, $p < 0.05$)。在模型 3 中,个人资源与反生产行为无显著关系。技术入侵通过个人资源对反生产行为的间接影响路径中,95% 的置信区间为 [- 0.03, 0.01]。结果表明,个人资源的中介作用不成立,假设 H1 - 2e 被拒绝。

表 4 -21 中介作用检验结果 3

项目	个人资源	工作资源	反生产行为	
	模型 1	模型 2	模型 3	模型 4
常量	3.83 *** (0.49)	4.36 *** (0.57)	1.17 ** (0.38)	0.46 (0.37)
性别	0.11 (0.18)	- 0.25 (0.21)	- 0.34 ** (0.12)	- 0.31 ** (0.12)
年龄	0.21 * (0.10)	0.11 (0.12)	0.18 ** (0.07)	0.16 * (0.07)
技术入侵	- 0.12 * (0.07)	- 0.09 ** (0.07)	0.30 *** (0.05)	0.28 *** (0.05)
个人资源			- 0.05 (0.05)	
工作资源				- 0.12 ** (0.04)
F 值	2.89 *	1.83	18.89 ***	21.61 ***
R^2	0.04	0.03	0.28	0.31

注: *** 表示 $p < 0.001$; ** 表示 $p < 0.01$; * 表示 $p < 0.05$。

对于"技术入侵→工作资源→反生产行为"这一路径，见表 4 – 21 中的模型 2 和模型 4。在模型 2 中，技术入侵与工作资源有显著的负相关关系（B = – 0.09，p < 0.01）。在模型 4 中，工作资源与反生产行为有显著的负相关关系（B = – 0.12，p < 0.01）。技术入侵通过工作资源对反生产行为的间接影响路径中，95% 的置信区间为 [– 0.01，0.03]。结果表明，工作资源的中介作用不成立，假设 H1 – 2j 被拒绝。

个人资源和工作资源在技术入侵对员工反生产行为影响中的作用模型见图 4 – 3。

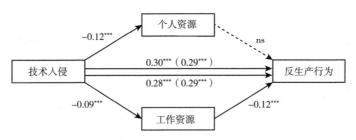

图 4 – 3 资源在技术入侵对反生产行为影响中的作用模型

注：*** 表示 p < 0.001；ns 表示无显著相关性。

综上所述，在对环境复杂度通过个人资源和工作资源对员工反生产行为产生影响的研究中，假设 H1 – 2g 被支持，其余假设均被拒绝。

由于工作资源中介了延迟退休与反生产行为之间的正向关系，即假设 H1 – 2g 被支持，接下来验证假设 H1 – 3 中有调节的中介作用，即验证 H1 – 3b。本研究采用了 PROCESS 的模型 14。具体结果见表 4 – 22。在表 4 – 22 的模型 2 中，工作资源和道德认同的交互项对反生产行为的影响边缘显著（B = 0.06，p < 0.1，95% 的置信区间为 [– 0.01，0.12]）。但考虑到置信区间中包含 0，因此道德认同的调节作用不成立。假设 H1 – 3b 被拒绝。

表 4 – 22　　　　　　　　　　　有调节的中介效应检验

项目	工作资源	反生产行为
	模型 1	模型 2
常量	3.53 *** (0.62)	1.91 ** (0.82)
性别	– 0.09 (0.21)	– 0.43 ** (0.13)

续表

项目	工作资源	反生产行为
	模型1	模型2
年龄	0.11 (0.11)	0.18 * (0.07)
延迟退休	− 0.21 ** (0.07)	− 0.09 * (0.05)
工作资源		− 0.15 (0.16)
道德认同		− 0.16 (0.15)
工作资源×道德认同		0.06※ (0.03)
F 值	4.12 **	9.26 ***
R^2	0.06	0.22

注: *** 表示 $p < 0.001$；** 表示 $p < 0.01$；* 表示 $p < 0.05$；※表示 $0.05 < p < 0.1$。

4.5 本章小结

根据对前文的总结，本研究的假设检验情况如表 4 - 23 所示。本研究共 3 组假设，其中假设 H1 - 1、假设 H1 - 2 得到部分支持，而假设 H1 - 3 被拒绝。

表4 - 23　　　　　　　研究一假设检验汇总

序号	假设内容	检验情况
H1 - 1a	组织内部复杂度对员工反生产行为有影响	支持
H1 - 1b	延迟退休政策对员工反生产行为有影响	支持
H1 - 1c	欧美国家对中国的堵截对员工反生产行为有影响	无法检验
H1 - 1d	新型冠状病毒感染对员工反生产行为有影响	无法检验
H1 - 1e	技术入侵对员工反生产行为有影响	支持
H1 - 2a	组织内部复杂度会通过个人资源影响到员工反生产行为	无法检验
H1 - 2b	延迟退休政策会通过个人资源影响到员工反生产行为	无法检验

序号	假设内容	检验情况
H1-2c	欧美国家对中国的堵截会通过个人资源影响到员工反生产行为	无法检验
H1-2d	新型冠状病毒感染会通过个人资源影响到员工反生产行为	无法检验
H1-2e	技术入侵会通过个人资源影响到员工反生产行为	无法检验
H1-2f	组织内部复杂度会通过工作资源影响到员工反生产行为	无法检验
H1-2g	延迟退休政策会通过工作资源影响到员工反生产行为	支持
H1-2h	欧美国家对中国的堵截会通过工作资源影响到员工反生产行为	无法检验
H1-2i	新型冠状病毒感染会通过工作资源影响到员工反生产行为	无法检验
H1-2j	技术入侵会通过工作资源影响到员工反生产行为	无法检验
H1-3a	道德认同在组织内部复杂度通过工作资源、个人资源对员工反生产行为的影响中起调节作用	无法检验
H1-3b	道德认同在延迟退休政策通过工作资源、个人资源对员工反生产行为的影响中起调节作用	无法检验
H1-3c	道德认同在欧美国家对中国的堵截通过工作资源、个人资源对员工反生产行为的影响中起调节作用	无法检验
H1-3d	道德认同在新型冠状病毒感染通过工作资源、个人资源对员工反生产行为的影响中起调节作用	无法检验
H1-3e	道德认同在技术入侵通过工作资源、个人资源对员工反生产行为的影响中起调节作用	无法检验

4.5.1 环境复杂度对员工反生产行为的直接作用

组织内部复杂度、延迟退休政策、技术入侵对员工反生产行为的主效应成立。

具体而言,组织内部复杂度、延迟退休政策、技术入侵会对员工的反生产行为产生影响,员工会因此增加反生产行为。根据组织复杂性理论,组织的各个行为主体(包含组织层次、成员层次)受到内外环境因素的影响会产生复杂的交互作用,进而形成多种复杂特征(Anderson,1999;Lissack & Letiche,2002)。这种复杂特征使得工作更加困难,如果管理不当,将会引起个体更高水平的压力。而根据压力-情绪-反生产行为理论,工作压力源可能导致愤怒、焦虑等消极情感反应，反生产行为就是一种压力反应。因此，环境复杂度对员工反生产行为具有显著的正向影响，其中，组织内部复杂度以及组织外部复杂度中的延迟退休、技术入侵会对员工反生产行为产生正向影响。

欧美国家对中国的围追堵截与反生产行为不相关，可能是因为被试大部分为制造企业一线工作人员，受工作性质和学历等因素影响，对国际环境的关注度较少，国际环境对于现实生活的影响不明显。新型冠状病毒感染对员工反生产行为的主效应不成立，可能是新冠疫情开始暴发至本次测试期间，国内防控效果较好，被试对新冠病毒感染的反应不明显；或是由于被试的工作性质，较多地关注生计问题，对新冠病毒感染的影响不敏感。

4.5.2 资源的中介作用

数据结果表明，工作资源在延迟退休政策对员工反生产行为的影响中起中介作用。

根据资源保存理论，个体总是倾向于保护和占有已有的或潜在的资源，由此本研究将员工的资源作为环境复杂度对员工反生产行为影响的中介机制。在探究延迟退休政策对员工的反生产行为的影响中，本研究的结论与以往学者得到的结论是一致的。例如，江红艳等（2018）通过实证研究发现，工作资源与离职意向存在显著的负相关关系，即工作资源负向影响离职意向，离职行为作为反生产行为的一种，可以推测工作资源对反生产行为存在负向影响。本研究中，延迟退休政策引起员工工作资源受损，为了重获资源，员工进行反生产行为。

但本研究在探索环境复杂度其他方面对员工反生产行为的影响中介作用时，发现不存在显著影响，这与以往的研究结果存在差异。出现这个问题的原因可能是反生产行为作为一种不道德行为，由被试自己评估，在测量时无法避免社会称许性的影响，导致测量存在偏差。

4.5.3 有调节的中介作用

数据分析结果表明，道德认同调节作用不成立。

　　以往研究表明道德认同在心理契约违背（王娟等，2018）、组织不公平感（徐亚萍，王慈，2015）、道德推脱等变量（叶宝娟等，2016）对包括反生产行为在内的非伦理行为的影响中，存在调节作用。而本研究中被调节的中介模型，道德认同调节作用不成立，说明环境复杂度作为一种外在的影响因素，一线员工难于把握这些因素的发生和后续影响，对反生产行为的作用机制也区别于心理契约违背等内在的心理因素。因此，本书认为环境复杂度对员工反生产行为的影响可能存在其他的边界条件，这是今后需要继续探索的方向。

5　反生产行为在个体间的动态模式研究

5.1　研究目的

反生产行为会从组织内分散到个体。从组织层面来看，员工的反生产行为在组织内扩散将会进一步加剧反生产行为的负面影响。从个体层面来看，信息时代背景下，员工个人的行为对其职业发展和家庭生活有着重要的影响，积极的工作行为有利于个人整体生活的稳定和发展，而消极的工作行为对自身的工作绩效以及正常生活产生不利影响。本研究从个体间视角出发，探究组织内部个体间反生产行为的动态变化机制。本章的研究（研究二）基于研究假设和理论推导，探究组织成员实施反生产行为对受害者工作行为产生的动态变化（反生产行为扩散或分化）的内在机制，即工作资源和个人资源的中介作用是否成立。此外，探讨道德认同是否调节这个中介效应。

5.2　研究概述

本研究的调查对象为企业员工，问卷以纸质版发放，在浙江工业大学MBA 班学员中进行问卷发放和回收。被试对象覆盖不同年龄、职位级别，并强调问卷结果只用于学术研究和论文分析，不作他用。共发放问卷 153份，经筛选，回收有效问卷 134 份，有效率 87.6%。在回收数据后，对纸质问卷进行录入，处理反向题，随后通过 SPSS23.0 和 Smart. PLS 软件进行信度分析，验证性因子分析以及相关回归分析，验证假设。

5.3　研　究　工　具

5.3.1　反生产行为量表

本研究采用杨和迪芬多夫（Yang & Diefendorff，2009）的量表，该量表将反生产行为分成指向组织（CWBO）和指向人际（CWBI）两个维度，分别有 13 题和 10 题，该量表的信效度较高，例如，针对组织的反生产行为题"谎报工作时间"，针对个人的反生产行为题"工作中辱骂别人"。量表采用李克特 7 级量表，选项由"从不""极少""偶尔""有点频繁""比较频繁""经常""总是"组成，其中得分越高，表示反生产行为发生越频繁。

5.3.2　组织公民行为量表

法拉等（Farh et al.，2004）在经过大量文献回顾之后，根据中国实际情况，采用归纳法，开发了适合中国文化和社会环境的组织公民行为量表。该量表共有 10 个维度，18 个题项。由于该量表更适用于中国情境下的企业组织，因此本研究采用该量表。量表采用李克特 7 级量表，"1"＝非常不同意，"7"＝非常同意，得分越高，表示组织公民行为的程度越高。

5.3.3　资源损耗量表

工作资源损耗、个人资源损耗采用了段陆生（2008）关于资源量表中的各 5 个题项来进行评估，共 10 道题项。该量表来自皮尔斯等（Pierce et al.,1989）、舍尔等（Scheier et al.，1994）、施瓦泽等（Schwarzer et al.，1995）和贺福（Hobfoll，2002）等的研究。虽然在一些研究中使用了完整的资源量表，但量表包含题项较多。因此，与以往研究人员（例如，de-

Roon-Cassini et al. , 2009) 一致,我们选择了量表的一个子集。本研究采用李克特 7 级量表,"1" = 非常不同意,"7" = 非常同意。

5.3.4 道德认同量表

本研究参照阿基诺和里德(Aquino & Reed, 2002)关于道德认同的量表。量表有两个维度,其中象征化维度有 5 个题项,内隐维度有 5 个题项,包括两个反向计分题。本研究采用李克特 7 级量表,"1" = 非常不同意,"7" = 非常同意。

5.4 研究数据分析

5.4.1 描述性分析

本研究有效数据 134 份。有效调查对象中,女性占 50.7%,男性占 49.3%;26 ~ 35 岁占 73.9%,36 ~ 45 岁占 24.6%,46 ~ 50 岁占 1.5%;工作人员占比 31.3%,基层管理者占比 32.1%,中层管理者占比 23.1%,高层管理者占比 13.5%。

通过独立样本 t 检验对性别与反生产行为和组织公民行为的关系进行分析。结果表明,性别在反生产行为($M_男 = 1.65$,$SD = 0.70$;$M_女 = 1.48$,$SD = 0.43$;$t = 1.70$,$p = 0.55$)和组织公民行为($M_男 = 4.78$,$SD_男 = 1.06$;$M_女 = 4.66$,$SD_女 = 1.19$;$t = 0.62$,$p = 0.243$)上的作用均不显著。

由于年龄是一个连续变量,因此与反生产行为和组织公民行为进行相关分析。结果表明,年龄与反生产行为之间不存在显著的相关关系($r = 0.106$,$p = 0.221$)。年龄与组织公民行为之间存在显著的正相关关系($r = 0.232$,$p = 0.007$)。因此,在后续研究中需要将年龄作为控制变量考虑。

工作岗位是一个 4 组的分类变量,包括一般工作人员、基层管理者、中层管理者和高层管理者,因此,通过方差分析对比各组间差异,单因素方差分析结果如表 5 - 1 所示。

表 5 - 1 工作岗位对因变量的影响

项目		平方和	df	均方	方差齐性检验		方差检验	
					Levene 值	显著性	F	显著性
反生产行为	组间	0.173	3	0.058	0.617	0.605	0.164	0.921
	组内	45.942	130	0.353				
	总数	46.115	133					
组织公民行为	组间	16.839	3	5.613	0.374	0.772	4.860	0.003
	组内	150.136	130	1.155				
	总数	166.974	133					

从表 5 - 1 可以看出，工作岗位对反生产行为没有显著影响 [F(3,133) = 0.164，p = 0.921]，由于方差齐性，所以采用 LSD 进行多重比较分析，具体结果见表 5 - 2。

表 5 - 2 工作岗位对反生产行为的多重比较检验

工作岗位（I）	工作岗位（J）	均值差异（I - J）	显著性
一般工作人员	基层管理者	0.012	0.920
	中层管理者	0.083	0.542
	高层管理者	- 0.015	0.935
基层管理者	中层管理者	0.070	0.604
	高层管理者	- 0.027	0.877
中层管理者	高层管理者	- 0.098	0.594

另外，工作岗位对组织公民行为具有显著影响 [F(3,133) = 4.860，p = 0.003]，由于方差齐性，所以采用 LSD 多重比较方法，具体结果见表 5 - 3。

表 5 - 3 工作岗位对组织公民行为的多重比较检验

工作岗位（I）	工作岗位（J）	均值差异（I - J）	显著性
一般工作人员	基层管理者	- 0.361	0.124
	中层管理者	- 0.309	0.216
	高层管理者	- 1.232 *	0.000
基层管理者	中层管理者	0.052	0.833
	高层管理者	- 0.872 *	0.008
中层管理者	高层管理者	- 0.924 *	0.006

注：* 表示 p < 0.05。

关于反生产行为发生的程度，各组间无显著差异。而关于组织公民行为发生的程度，岗位越高，组织公民行为越多。因此，在后续研究中需要将工作岗位作为控制变量考虑。

5.4.2 信效度检验与共同方法偏差检验

5.4.2.1 信效度检验

在检查路径模型和中介效应之前，已经进行了数据质量检验。接下来，对各个项目和因子结构进行验证性因子分析，将因子载荷低于0.6的题项予以删除，再次进行验证性因子分析，各题项的因子载荷均满足要求。最终删除的题项中，组织成员指向组织的反生产行为（OCWBO）和受害者指向组织的反生产行为（VCWBO）中删除的题项包括"谎报工作时间""从雇主那偷东西""未经允许把用品或工具带回家""未经允许上班迟到""额外增加或延长休息时间""上班早退""只是为了自己工作而不是为雇主工作"，组织成员指向人际的反生产行为（OCWBI）和受害者指向人际的反生产行为（VCWBI）中删除的题项包括"工作中辱骂别人"和"工作中与人争吵"，受害者的组织公民行为（VOCB）删除的题项包括"我积极参与各类工作知识和技能培训""我保持个人工作环境的整洁整齐""我节约使用组织资源（如水、电、办公用品等）""组织发生急难时（如水灾、火灾等），我会主动提供帮助"。在多重共线性检验中，方差膨胀因子（VIF）都低于可接受的阈值5.0。

表5-4呈现了信效度的检验结果。对于信度，每个构面的Cronbach's α值都大于建议值0.7，均在0.76（WR）到0.94（VOCB）之间。组合信度在0.84～0.94之间。另外，一致性PLS方法通过使用一个新的信度系数ρ_A，修正了被测量结构的估计，本研究中的ρ_A范围在0.78（WR）到0.94（VOCB）之间。这些证明本研究测量的内部一致性较好。

对于效度，从聚合效度和区分效度两个方面进行考虑。（1）聚合效度的判断标准一般为：每个项目在其对应的构面上因子载荷大于0.6，且每个构面的平均变异提取量（AVE）都超过0.5。本研究数据中，所有项目在其对应构面上的因子载荷在0.62（VCWBO）到0.90（VCWBI）之间，均大

表 5－4　　　　　　　　　　　测量及验证性因子分析结果

构面	项目	平均值（SD）	因子载荷	α	ρ_A	组合信度	AVE
组织成员指向组织的反生产行为（OCWBO）	1. 故意拖延工作	2.31 (1.11)	0.83	0.85	0.86	0.89	0.58
	2. 不努力工作	2.49 (1.16)	0.85				
	3. 做白日梦而不是脚踏实地工作	2.22 (1.01)	0.83				
	4. 网上冲浪	3.00 (1.40)	0.63				
	5. 浪费雇主的材料与物资	2.37 (1.10)	0.75				
	6. 假装生病	1.63 (0.80)	0.66				
组织成员指向人际的反生产行为（OCWBI）	1. 工作中辱骂别人	1.61 (0.91)	0.64	0.89	0.91	0.91	0.57
	2. 工作中粗鲁地对待别人	1.78 (0.97)	0.69				
	3. 工作中截留其他人需要的信息	1.70 (0.98)	0.69				
	4. 掩饰错误	2.43 (1.11)	0.83				
	5. 显示偏袒	2.50 (1.10)	0.80				
	6. 工作中不回别人电话	2.23 (0.91)	0.74				
	7. 工作中不回复别人的留言或邮件	2.32 (0.92)	0.84				
	8. 在处理他人重要的事情上迟迟不肯行动	2.41 (1.17)	0.80				
受害者指向组织的反生产行为（VCWBO）	1. 故意拖延工作	1.40 (0.69)	0.76	0.84	0.87	0.88	0.55
	2. 不努力工作	1.63 (0.88)	0.85				
	3. 做白日梦而不是脚踏实地工作	1.47 (0.72)	0.83				

构面	项目	平均值（SD）	因子载荷	α	ρ_A	组合信度	AVE
受害者指向组织的反生产行为（VCWBO）	4. 网上冲浪	2.12（1.19）	0.62	0.84	0.87	0.88	0.55
	5. 浪费雇主的材料与物资	1.42（0.63）	0.67				
	6. 假装生病	1.21（0.53）	0.70				
受害者指向人际的反生产行为（VCWBI）	1. 工作中辱骂别人	1.24（0.63）	0.71	0.92	0.94	0.94	0.65
	2. 工作中粗鲁地对待别人	1.32（0.73）	0.77				
	3. 工作中截留其他人需要的信息	1.26（0.61）	0.74				
	4. 掩饰错误	1.57（0.85）	0.84				
	5. 显示偏袒	1.65（0.95）	0.81				
	6. 工作中不回别人电话	1.60（0.93）	0.86				
	7. 工作中不回复别人的留言或邮件	1.59（0.90）	0.90				
	8. 在处理他人重要的事情上迟迟不肯行动	1.51（0.75）	0.79				
受害者组织公民行为（VOCB）	1. 当工作需要时我会主动加班把工作做好	5.16（1.39）	0.67	0.94	0.94	0.94	0.55
	2. 我愿意承担额外的责任	4.73（1.53）	0.76				
	3. 我乐于与大家分享对工作有用的信息	5.10（1.42）	0.75				
	4. 我与同事保持和谐融洽的关系，并会主动缓解冲突	5.36（1.29）	0.65				
	5. 我乐于帮助同事解决工作上的问题（如帮助新人适应工作环境，协助同事完成负担较重的工作等）	5.38（1.27）	0.73				

续表

构面	项目	平均值（SD）	因子载荷	α	ρ_A	组合信度	AVE
受害者组织公民行为（VOCB）	6. 我乐于帮助同事解决工作外的问题（如对生病或家庭有困难的同事进行探望、安慰或资助等）	4.86（1.53）	0.74	0.94	0.94	0.94	0.55
	7. 我会利用个人资源（如金钱、信息和社会资本）帮助公司	4.16（1.76）	0.74				
	8. 我会主动提出对工作改善和组织发展有利的建议	4.68（1.50）	0.81				
	9. 我会主动劝阻对组织不利的言行	4.63（1.55）	0.81				
	10. 我积极参与员工组织的各类活动（如竞赛等）	4.60（1.49）	0.79				
	11. 我积极参与公司组织的各类集体活动	1.77（1.49）	0.83				
	12. 我会投身公共事业（如献血、植树等）	4.13（1.65）	0.70				
	13. 我会主动参与社区服务（如帮助老人等）	3.92（1.68）	0.63				
	14. 我会主动对外宣传公司的形象和产品	4.63（1.55）	0.74				
工作资源（WR）	1. 我的工作帮助发展和提升自己	4.62（1.49）	0.68	0.76	0.78	0.84	0.51
	2. 我看不到我的工作有任何发展	4.63（1.27）	0.83				
	3. 与同事相比，我所得的报酬是公平的	4.89（1.50）	0.74				
	4. 在工作中，同事会给予我社会支持	4.22（1.52）	0.68				
	5. 在工作中我有较大的自主决定权	4.47（1.48）	0.62				

构面	项目	平均值（SD）	因子载荷	α	ρ_A	组合信度	AVE
个人资源（PR）	1. 我对自己的未来总是很乐观	4.99（1.27）	0.74	0.82	0.83	0.87	0.58
	2. 我的状态保持乐观	5.41（1.07）	0.72				
	3. 我的存在对公司很有价值	5.18（1.10）	0.82				
	4. 我感觉到我能控制自己的生活	5.06（1.12）	0.75				
	5. 遇到麻烦或者困难时，我大多数时候能够解决	5.69（1.07）	0.77				
道德认同（MI）	1. 成为有这些品质的人会使我感觉良好	6.04（1.01）	0.72	0.91	0.92	0.92	0.54
	2. 成为有这些品质的人对我来说很重要	6.02（0.96）	0.72				
	3. 成为这样的人会使我感到羞愧	5.19（1.09）	0.62				
	4. 拥有这些品质对我来说并不重要	5.08（1.14）	0.65				
	5. 我非常希望拥有这些品质	5.20（0.98）	0.73				
	6. 我的着装打扮能体现出我有这些品质	5.75（1.05）	0.79				
	7. 我在业余时间的活动爱好表明我有这些品质	5.85（0.98）	0.80				
	8. 我阅读的书籍杂志能够体现我有这些品质	5.86（1.02）	0.82				
	9. 我会与别人沟通，让别人知道我有这些品质	5.37（1.04）	0.71				
	10. 我积极参加那些能够体现我这些品质的活动	5.47（1.08）	0.76				

于 0.6，AVE 均在 0.62（WR）至 0.65（VCWBI）之间，均大于 0.5，表明本研究数据的聚合效度良好。（2）区分效度强调了构面间测量的不同程度，一是以 Fornell-Larcke 方法为标准，即构面与自身构面的变异量大于与其他所有构面的变异量；二是以 Heterotrait-monotrait（HTMT）为标准，要求小于 0.9。如表 5 - 5 和表 5 - 6 所示，本研究的数据符合上述两个标准，表明有较好的区分效度。

表 5 - 5　　　　　　　　　区分效度（Fornell-Larcker 准则）

构面	VCWBI	VCWBO	MI	VOCB	PR	OCWBI	OCWBO	WR
VCWBI	0.806							
VCWBO	0.678	0.742						
MI	− 0.299	− 0.284	0.734					
VOCB	− 0.222	− 0.366	0.528	0.741				
PR	− 0.334	− 0.264	0.589	0.488	0.759			
OCWBI	0.609	0.504	− 0.310	− 0.235	− 0.308	0.756		
OCWBO	0.323	0.541	− 0.343	− 0.219	− 0.172	0.639	0.763	
WR	− 0.236	− 0.236	0.408	0.421	0.458	− 0.395	− 0.324	0.713

表 5 - 6　　　　　　　　　区分效度（HTMT）

构面	VCWBI	VCWBO	MI	VOCB	PR	OCWBI	OCWBO
VCWBO	0.756						
MI	0.278	0.286					
VOCB	0.239	0.409	0.542				
PR	0.366	0.286	0.660	0.537			
OCWBI	0.671	0.586	0.332	0.254	0.357		
OCWBO	0.351	0.655	0.346	0.250	0.199	0.728	
WR	0.261	0.276	0.484	0.492	0.576	0.458	0.385

模型拟合度将 SRMR 作为衡量指标，本研究被估计的模型中 SRMR 值为 0.079，小于 0.08，表示模型拟合可接受，并解释了 VCWBI 13.2% 的变异量，解释了 VCWBO 10.5% 的变异量，解释了 VOCB 35.5% 的变异量。

5.4.2.2 共同方法偏差检验

对模型中 8 个关键变量进行 Harman 单因素检验，结果表明，特征根大于 1 的因子有 14 个，第一个因子解释的变异量为 26.2%，小于 40%，说明共同方法偏差在可接受范围内。

5.4.3 假设检验

5.4.3.1 相关性分析

表 5-7 是变量描述性统计表，展示了各变量的均值、标准差和相关系数。

表 5-7　　　　　　　　　　变量描述性统计

变量	M	SD	OCWBO	OCWBI	VCWBO	VCWBI	WR	PR	MI	VOCB
OCWBO	2.34	0.84	1							
OCWBI	2.12	0.77	0.635**	1						
VCWBO	1.54	0.58	0.572**	0.507**	1					
VCWBI	1.47	0.65	0.320**	0.613**	0.654**	1				
WR	4.57	1.04	−0.304**	−0.370**	−0.210*	−0.214*	1			
PR	5.27	0.86	−0.134*	−0.301**	−0.217*	−0.308**	0.457**	1		
MI	5.58	0.76	−0.281**	−0.295**	−0.243**	−0.253**	0.406**	0.566**	1	
VOCB	4.72	1.12	−0.225**	−0.226**	−0.374**	−0.207*	0.417**	0.465**	0.498**	1

注：** 表示 $p < 0.01$；* 表示 $p < 0.05$。

5.4.3.2 主效应检验

运用 SPSS23.0 检验组织成员指向组织的反生产行为对受害者的反生产行为的直接效应，检验假设 H2-1a 和假设 H2-1b。表 5-8 是回归结果。OCWBO 对 VCWBO 具有显著正向影响（$B = 0.39$，$p < 0.001$），OCWBO 对 VCWBI 具有正向显著影响（$B = 0.25$，$p < 0.001$）。假设 H2-1a 和假设 H2-1b 得到验证。

表 5 - 8   **OCWBO 对 VCWBO 和 VCWBI 的影响**

项目	VCWBO	VCWBI
	模型 1	模型 2
常量	0. 62 *** (0. 16)	0. 90 *** (0. 13)
OCWBO	0. 39 *** (0. 06)	0. 25 *** (0. 06)
R^2	0. 33	0. 10
ΔR^2	0. 32	0. 10
F	64. 19 ***	15. 08 ***

注：*** 表示 p < 0.001。

接下来检验组织成员指向组织的反生产行为对受害者的组织公民行为的直接效应，检验假设 H2 - 1c。表 5 - 9 是回归结果。控制了年龄和工作岗位后，OCWBO 对 VOCB 具有显著负向影响（B = - 0. 29，p < 0. 01）。假设 H2 - 1c 得到验证。

表 5 - 9   **OCWBO 对 VOCB 的影响**

项目	VOCB	
	模型 3	模型 4
常量	3. 53 *** (0. 44)	4. 22 *** (0. 51)
年龄	0. 31 (0. 22)	0. 30 (0. 21)
工作岗位	0. 23 * (0. 11)	0. 22 * (0. 11)
OCWBO		- 0. 29 ** (0. 11)
R^2	0. 09	0. 13
ΔR^2	0. 07	0. 11
F	6. 23 ***	6. 67 ***

注：*** 表示 p < 0.001；** 表示 p < 0.01；* 表示 p < 0.05。

运用 SPSS23.0 检验组织成员指向人际的反生产行为对受害者的反生产行为的直接效应,检验假设 H2 - 1d 和假设 H2 - 1e。表 5 - 10 是回归结果。OCWBI 对 VCWBO 具有显著正向影响（B = 0.38，p < 0.001），OCWBI 对 VCWBI 具有正向显著影响（B = 0.52，p < 0.001）。假设 H2 - 1d 和假设 H2 - 1e 得到验证。

表 5 - 10 　　　　　　　　 **OCWBI 对 VCWBO 和 VCWBI 的影响**

项目	VCWBO	VCWBI
	模型 5	模型 6
常量	0.73 *** (0.13)	0.37 ** (0.13)
OCWBI	0.38 *** (0.06)	0.52 *** (0.06)
R^2	0.26	0.38
ΔR^2	0.25	0.37
F	45.59 ***	79.58 ***

注: *** 表示 p < 0.001；** 表示 p < 0.01。

接下来检验组织成员指向人际的反生产行为对受害者的组织公民行为的直接效应,检验假设 H2 - 1f。表 5 - 11 是回归结果。控制了年龄和工作岗位后,OCWBI 对 VOCB 具有显著负向影响（B = - 0.34，p < 0.01）。假设 H2 - 1f 得到验证。

表 5 - 11 　　　　　　　　 **OCWBI 对 VOCB 的影响**

项目	VOCB	
	模型 7	模型 8
常量	3.53 *** (0.44)	4.11 *** (0.48)
年龄	0.31 (0.22)	0.40 (0.21)
工作岗位	0.23 * (0.11)	0.19 * (0.11)

续表

项目	VOCB	
	模型 7	模型 8
OCWBI		−0. 34 **
		(0. 11)
R^2	0. 09	0. 14
ΔR^2	0. 07	0. 12
F	6. 23 ***	7. 00 ***

注: *** 表示 p < 0.001; ** 表示 p < 0.01; * 表示 p < 0.05。

5.4.3.3 中介效应和有调节的中介效应

本书提出的模型是一个二阶有调节的中介模型 (Edwards & Lambert, 2007)。我们使用 SPSS 的 PROCESS 插件 (Hayes, 2013) 进行了一项有调节的中介分析, 以生成 bootstrapped (n = 5000) 的偏倚校正回归估计和置信区间, 以检验中介作用 (假设 H2 - 2) 和有调节的中介效应 (假设 H2 - 3)。具体来说, 为了检验本章的中介假设, 我们使用 PROCESS 的模型 4。

对于 "OCWBO→个人资源→VCWBO" 这一路径, 见表 5 - 12 中的模型 1 和模型 3。在模型 1 中, OCWBO 与个人资源不具有显著关系。在模型 3 中, 个人资源与 VCWBO 无显著关系。OCWBO 通过个人资源对 VCWBO 的间接影响路径中, 95% 的置信区间为 [−0.01, 0.04]。结果表明, 个人资源的中介作用不成立, 假设 H2 - 2a 被拒绝。而 OCWBO 对 VCWBO 的直接效应具有显著正向影响, 这说明 OCWBO 对 VCWBO 影响可能具有其他的中介机制, 而非个人资源。具体模型路径见图 5 - 1。

表 5 - 12 中介作用检验结果 1

项目	个人资源	工作资源	VCWBO		VCWBI	
	模型 1	模型 2	模型 3	模型 4	模型 5	模型 6
常量	5. 59 ***	5. 44 ***	1. 16 ***	0. 74 ***	2. 03 ***	1. 33 ***
	(0. 22)	(0. 23)	(0. 29)	(0. 26)	(0. 37)	(0. 33)
OCWBO	−0. 13	−0. 37 ***	0. 38 ***	0. 39 ***	0. 22 ***	0. 22 ***
	(0. 09)	(0. 11)	(0. 05)	(0. 05)	(0. 06)	(0. 07)

续表

项目	个人资源	工作资源	VCWBO		VCWBI	
	模型 1	模型 2	模型 3	模型 4	模型 5	模型 6
个人资源			−0.09 (0.05)		−0.21 *** (0.06)	
工作资源				−0.02 (0.04)		−0.08 (0.05)
F 值	2.396	13.44 ***	34.87 ***	32.06 ***	13.82 ***	8.72 ***
R^2	0.02	0.09	0.35	0.33	0.17	0.12

注：*** 表示 $p < 0.001$。

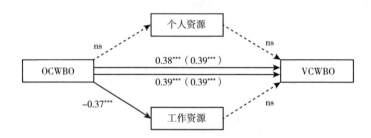

图 5 - 1 资源在 OCWBO 对 VCWBO 影响的中介作用

注：*** 表示 $p < 0.001$；ns 表示无显著相关性。

对于"OCWBO→个人资源→VCWBI"这一路径，见表 5 - 12 中的模型 1 和模型 5。在模型 1 中，OCWBO 与个人资源不具有显著关系。在模型 5 中，个人资源与 VCWBI 有显著的负相关关系（B = − 0.21，$p < 0.001$）。OCWBO 通过个人资源对 VCWBI 的间接影响路径中，95% 的置信区间为 [− 0.01，0.08]。结果表明，个人资源的中介作用不成立，假设 H2 − 2b 被拒绝。而 OCWBO 对 VCWBI 的直接效应具有显著正向影响，这说明 OC-WBO 对 VCWBI 影响可能具有其他的中介机制，而非个人资源。具体模型路径见图 5 − 2。

对于"OCWBO→工作资源→VCWBO"这一路径，见表 5 - 12 中的模型 2 和模型 4。在模型 2 中，OCWBO 与工作资源呈显著的负相关关系（B = −0.37，$p < 0.001$）。在模型 4 中，工作资源与 VCWBO 无显著关系。OCWBO 通过工作资源对 VCWBO 的间接影响路径中，95% 的置信区间为

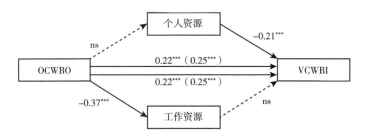

图 5 – 2 资源在 OCWBO 对 VCWBI 影响的中介作用

注：*** 表示 p < 0.001；ns 表示无显著相关性。

［－0.03，0.06］。结果表明，工作资源的中介作用不成立，假设 H2 – 2d 被拒绝。而 OCWBO 对 VCWBO 的直接效应具有显著正向影响，这说明 OC-WBO 对 VCWBO 影响可能存在其他的中介机制，而非工作资源。具体模型路径见图 5 – 1。

　　对于"OCWBO→工作资源→VCWBI"这一路径，见表 5 – 12 中的模型 2 和模型 6。在模型 2 中，OCWBO 与工作资源呈显著的负相关关系（B = －0.37，p < 0.001）。在模型 6 中，工作资源与 VCWBO 无显著关系。OCWBO 通过工作资源对 VCWBI 的间接影响路径中，95% 的置信区间为 ［－0.02，0.11］。结果表明，工作资源的中介作用不成立，假设 H2 – 2e 被拒绝。而 OCWBO 对 VCWBI 的直接效应具有显著正向影响，这说明 OCWBO 对 VCWBI 影响可能存在其他的中介机制，而非工作资源。具体模型路径见图 5 – 2。

　　对于"OCWBI→个人资源→VCWBO"这一路径，见表 5 – 13 中的模型 1 和模型 3。在模型 1 中，OCWBI 与个人资源具有显著的负相关关系（B = －0.34，p < 0.001）。在模型 3 中，个人资源与 VCWBO 没有显著关系。OCWBI 通过个人资源对 VCWBO 的间接影响路径中，95% 的置信区间为 ［－0.02，0.05］。结果表明，个人资源的中介作用不成立，假设 H2 – 2g 被拒绝。而 OCWBI 对 VCWBO 的直接效应具有显著正向影响，这说明 OC-WBI 对 VCWBO 影响可能存在其他的中介机制，而非个人资源。具体模型路径见图 5 – 3。

表5-13 中介作用检验结果2

项目	个人资源	工作资源	VCWBO		VCWBI	
	模型1	模型2	模型3	模型4	模型5	模型6
常量	5.98*** (0.21)	5.62*** (0.25)	1.02** (0.34)	0.81** (0.29)	0.98** (0.35)	0.32 (0.29)
OCWBI	-0.34** (0.93)	-0.49*** (0.11)	0.37*** (0.36)	0.37*** (0.06)	0.48*** (0.06)	0.52*** (0.06)
个人资源			-0.05 (0.05)		-0.11 (0.05)	
工作资源				-0.01 (0.05)		0.01 (0.05)
F值	13.15***	20.99***	23.18***	22.69***	42.38***	39.52***
R²	0.09	0.14	0.26	0.26	0.39	0.38

注：*** 表示 p<0.001；** 表示 p<0.01。

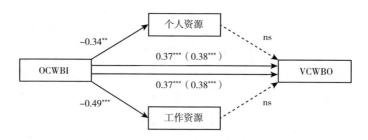

图5-3 资源在 OCWBI 对 VCWBO 影响的中介作用

注：*** 表示 p<0.001；** 表示 p<0.01；ns 表示无显著相关性。

对于"OCWBI→个人资源→VCWBI"这一路径，见表5-13中的模型1和模型5。在模型1中，OCWBI与个人资源具有显著的负相关关系（B = -0.34，p<0.001）。在模型5中，个人资源与VCWBI没有显著关系。OCWBI通过个人资源对VCWBI的间接影响路径中，95%的置信区间为[-0.01，0.05]。结果表明，个人资源的中介作用不成立，假设H2-2h被拒绝。而OCWBI对VCWBI的直接效应具有显著正向影响，这说明OCWBI对VCWBI影响可能存在其他的中介机制，而非个人资源。具体模型路径见图5-4。

对于"OCWBI→工作资源→VCWBO"这一路径，见表5-13中的模型

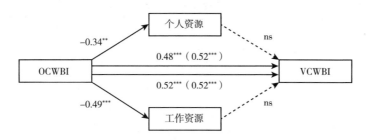

图 5 - 4 资源在 OCWBI 对 VCWBI 影响的中介作用

注：*** 表示 p < 0.001；** 表示 p < 0.01；ns 表示无显著相关性。

2 和模型 4。在模型 2 中，OCWBI 与工作资源具有显著的负相关关系（B = -0.49，p < 0.001）。在模型 4 中，工作资源与 VCWBO 没有显著关系。OCWBI 通过工作资源对 VCWBO 的间接影响路径中，95% 的置信区间为 [-0.04，0.05]。结果表明，工作资源的中介作用不成立，假设 H2 - 2j 被拒绝。而 OCWBI 对 VCWBO 的直接效应具有显著正向影响，这说明 OCWBI 对 VCWBO 影响可能存在其他的中介机制，而非工作资源。具体模型路径见图 5 - 3。

对于"OCWBI→工作资源→VCWBI"这一路径，见表 5 - 13 中的模型 2 和模型 6。在模型 2 中，OCWBI 与工作资源具有显著的负相关关系（B = -0.49，p < 0.001）。在模型 6 中，工作资源与 VCWBI 没有显著关系。OCWBI 通过工作资源对 VCWBI 的间接影响路径中，95% 的置信区间为 [-0.06，0.04]。结果表明，工作资源的中介作用不成立，假设 H2 - 2k 被拒绝。而 OCWBI 对 VCWBI 的直接效应具有显著正向影响，这说明 OCW-BI 对 VCWBI 影响可能存在其他的中介机制，而非工作资源。具体模型路径见图 5 - 4。

对于"OCWBO→个人资源→VOCB"这一路径，见表 5 - 14 模型 1 和模型 5。在模型 1 中，OCWBO 与个人资源无显著关系。在模型 5 中，个人资源与 VOCB 呈正相关（B = 0.56，p < 0.001）。OCWBO 通过个人资源对 VOCB 的间接影响路径中，95% 的置信区间为 [-0.17，0.02]。结果表明，个人资源中介作用不成立，假设 H2 - 2c 被拒绝。而 OCWBO 对 VOCB 的直接效应具有显著负向影响，这说明 OCWBO 对 VOCB 影响可能存在其他的中介机制，而非个人资源。具体模型路径见图 5 - 5。

表 5-14　　　　　　　　　　　中介作用检验结果 3

项目	个人资源		工作资源		VOCB			
	模型 1	模型 2	模型 3	模型 4	模型 5	模型 6	模型 7	模型 8
常量	5.67 ***	5.87 ***	5.57 ***	5.51 ***	1.02	1.99 **	0.89	1.94 **
	(0.39)	(0.36)	(0.47)	(0.44)	(0.73)	(0.68)	(0.76)	(0.67)
年龄	−0.31	−0.22	−0.28	−0.14	0.47 *	0.41 *	0.52 **	0.45 *
	(0.16)	(0.16)	(0.19)	(0.19)	(0.19)	(0.19)	(0.19)	(0.19)
工作岗位	0.27 ***	0.24 **	0.23 *	0.17	0.07	0.13	0.06	0.12
	(0.08)	(0.08)	(0.09)	(0.09)	(0.09)	(0.09)	(0.09)	(0.10)
OCWBO	−0.13		−0.37 ***		0.21 *	−0.14 ***		
	(0.08)		(0.10)		(0.09)	(0.11)		
OCWBI		−0.29 **		−0.47 ***			−0.17	−0.15
		(0.09)		(0.11)			(0.11)	(0.12)
个人资源					0.56 ***		0.55 ***	
					(0.10)		(0.11)	
工作资源						0.39 ***		0.39 ***
						(0.08)		(0.09)
F 值	4.67 **	7.68 ***	6.47 ***	8.23 ***	13.97 ***	10.87 ***	13.15 ***	10.82 ***
R^2	0.09	0.15	0.13	0.16	0.30	0.25	0.29	0.25

注：*** 表示 $p < 0.001$；** 表示 $p < 0.01$；* 表示 $p < 0.05$。

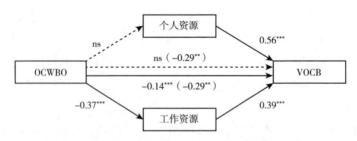

图 5-5　资源在 OCWBO 对 VOCB 影响的中介作用

注：*** 表示 $p < 0.001$；** 表示 $p < 0.01$；ns 表示无显著相关性。

对于"OCWBO→工作资源→VOCB"这一路径，见表 5-14 模型 3 和模型 6。在模型 3 中，OCWBO 与工作资源呈负相关（B = −0.37，$p < 0.001$）。在模型 6 中，工作资源与 VOCB 呈正相关（B = 0.39，$p < 0.001$）。结果表明，OCWBO 通过工作资源对 VOCB 的间接影响为 −0.15，标准误差

为 0.05，95% 的置信区间为［-0.6，-0.26］。考虑到 95% 的置信区间不包括零，间接影响是显著的。OCWBO 与 VOCB 之间的直接关系为 -0.14，标准误差为 0.11，95% 的置信区间为［-0.35，-0.19］。总体而言，这些结果表明，工作资源部分中介了 OCWBO 与 VOCB 之间的负向关系，支持假设 H2-2f。具体模型路径见图 5-5。

对于"OCWBI→个人资源→VOCB"这一路径，见表 5-14 模型 2 和模型 7。在模型 2 中，OCWBI 与个人资源呈负相关（B = -0.29，p < 0.01）。在模型 7 中，个人资源与 VOCB 呈正相关（B = 0.55，p < 0.001）。结果表明，OCWBI 通过个人资源对 VOCB 的间接影响为 -0.16，标准误差为 0.06，95% 的置信区间为［-0.29，-0.04］。考虑到 95% 的置信区间不包括零，间接影响是显著的。而 OCWBI 与 VOCB 之间的直接关系也显著。总体而言，这些结果表明，个人资源完全中介了 OCWBI 与 VOCB 之间的负向关系，支持假设 H2-2i。具体模型路径见图 5-6。

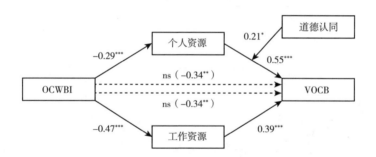

图 5-6　资源在 OCWBI 对 VOCB 影响的中介作用

注：*** 表示 p < 0.001；** 表示 p < 0.01；* 表示 p < 0.05；ns 表示无显著相关性。

对于"OCWBI→工作资源→VOCB"这一路径，见表 5-14 模型 4 和模型 8。在模型 4 中，OCWBI 与工作资源呈负相关（B = -0.47，p < 0.001）。在模型 8 中，工作资源与 VOCB 呈正相关（B = 0.39，p < 0.001）。结果表明，OCWBI 通过工作资源对 VOCB 的间接影响为 -0.19，标准误差为 0.06，95% 的置信区间为［-0.33，-0.08］。考虑到 95% 的置信区间不包括零，间接影响是显著的。OCWBI 与 VOCB 之间的直接关系也显著。总体而言，这些结果表明，工作资源完全中介了 OCWBI 与 VOCB 之间的负向关系，支持假设 H2-2l。具体模型路径见图 5-6。

综上所述，在对组织成员的反生产行为通过个人资源和工作资源对受害者的反生产行为和组织公民行为产生影响的研究中，假设 H2 - 2f、假设 H2 - 2i、假设 H2 - 2l 被支持，其余假设均被拒绝。

由于假设 H2 - 2f、假设 H2 - 2i、假设 H2 - 2l 被支持，接下来验证假设 H2 - 3 中有调节的中介作用，即验证假设 H2 - 3c、假设 H2 - 3f。本研究采用了 PROCESS 的模型 14。具体结果见表 5 - 15。在表 5 - 15 的模型 4 中，工作资源和道德认同的交互项对 VOCB 的影响不显著（$B = 0.13$，$p > 0.05$，95% 的置信区间为 [-0.15，0.02]）。在模型 5 中，个人资源和道德认同的交互项对 VOCB 的影响显著（$B = 0.21$，$p < 0.05$，95% 的置信区间为 [-0.148，-0.002]），调节效应图见图 5 - 7。在模型 6 中，工作资源和道德认同的交互项对 VOCB 的影响不显著（$B = 0.14$，$p > 0.05$，95% 的置信区间为 [-0.20，0.03]）。

表 5 - 15　　　　　　　　　　有调节的中介效应检验

项目	个人资源	工作资源		VOCB		
	模型 1	模型 2	模型 3	模型 4	模型 5	模型 6
常量	5.87 *** (0.36)	5.57 *** (0.47)	5.51 *** (0.44)	3.00 (2.87)	5.52 (3.40)	3.10 (2.90)
年龄	-0.22 (0.16)	-0.28 (0.19)	-0.14 (0.19)	0.33 (0.19)	0.40 * (0.19)	0.36 (0.19)
工作岗位	0.24 ** (0.08)	0.23 * (0.09)	0.17 (0.09)	0.11 (0.09)	0.09 (0.09)	0.11 (0.09)
OCWBO		-0.37 *** (0.10)		-0.06 (0.10)		
OCWBI	-0.29 ** (0.09)		-0.47 *** (0.11)		-0.12 (0.11)	
个人资源 (PR)					-0.85 (0.69)	
工作资源 (WR)				-0.48 (0.67)		

续表

项目	个人资源	工作资源		VOCB		
	模型 1	模型 2	模型 3	模型 4	模型 5	模型 6
道德认同（MI）				-0.05 * (0.51)	-0.62 (0.61)	-0.07 (0.51)
PR × MI					0.21 * (0.12)	
WR × MI				0.13 (0.11)		0.14 (0.12)
F 值	7.68 ***	6.47 ***	8.23 ***	11.49 ***	11.74 ***	11.48 ***
R²	0.15	0.13	0.16	0.35	0.36	0.35

注：*** 表示 $p < 0.001$；** 表示 $p < 0.01$；* 表示 $p < 0.05$。

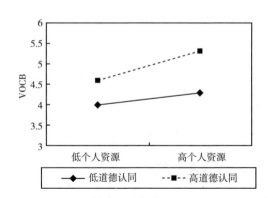

图 5 - 7　个人资源与道德认同对 VOCB 的调节效应

此外，在表 5 - 16 中，当员工道德认同较低（即平均值减去一个标准差）时，OCWBI 通过个人资源对 VOCB 的负向间接效应不成立（$B_{效应值}$ = -0.05，95% 的置信区间为 [-0.15，0.03]）。而当员工道德认同较高（即平均值加上一个标准差）时，OCWBI 通过个人资源对 VOCB 的负向间接效应强化（$B_{效应值}$ = -0.14，95% 的置信区间为 [-0.27，-0.04]），两者之间差异显著（效应值 = -0.06，标准误 = 0.04，95% 的置信区间为 [-0.15，-0.0005]）。假设 H2 - 3c 被拒绝，假设 H2 - 3f 得到部分支持。具体模型路径见图 5 - 6。

表 5 – 16　　　　　　　　　有调节的中介作用模型分析

调节路径	调节变量的值	效应值	标准误	95% 置信区间	
				下限	上限
OCWBI→个人资源→VOCB	道德认同低	– 0. 05	0. 05	– 0. 15	0. 03
	平均值	– 0. 11	0. 05	– 0. 21	– 0. 02
	道德认同高	– 0. 14	0. 06	– 0. 27	– 0. 04

5.5　本章小结

根据对前文的总结，本章的假设检验情况如表 5 – 17 所示。本研究共 3 组假设，其中假设 H2 – 1 得到支持，假设 H2 – 2 和假设 H2 – 3 得到部分支持。

表 5 – 17　　　　　　　　　研究二假设检验情况

序号	假设内容	检验情况
H2 – 1a	组织成员指向组织的反生产行为对受害者指向组织的反生产行为有影响	支持
H2 – 1b	组织成员指向组织的反生产行为对受害者指向人际的反生产行为有影响	支持
H2 – 1c	组织成员指向组织的反生产行为对受害者组织公民行为有影响	支持
H2 – 1d	组织成员指向人际的反生产行为对受害者指向组织的反生产行为有影响	支持
H2 – 1e	组织成员指向人际的反生产行为对受害者指向人际的反生产行为有影响	支持
H2 – 1f	组织成员指向人际的反生产行为对受害者组织公民行为有影响	支持
H2 – 2a	组织成员指向组织的反生产行为会通过个人资源影响到受害者指向组织的反生产行为	无法检验
H2 – 2b	组织成员指向组织的反生产行为会通过个人资源影响到受害者指向人际的反生产行为	无法检验
H2 – 2c	组织成员指向组织的反生产行为会通过个人资源影响到受害者组织公民行为	无法检验

序号	假设内容	检验情况
H2‑2d	组织成员指向组织的反生产行为会通过工作资源影响到受害者指向组织的反生产行为	无法检验
H2‑2e	组织成员指向组织的反生产行为会通过工作资源影响到受害者指向人际的反生产行为	无法检验
H2‑2f	组织成员指向组织的反生产行为会通过工作资源影响到受害者组织公民行为	支持
H2‑2g	组织成员指向人际的反生产行为会通过个人资源影响到受害者指向组织的反生产行为	无法检验
H2‑2h	组织成员指向人际的反生产行为会通过个人资源影响到受害者指向人际的反生产行为	无法检验
H2‑2i	组织成员指向人际的反生产行为会通过个人资源影响到受害者组织公民行为	支持
H2‑2j	组织成员指向人际的反生产行为会通过工作资源影响到受害者指向组织的反生产行为	无法检验
H2‑2k	组织成员指向人际的反生产行为会通过工作资源影响到受害者指向人际的反生产行为	无法检验
H2‑2l	组织成员指向人际的反生产行为会通过工作资源影响到受害者组织公民行为	支持
H2‑3a	道德认同在组织成员指向组织的反生产行为通过工作资源、个人资源对受害者指向组织的反生产行为的影响中起调节作用	无法检验
H2‑3b	道德认同在组织成员指向组织的反生产行为通过工作资源、个人资源对受害者指向人际的反生产行为的影响中起调节作用	无法检验
H2‑3c	道德认同在组织成员指向组织的反生产行为通过工作资源、个人资源对受害者组织公民行为的影响中起调节作用	无法检验
H2‑3d	道德认同在组织成员指向人际的反生产行为通过工作资源、个人资源对受害者指向组织的反生产行为的影响中起调节作用	无法检验
H2‑3e	道德认同在组织成员指向人际的反生产行为通过工作资源、个人资源对受害者指向人际的反生产行为的影响中起调节作用	无法检验
H2‑3f	道德认同在组织成员指向人际的反生产行为通过工作资源、个人资源对受害者组织公民行为的影响中起调节作用	部分支持

5.5.1 组织成员反生产行为对受害者反生产行为和受害者组织公民行为的直接作用

组织成员反生产行为对受害者反生产行为和受害者组织公民行为的主效应成立。

具体而言，组织成员实施指向组织或是指向人际的反生产行为之后，受害者也会实施指向组织或指向人际的反生产行为，从而形成反生产行为在个体间的扩散；并且在后续工作行为中不会导致反生产行为在个体间的分化，即会减少组织公民行为的实施。因此，无论是组织成员指向组织的反生产行为还是组织成员指向人际的反生产行为，均对受害者指向组织的反生产行为和受害者指向人际的反生产行为具有显著的正向影响，对受害者组织公民行为具有显著的负向影响。

5.5.2 资源的中介作用

数据结果表明，工作资源在组织成员指向组织的反生产行为对受害者组织公民行为的影响中起到部分中介作用，个人资源在组织成员指向人际的反生产行为对受害者组织公民行为的影响中起到完全中介作用，工作资源在组织成员指向人际的反生产行为对受害者组织公民行为的影响中起到完全中介作用。

根据资源保存理论，个体总是倾向于保护和占有已有的或潜在的资源，由此本研究将受害者的资源作为组织成员反生产行为对受害者反生产行为或者组织公民行为影响的中介机制。在组织成员反生产行为对受害者组织公民行为的影响中，本研究的结论与以往学者得到的结论是相一致的，例如根据沈国栋等（2014）的研究成果，工作资源和个人资源在自我管理对工作投入的影响中起中介作用，对工作投入产生正向影响。当受害者资源损失时，其工作投入下降，减少组织公民行为。

但本研究在探索受害者资源耗损在组织成员反生产行为对受害者反生产行为的影响中介作用时发现不成立，这与以往的研究结果存在差异。出现这个问题的原因可能是反生产行为作为一种不道德行为，由被试自己评估，在测量时无法避免社会称许性的影响，导致测量存在偏差，或是被试群体均为受过良好教育的群体，对于反生产行为的不认同感较强，不易因为资源损失就同流合污。

5.5.3 有调节的中介作用

数据分析结果表明，对于高道德认同个体来说，道德认同在组织成员指向人际的反生产行为通过个人资源对受害者组织公民行为的影响中起调节作用。

当组织成员实施指向人际的反生产行为时，受害者个人资源受到损失，为了避免资源再次受损，会减少组织公民行为。具体来说，高道德认同的个体初始实施组织公民行为较多，当面临组织成员实施指向人际的反生产行为时，个人资源受损，则会减少组织公民行为。而低道德认同的个体，初始实施组织公民行为较少，当面临组织成员实施指向人际的反生产行为时，虽然减少组织公民行为，但不是由于个人资源受损引发的后果，说明存在一种其他的中介作用机制，而且减少的组织公民行为也较少。

研究证明，工作资源和道德认同的交互项对后续受害者的组织公民行为的影响不显著。组织成员实施的指向组织或指向人际的反生产行为对受害者后续组织公民行为的影响都是显著的，同时工作资源的中介效应均得到支持，而道德认同和工作资源的交互项对后续受害者的组织公民行为的调节效应不成立，说明作用机制不受道德认同的调节，可能存在其他边界的调节因素，这是后续工作需要进一步研究的。

6 反生产行为在个体内部的动态模式研究

6.1 研究目的

从个体层面来看，积极的工作行为有利于个人整体生活的稳定和发展，而消极的工作行为对自身的工作绩效以及正常生活产生不利影响。本研究从个体内部层次出发，探究员工个体内部反生产行为的动态变化机制。基于研究假设和理论推导，探究员工个体实施反生产行为对自身后续的工作行为产生动态变化（反生产行为维持或转化）的内在机制，即工作资源损耗和个人资源损耗的中介作用是否成立。此外，还探讨工作嵌入度是否调节这个中介效应。

6.2 研究概述

本研究采用问卷星样本服务进行数据收集，通过定向追踪的方式收集了三波来自全国各省区市在职员工的样本数据，每次收集间隔半个月，每次收集的样本量见表 6-1。在时间 T1，参与者被要求填写他们的反生产行为水平、工作资源、个人资源、工作嵌入感和控制变量（例如，性别、年龄和岗位）。半个月后，在时间 T2，参与者再次填写他们的反生产行为水平、组织公民行为水平、工作资源和个人资源。在时间 T3，即时间 T2 调查后的半个月，参与者填写了他们的反生产行为水平和组织公民行为水平。

表 6 - 1	研究样本数据情况	单位：份
时间		样本数量
T1		981
T2		773
T3		470

981 名员工在时间 T1 时返回问卷（回复率 = 98.1%），773 名员工在时间 T2 时返回问卷（回复率 = 78.8%），470 名员工在时间 T3 时返回问卷（回复率 = 60.8%），即 470 名员工以同一社交平台账号分别在三个时间段返回问卷。

6.3 研究工具

6.3.1 反生产行为量表

参照达拉尔等（Dalal et al.，2009）编制的用于测量个体反生产行为的量表，其中的题项来自贝内特和罗宾逊（Bennett & Robinson，2000）、萨基特和德沃尔（Sackett & DeVore，2001）开发的反生产行为量表，共 6 题，题样为"把时间花在与工作无关的事情上"。本研究采用李克特 7 级量表，"1" = 从不，"7" = 总是。

6.3.2 组织公民行为量表

参照达拉尔等（Dalal et al.，2009）编制的用于测量个体组织公民行为的量表，其中的题项来自波曼等（Borman et al.，2001）开发的组织公民行为的量表，题样为"竭尽全力成为一名好员工"。本研究采用李克特 7 级量表，"1" = 从不，"7" = 总是。

6.3.3 资源损耗量表

个人资源损耗采用了段陆生（2008）关于个人资源量表中的 6 个题项

来进行评估，该量表来自皮尔斯等（Pierce et al.，1989）、舍尔等（Scheier et al.，1994）、施瓦泽等（Schwarzer et al.，1995）和贺福（Hobfoll，2002）等的研究。虽然在一些研究中使用了完整的个人资源量表，但量表包含 25 个题项。因此，与以往研究人员（例如，deRoon-Cassini et al.，2009）一致，我们选择了量表的一个子集。问题为"你认为这位同事在多大程度上失去了下列东西"，题样为"对自己未来的乐观"，本研究采用李克特 7 级量表，"1"＝完全没有失去，"7"＝完全失去。

工作资源损耗参考并整合穆尔曼（Moorman，1991）和巴克等（Bakker et al.，2003）关于工作资源的量表，采用了其中 8 个题项，问题为"你认为这位同事在多大程度上失去了下列东西"，题样为"通过工作发展和提升自己的可能"，本研究采用李克特 7 级量表，"1"＝完全没有失去，"7"＝完全失去。

6.3.4　工作嵌入量表

参照克罗斯利等（Crossley et al.，2007）编制的关于工作嵌入的量表，共 7 题，题样为"我觉得自己依附于这个组织"，本研究采用李克特 7 级量表，"1"＝完全不同意，"7"＝完全同意。

6.4　研究数据分析

6.4.1　描述性分析

本研究共回收 470 份数据。470 位调查对象中，女性占 58.3%，男性占 41.7%；平均年龄为 31.2 岁，SD＝5.18；一般工作人员占比 43.4%，基层管理者占比 34.7%，中层管理者占比 19.8%，高层管理者占比 2.1%。

通过独立样本 t 检验对性别与 T3 时反生产行为和组织公民行为的关系进行分析。结果表明，T3 时，性别在反生产行为（$M_男＝2.50$，$SD_男＝1.16$；$M_女＝2.35$，$SD_女＝0.98$；$t＝1.63$，$p＝0.104$）和组织公民行为（$M_男＝5.01$，$SD_男＝1.05$；$M_女＝5.15$，$SD_女＝1.00$；$t＝-1.45$，$p＝0.149$）上的

作用均不显著。

由于年龄是一个连续变量，因此分别对其与 T3 时反生产行为和组织公民行为进行相关分析。结果表明，T3 时，年龄与反生产行为（r = -0.34，p = 0.456）和组织公民行为（r = -0.002，p = 0.971）之间均不存在显著的相关关系。

工作岗位是一个 4 组的分类变量，包括一般工作人员、基层管理者、中层管理者和高层管理者。因此，通过方差分析对比各组间差异，单因素方差分析结果如表 6 - 2 所示。

表 6 - 2 　　　　　　　　　　　工作岗位对因变量的影响

项目		平方和	df	均方	方差齐性检验		方差检验	
					Levene 值	显著性	F 值	显著性
CWB (T3)	组间	10.141	3	3.380	1.151	0.328	3.045	0.029
	组内	517.344	466	1.110				
	总数	527.485	469					
OCB (T3)	组间	21.823	3	7.274	3.071*	0.028	7.254	0.000
	组内	467.315	466	1.003				
	总数	489.138	469					

注：* 表示 p < 0.05。

从表 6 - 2 可以看出，工作岗位对 T3 时的反生产行为具有显著影响 [F(3, 466) = 3.045，p = 0.029]，由于方差齐性，所以采用 LSD 进行多重比较分析，具体结果如表 6 - 3 所示。

表 6 - 3 　　　　　　工作岗位对 CWB（T3）的多重比较检验

工作岗位（I）	工作岗位（J）	均值差异（I - J）	显著性
一般工作人员	基层管理者	0.121	0.274
	中层管理者	0.348**	0.009
	高层管理者	-0.382	0.264
基层管理者	中层管理者	0.226	0.099
	高层管理者	-0.503	0.143
中层管理者	高层管理者	-0.730*	0.038

注：** 表示 p < 0.01；* 表示 p < 0.05。

另外，工作岗位对 T3 时的组织公民行为具有显著影响 $[F(3, 466) = 7.254, p = 0.000]$，由于方差不齐，所以采用 Tamhane's T2 多重比较方法，具体结果如表 6 - 4 所示。

表 6 - 4　　　　　　　工作岗位对 OCB（T3）的多重比较检验

工作岗位（I）	工作岗位（J）	均值差异（I - J）	显著性
一般工作人员	基层管理者	- 0.174	0.492
	中层管理者	- 0.583 ***	0.000
	高层管理者	- 0.072	1.000
基层管理者	中层管理者	- 0.409 **	0.008
	高层管理者	0.103	0.999
中层管理者	高层管理者	0.511	0.286

注：*** 表示 $p < 0.001$；** 表示 $p < 0.01$。

关于反生产行为发生的程度，研究发现，岗位越高，反生产行为越少，但身处高层管理者时，反生产行为不会继续减少。而关于组织公民行为发生的程度，研究发现，岗位越高，组织公民行为越多，但身处高层管理者时，组织公民行为不会继续增加。因此，在后续研究中需要将工作岗位作为控制变量考虑。

6.4.2　信效度检验与共同方法偏差

6.4.2.1　信效度检验

在检查路径模型和中介效应之前，本研究检验了数据质量以及模型构造的一般信息。接下来，对各个项目和因子结构进行验证性因子分析，其中，工作资源损耗的 WRL2 "工作没有任何的发展可能" 为反向题，且因子载荷为 0.08，予以删除，再次进行验证性因子分析，各题项的因子载荷均满足要求（见表 6 - 5）。在多重共线性检验中，方差膨胀因子（VIF）都低于可接受的阈值 5.0。

表 6 – 5 　　　　　　　　　测量及验证性因子分析结果

构面	项目	平均值（SD）	因子载荷	α	ρ_A	组合信度	AVE
CWB（T1）	（CWB1）把时间花在与工作无关的事情上	2.93（1.20）	0.72	0.84	0.84	0.88	0.55
	（CWB2）在公司里说闲话	2.57（1.28）	0.79				
	（CWB3）没有全力工作	2.62（1.27）	0.74				
	（CWB4）在工作时间做白日梦	2.30（1.25）	0.73				
	（CWB5）对别人说公司的不好	2.08（1.15）	0.74				
	（CWB6）在背后说别人坏话	2.13（1.20）	0.74				
个人资源损耗	（PRL1）对自己未来的乐观	3.32（1.64）	0.89	0.93	0.94	0.94	0.72
	（PRL2）积极的状态	3.27（1.72）	0.87				
	（PRL3）其他同事的信任	3.35（1.62）	0.87				
	（PRL4）对公司而言的价值	3.36（1.54）	0.83				
	（PRL5）对自己生活的掌控	3.28（1.58）	0.82				
	（PRL6）自己解决麻烦或者困难的能力	3.30（1.57）	0.82				
工作资源损耗	（WRL1）通过工作发展和提升自己的机会	3.52（1.60）	0.84	0.91	0.92	0.93	0.65
	（WRL3）与其他同事相比，公平的报酬	3.46（1.58）	0.78				
	（WRL4）就业绩而言，公平的报酬	3.46（1.65）	0.81				

构面	项目	平均值（SD）	因子载荷	α	ρ_A	组合信度	AVE
工作资源损耗	（WRL5）来自其他同事的友好	3.22（1.73）	0.83	0.91	0.92	0.93	0.65
	（WRL6）工作中其他同事的支持	3.37（1.69）	0.82				
	（WRL7）参与上级工作决策的权利	3.87（1.56）	0.78				
	（WRL8）工作中的自主决定权	3.73（1.59）	0.79				
CWB（T3）	（CWB1）把时间花在与工作无关的事情上	2.89（1.29）	0.83	0.89	0.89	0.92	0.65
	（CWB2）在公司里说闲话	2.48（1.36）	0.83				
	（CWB3）没有全力工作	2.63（1.35）	0.82				
	（CWB4）在工作时间做白日梦	2.29（1.33）	0.79				
	（CWB5）对别人说公司的不好	2.10（1.25）	0.78				
	（CWB6）在背后说别人坏话	2.11（1.30）	0.79				
OCB（T3）	（OCB1）竭尽全力成为一名好员工	5.23（1.31）	0.79	0.86	0.88	0.89	0.58
	（OCB2）尊重他人的需要	5.42（1.22）	0.69				
	（OCB3）对公司显示忠诚	5.21（1.30）	0.81				
	（OCB4）表扬或鼓励他人	4.82（1.38）	0.75				
	（OCB5）努力维护公司的名声	4.87（1.44）	0.81				
	（OCB6）体谅他人	4.97（1.33）	0.71				

续表

构面	项目	平均值（SD）	因子载荷	α	ρ_A	组合信度	AVE
工作嵌入	（JE1）依附于这个组织	4.97（1.14）	0.64	0.85	0.89	0.88	0.51
	（JE2）离开这个组织对他/她来说很困难	4.49（1.42）	0.66				
	（JE3）他/她被这个组织吸引以至于不能离开	4.44（1.47）	0.78				
	（JE4）他/她对这个组织感到厌倦	5.00（1.35）	0.77				
	（JE5）他/她不能轻率地离开工作的组织	4.96（1.28）	0.63				
	（JE6）离开这个组织对他/她来说很容易	4.50（1.38）	0.66				
	（JE7）他/她与这个组织紧密相连	4.93（1.27）	0.82				

表6-5呈现了信效度的检验结果。对于信度，每个构面的 Cronbach's α 值都大于建议值0.7，均在 0.84［CWB（T1）］到 0.93（个人资源损耗）之间。组合信度为 0.88 ~ 0.94。另外，一致性 PLS 方法通过使用一个新的信度系数 ρ_A，修正了被测量结构的估计，本研究中的 ρ_A 范围在 0.84［CWB（T1）］到 0.94（个人资源损耗）之间。这些结果证明，本研究测量的内部一致性较好。

对于效度，从聚合效度和区分效度两个方面进行考虑。（1）聚合效度的判断标准一般为：每个构面的因子载荷大于0.6，且每个构面的平均变异提取量（AVE）都超过0.5。本研究数据中，所有构面的因子载荷在0.632（工作嵌入）到 0.886（个人资源损耗）之间，均大于0.6，AVE 均在 0.508（工作嵌入）到 0.723（个人资源损耗）之间，均大于0.5，表明本研究数据的聚合效度良好。（2）区分效度强调了构面间测量的不同程度，一是以 Fornell-Larcke 方法为标准，即构面与自身构面的变异量大于与其他所有构面的变异量，二是以 Heterotrait-monotrait（HTMT）为标准，要求小于0.9。如表6-6和表6-7所示，本研究的数据符合上述两个标准，表明有较好的区分效度。

表6-6 区分效度（Fornell-Larcker 准则）

构面	CWB（T1）	CWB（T3）	OCB（T3）	个人资源损耗	工作嵌入	工作资源损耗
CWB（T1）	0.744					
CWB（T3）	0.556	0.807				
OCB（T3）	-0.306	-0.477	0.762			
个人资源损耗	0.267	0.338	-0.159	0.85		
工作嵌入	-0.407	-0.322	0.391	-0.145	0.713	
工作资源损耗	0.283	0.33	-0.175	0.837	-0.183	0.806

表6-7 区分效度（HTMT）

构面	CWB（T1）	CWB（T3）	OCB（T3）	个人资源损耗	工作嵌入
CWB（T3）	0.641				
OCB（T3）	0.362	0.54			
个人资源损耗	0.292	0.364	0.172		
工作嵌入	0.404	0.311	0.395	0.139	
工作资源损耗	0.306	0.356	0.182	0.900	0.182

模型拟合度将 SRMR 作为衡量指标，本研究被估计的模型中 SRMR 值为 0.063，小于 0.08，表示模型拟合可接受，并解释了 CWB（T1）21% 的变异量，解释了 OCB（T3）16.6% 的变异量。

6.4.2.2 共同方法偏差检验

对模型中 6 个关键变量进行 Harman 单因素检验，结果表明第一个因子解释了变异量的 20.102%，小于 40%，说明共同方法偏差在可接受范围内。根据梁等（Liang et al.，2007）建议的方法进行检验表明：指标平均实质变异为 0.614，平均方法变异为 0.008，实质性变异与方法变异之比约为 76：1（见表6-8），大多数方法因子负荷均不显著。鉴于方法变异的效应量较小且不显著，因此共同方法偏差不严重。

表 6 − 8 共同方法偏差分析

构面	指标	实质性因素负荷量（R_1）	R_1^2	方法因素负荷量（R_2）	R_2^2
CWB（T1）	1	0.750 ***	0.563	− 0.022	0.000
	2	0.805 ***	0.648	− 0.045	0.002
	3	0.772 ***	0.596	− 0.021	0.000
	4	0.731 ***	0.534	0.009	0.000
	5	0.704 ***	0.496	0.076	0.006
	6	0.707 ***	0.500	0.011	0.000
CWB（T3）	1	0.830 ***	0.689	0.028	0.001
	2	0.826 ***	0.682	0.007	0.000
	3	0.812 ***	0.659	0.033	0.001
	4	0.800 ***	0.640	− 0.062	0.004
	5	0.779 ***	0.607	0.028	0.001
	6	0.792 ***	0.627	− 0.036	0.001
OCB（T3）	1	0.780 ***	0.608	− 0.033	0.001
	2	0.741 ***	0.549	0.027	0.001
	3	0.771 ***	0.594	− 0.033	0.001
	4	0.776 ***	0.602	0.062 *	0.004
	5	0.773 ***	0.598	− 0.041	0.002
	6	0.749 ***	0.561	0.021	0.000
个人资源损耗	1	0.886 ***	0.785	− 0.046	0.002
	2	0.865 ***	0.748	0.037 **	0.001
	3	0.856 ***	0.733	0.124 **	0.015
	4	0.830 ***	0.689	0.023	0.001
	5	0.838 ***	0.702	− 0.145	0.021
	6	0.828 ***	0.686	0.003	0.000
工作资源损耗	1	0.834 ***	0.696	0.209 ***	0.044
	2	0.826 ***	0.682	− 0.161 **	0.026
	3	0.822 ***	0.676	− 0.083	0.007
	4	0.754 ***	0.569	0.062	0.004
	5	0.793 ***	0.629	− 0.004	0.000
	6	0.817 ***	0.667	0.053	0.003
	7	0.809 ***	0.654	− 0.08	0.006

构面	指标	实质性因素负荷量（R_1）	R_1^2	方法因素负荷量（R_2）	R_2^2
工作嵌入	1	0.669 ***	0.448	0.019	0.000
	2	0.771 ***	0.594	0.213 ***	0.045
	3	0.770 ***	0.593	0.012	0.000
	4	0.653 ***	0.426	− 0.256 ***	0.066
	5	0.675 ***	0.456	0.017	0.000
	6	0.758 ***	0.575	0.125 **	0.016
	7	0.762 ***	0.581	− 0.149 ***	0.022
AVG			0.614		0.008
RATIO			76.490		

注：*** 表示 $p < 0.001$；** 表示 $p < 0.01$；* 表示 $p < 0.05$。

6.4.3　假设检验

6.4.3.1　相关性分析

表 6 − 9 是变量描述性统计表，展示了各变量的均值、标准差和相关系数。

表 6 − 9　　　　　　　　　　相关性分析

变量	M	SD	CWB（T1）	CWB（T3）	OCB（T3）	个人资源损耗	工作资源损耗	工作嵌入
CWB（T1）	2.44	0.92	1					
CWB（T3）	2.42	1.06	0.554 **	1				
OCB（T3）	5.09	1.02	− 0.308 **	− 0.474 **	1			
个人资源损耗	3.31	1.37	0.258 **	0.331 **	− 0.152 **	1		
工作资源损耗	3.52	1.32	0.267 **	0.321 **	− 0.159 **	0.833 **	1	
工作嵌入	4.76	0.97	− 0.337 **	− 0.270 **	0.338 **	− 0.110 *	− 0.157 **	1

注：** 表示 $p < 0.01$；* 表示 $p < 0.05$。

6.4.3.2　主效应检验

运用 SPSS23.0 检验 T1 时的员工反生产行为对 T3 时的员工反生产行为和组织公民行为的直接效应，检验假设 H3 - 1。表 6 - 10 是回归结果。控制了工作岗位变量以后，CWB（T1）对 CWB（T3）具有显著正向影响（B = 0.64，p < 0.001），CWB（T1）对 OCB（T3）具有负向显著影响（B = -0.32，p < 0.001）。假设 H3 - 1 得到验证。

表 6 - 10　　**CWB（T1）对 CWB（T3）和 OCB（T3）的影响**

项目	CWB（T3）		OCB（T3）	
	模型 1	模型 2	模型 3	模型 4
常量	2.61 *** (0.12)	0.90 *** (0.16)	4.68 *** (0.11)	5.55 *** (0.17)
工作岗位	-0.11 (0.06)	-0.02 (0.05)	0.26 *** (0.06)	0.18 ** (0.05)
CWB（T1）		0.64 *** (0.05)		-0.32 *** (0.05)
R^2	0.01	0.31	0.03	0.12
ΔR^2		0.30		0.08
F	3.24	103.62 ***	15.96 ***	30.68 ***

注：*** 表示 p < 0.001；** 表示 p < 0.01。

6.4.3.3　中介效应和有调节的中介效应检验

本书提出的模型是一个二阶有调节的中介模型（Edwards & Lambert，2007）。我们使用 SPSS 的 PROCESS 插件（Hayes，2013）进行了一项有调节的中介分析，生成 bootstrapped（n = 5000）的偏倚校正回归估计和置信区间，以检验中介作用（假设 H3 - 2）和有调节的中介效应（假设 H3 - 3）。具体来说，为了检验本章的中介假设，我们使用 PROCESS 的模型 4，结果见表 6 - 11。

表 6-11

研究回归分析结果

项目	个人资源损耗	工作资源损耗	CWB (T3)					OCB (T3)		
	模型 1	模型 2	模型 3	模型 4	模型 5	模型 6	模型 7	模型 8	模型 9	模型 10
常量	2.14*** (0.23)	2.54*** (0.22)	0.56*** (0.16)	0.52** (0.17)	0.37 (0.57)	-0.27 (0.64)	5.69*** (0.18)	5.69*** (0.18)	4.29*** (0.62)	4.15*** (0.70)
工作岗位	0.11 (0.07)	0.02 (0.07)	-0.04 (0.05)	-0.03 (0.05)	-0.02 (0.05)	-0.00 (0.05)	0.19*** (0.05)	0.19*** (0.05)	0.13* (0.05)	0.13* (0.05)
CWB (T1)	0.40*** (0.07)	0.39*** (0.06)	0.58*** (0.05)	0.58*** (0.05)	0.54*** (0.05)	0.55*** (0.05)	-0.30*** (0.05)	-0.30*** (0.05)	-0.22*** (0.05)	-0.22*** (0.05)
个人资源损耗			0.16*** (0.03)		0.38* (0.16)		-0.07* (0.04)		-0.03 (0.18)	
工作资源损耗				0.15*** (0.03)		0.50** (0.17)		-0.07※ (0.04)		0.02 (0.18)
工作嵌入					0.04 (0.11)	0.16 (0.12)			0.27* (0.12)	0.30* (0.13)
个人资源损耗 × 工作嵌入					-0.04 (0.03)				-0.01 (0.04)	
工作资源损耗 × 工作嵌入						-0.07* (0.03)				-0.01 (0.04)
F 值	17.83***	17.96***	82.13***	79.85***	51.00***	50.27***	21.89***	21.74***	19.24***	19.04***
R^2	0.07	0.07	0.35	0.34	0.35	0.35	0.12	0.12	0.17	0.17

注: *** 表示 $p < 0.001$; ** 表示 $p < 0.01$; * 表示 $p < 0.05$; ※ 表示 $0.05 \leqslant p < 0.1$。

对于"CWB（T1）→个人资源损耗→CWB（T3）"这一路径，见表6-11的模型1和模型3。在模型1中，CWB（T1）与个人资源损耗呈正相关（B=0.40，p<0.001），95%的置信区间为［0.27，0.53］。在模型3中，个人资源损耗与CWB（T3）呈正相关（B=0.16，p<0.001），95%的置信区间为［0.10，0.22］。结果表明，CWB（T1）通过个人资源损耗对CWB（T3）的间接影响为0.06，标准误差为0.02，95%的置信区间为［0.04，0.10］。考虑到95%的置信区间不包括零，间接影响是显著的。CWB（T1）与CWB（T3）之间的直接关系为0.58，标准误差为0.05，95%的置信区间为［0.49，0.67］。总体而言，这些结果表明，个人资源损耗部分中介了CWB（T1）与CWB（T3）之间的正向关系。假设H3-2a得到验证。具体模型路径见图6-1。

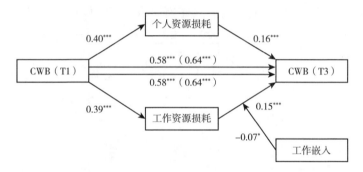

图6-1 资源在CWB（T1）对CWB（T3）影响的中介作用

注：***表示p<0.001；*表示p<0.05；ns表示无显著相关性。

对于"CWB（T1）→工作资源损耗→CWB（T3）"这一路径，见表6-11的模型2和模型4。在模型2中，CWB（T1）与工作资源损耗呈正相关（B=0.39，p<0.001），95%的置信区间为［0.26，0.51］。在模型4中，工作资源损耗与CWB（T3）呈正相关（B=0.15，p<0.001），95%的置信区间为［0.09，0.21］。结果表明，CWB（T1）通过工作资源损耗对CWB（T3）的间接影响为0.06，标准误差为0.02，95%的置信区间为［0.03，0.09］。考虑到95%的置信区间不包括零，间接影响是显著的。CWB（T1）与CWB（T3）之间的直接关系为0.58，标准误差为0.05，95%的置信区间为［0.49，0.67］。总体而言，这些结果表明，工作资源损耗部分中介了CWB（T1）与CWB（T3）之间的正向关系。假设H3-2b

得到验证。具体模型路径见图 6-1。

对于"CWB（T1）→个人资源损耗→OCB（T3）"这一路径，见表 6-11 的模型 1 和模型 7。在模型 1 中，CWB（T1）与个人资源损耗呈正相关（B=0.40，p<0.001），95% 的置信区间为 [0.27，0.53]。在模型 7 中，个人资源损耗与 OCB（T3）呈负相关（B=-0.07，p<0.001），95% 的置信区间为 [-0.13，-0.0005]。结果表明，CWB（T1）通过个人资源损耗对 OCB（T3）的间接影响为 -0.03，标准误差为 0.02，95% 的置信区间为 [-0.06，-0.0006]。考虑到 95% 的置信区间不包括零，间接影响是显著的。CWB（T1）与 OCB（T3）之间的直接关系为 -0.30，标准误差为 0.05，95% 的置信区间为 [-0.40，-0.20]。总体而言，这些结果表明，个人资源损耗部分中介了 CWB（T1）与 OCB（T3）之间的负向关系。假设 H3-2c 得到验证。具体模型路径见图 6-2。

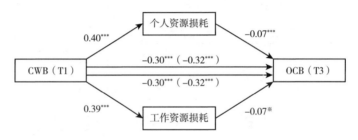

图 6-2 资源在 CWB（T1）对 OCB（T3）影响的中介作用

注：*** 表示 p<0.001；※表示 p<0.01。

对于"CWB（T1）→工作资源损耗→OCB（T3）"这一路径，见表 6-11 的模型 2 和模型 8。在模型 2 中，CWB（T1）与工作资源损耗呈正相关（B=0.39，p<0.001），95% 的置信区间为 [0.26，0.51]。在模型 8 中，工作资源损耗与 OCB（T3）呈负相关（B=-0.07，p<0.1），95% 的置信区间为 [-0.13，-0.0029]。结果表明，CWB（T1）通过工作资源损耗对 OCB（T3）的间接影响为 -0.03，标准误差为 0.02，95% 的置信区间为 [-0.06，-0.0019]。考虑到 95% 的置信区间不包括零，间接影响是显著的。CWB（T1）与 OCB（T3）之间的直接关系为 -0.30，标准误差为 0.05，95% 的置信区间为 [-0.40，-0.20]。总体而言，这些结果表明，工作资源损耗部分中介了 CWB（T1）与 OCB（T3）之间的负

向关系。假设 H3 - 2d 得到验证。具体模型路径见图 6 - 2。

为了验证假设 H3 - 3 中提出的有调节的中介效应,我们使用了 PROCESS 的模型 14。在表 6 - 11 的模型 5 中,个人资源损耗和工作嵌入的交互项对 CWB(T3)的影响不显著(B = -0.04,p = 0.171,95% 的置信区间为 [-0.11, 0.02])。在表 6 - 11 的模型 6 中,工作资源损耗和工作嵌入的交互项对 CWB(T3)的影响显著(B = -0.07,p = 0.030,95% 的置信区间为 [-0.14, -0.0069]),调节效应见图 6 - 3。

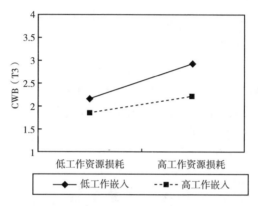

图 6 - 3　工作资源损耗和工作嵌入对 CWB(T3)的调节效应

此外,由表 6 - 12 可知,当员工工作嵌入较低(即平均值减去一个标准差)时,CWB(T1)通过工作资源损耗对后续 CWB(T3)的正向间接效应较强($B_{效应值}$ = 0.09,95% 的置信区间为 [0.04, 0.14])。而当员工工作嵌入较高(即平均值加上一个标准差)时,CWB(T1)通过工作资源损耗对后续 CWB(T3)的正向间接效应减小($B_{效应值}$ = 0.04,95% 的置信区间为 [0.01, 0.07]),两者之间差异显著(效应值 = -0.03,标准误 = 0.01,95% 的置信区间为 [-0.05, -0.0021])。

表 6 - 12　　　　　　　　　有调节的中介模型分析

调节路径	调节变量的值	效应值	标准误	95% 置信区间	
				下限	上限
CWB(T1)→工作资源损耗→CWB(T3)	工作嵌入低	0.09	0.03	0.04	0.14
	平均值	0.06	0.02	0.03	0.09
	工作嵌入高	0.04	0.02	0.01	0.07

综上所述，假设 H3 - 3a 被拒绝，假设 H3 - 3b 得到支持。这表明个人资源损耗与工作嵌入的交互项对后续 CWB（T3）调节效应不成立，即员工实施反生产行为之后，工作嵌入度无法通过个人资源损耗而影响后续 CWB（T3）。

在表 6 - 11 的模型 9 中，个人资源损耗和工作嵌入的交互项对 OCB（T3）的影响不显著（B = - 0.01，p = 0.87，95% 的置信区间为［- 0.07，0.06］）。同样，在表 6 - 11 的模型 10 中，工作资源损耗和工作嵌入的交互项对 OCB（T3）的影响不显著（B = - 0.01，p = 0.69，95% 的置信区间为［- 0.08，0.06］）。因此，假设 H3 - 3c 和假设 H3 - 3d 被拒绝。研究表明资源损耗与工作嵌入的交互项对员工后续 OCB（T3）的调节效应不成立，即员工实施反生产行为之后，工作嵌入度无法通过资源损耗增加后续 OCB（T3）。这表明资源损耗与工作嵌入的交互项对员工后续 OCB（T3）的调节效应不成立，即员工实施反生产行为之后，工作嵌入度无法通过资源损耗增加后续 OCB（T3）。

6.5　本章小结

根据对前文的总结，本章的假设检验情况如表 6 - 13 所示。研究三共有 3 组假设，其中假设 H3 - 1 和假设 H3 - 2 得到支持，假设 H3 - 3 得到部分支持。

表 6 - 13　　　　　　　　　研究假设检验情况

序号	假设内容	检验情况
H3 - 1a	当员工实施反生产行为之后，仍会继续实施反生产行为	支持
H3 - 1b	当员工实施反生产行为之后，会减少实施组织公民行为	支持
H3 - 2a	员工实施的反生产行为会通过个人资源损耗影响到后续反生产行为的实施	支持
H3 - 2b	员工实施的反生产行为会通过工作资源损耗影响到后续反生产行为的实施	支持
H3 - 2c	员工实施的反生产行为会通过个人资源损耗影响到后续组织公民行为的实施	支持

序号	假设内容	检验情况
H3－2d	员工实施的反生产行为会通过工作资源损耗影响到后续组织公民行为的实施	支持
H3－3a	当员工有较高的工作嵌入程度时，员工反生产行为会通过个人资源损耗影响到后续反生产行为的实施	无法检验
H3－3b	当员工有较高的工作嵌入程度时，员工反生产行为会通过工作资源损耗影响到后续反生产行为的实施	支持
H3－3c	当员工有较高的工作嵌入程度时，员工反生产行为会通过个人资源损耗影响到后续组织公民行为的实施	无法检验
H3－3d	当员工有较高的工作嵌入程度时，员工反生产行为会通过工作资源损耗影响到后续组织公民行为的实施	无法检验

6.5.1　反生产行为对后续的反生产行为和组织公民行为的直接作用

反生产行为对后续的反生产行为和组织公民行为的主效应成立。具体而言，当员工在实施反生产行为之后，在后续工作过程中会继续实施反生产行为，从而形成反生产行为在个体内部的维持；并且在后续工作行为中不会导致反生产行为在个体内的转化，即会减少组织公民行为的实施。因此，反生产行为对后续反生产行为具有显著的正向影响，对后续组织公民行为具有显著的负向影响。

6.5.2　资源损耗的中介作用

个人资源损耗和工作资源损耗在反生产行为对后续的反生产行为和组织公民行为的影响中起到中介作用。

根据资源保存理论，员工在工作中实施反生产行为之后，会损失一部分资源，包括个人资源和工作资源，为了弥补损失，获得收益，员工在后续的工作中会继续实施反生产行为来获得资源增益，弥补之前的行为所造成的损失，并且会减少实施组织公民行为来避免资源的损失，如此循环往复，形成了资源损失螺旋。因此，个人资源损耗和工作资源损耗中介了反生产行为对后续反生产行为的正向影响以及对后续组织公民行为的负向影响。

6.5.3 有调节的中介效应

当员工的工作嵌入程度较高时，反生产行为通过工作资源损耗会减少后续反生产行为的实施。

员工在工作中实施反生产行为之后，会造成工作资源的损耗，从而会选择进一步实施反生产行为来弥补损失，获得增益。研究表明资源损耗与工作嵌入的交互项对员工后续组织公民行为的调节效应不成立，即员工实施反生产行为之后，工作嵌入度无法通过资源损耗增加后续组织公民行为。但研究同时表明当员工具有较高的工作嵌入程度时，员工离不开所工作的组织，与这个组织紧密相连。因此，员工即使在损失了一部分工作资源的情况下，他/她实施反生产行为的可能性也会减少；相反，当员工的工作嵌入度较低时，与组织联系的紧密感低下，员工实施反生产行为造成工作资源损失之后，会选择继续实施反生产行为。因此，当员工工作嵌入程度高时，工作嵌入削弱了反生产行为通过工作资源损耗对后续反生产行为的正向影响，工作嵌入起到了负向调节的作用。

7 群体反生产行为对旁观者反生产行为的影响机制研究

7.1 研究目的

本研究（即研究四）从旁观者视角出发，探究群体反生产行为对旁观者反生产行为表现的影响及其边界条件和内在作用机制。根据研究假设和理论推导，本研究将比较群体反生产行为、其他同事个体反生产行为、无明显反生产行为场景下，旁观者的反生产行为表现，并验证在不同的领导冲突管理风格下，这 3 种场景对个体行为的作用是否存在差异。另外，本研究将探究这 3 种场景通过免罪认知和道德推脱的链式中介效应是否成立。研究共包含两个实验——通过问卷法实施的情景模拟实验和通过 E-prime 实施的实验室实验，以验证表 7-1 中的假设。

表 7-1   研究待检验假设

序号	假设内容
H4-1a	相比无人实施反生产行为和同事个体实施反生产行为，当群体实施反生产行为时，旁观者将实施更多指向人际的反生产行为
H4-1b	相比无人实施反生产行为和同事个体实施反生产行为，当群体实施反生产行为时，旁观者将实施更多指向组织的反生产行为
H4-2a	在领导合作型冲突管理风格下，相比同事个体实施反生产行为和无明显反生产行为，群体实施反生产行为不会引发旁观者指向人际的反生产行为水平变化
H4-2b	在领导合作型冲突管理风格下，相比同事个体实施反生产行为和无明显反生产行为，群体实施反生产行为不会引发旁观者指向组织的反生产行为水平变化

序号	假设内容
H4－2c	在领导回避型冲突管理风格下，相比同事个体实施反生产行为和无明显反生产行为，群体实施反生产行为会对旁观者指向人际的反生产行为有更强的促进作用
H4－2d	在领导回避型冲突管理风格下，相比同事个体实施反生产行为和无明显反生产行为，群体实施反生产行为会对旁观者指向组织的反生产行为有更强的促进作用
H4－3a	在领导回避型冲突管理风格下，相比同事个体实施反生产行为和无明显反生产行为，群体实施反生产行为对旁观者指向人际的反生产行为的影响中，免罪认知和道德推脱起到链式中介作用
H4－3b	在领导回避型冲突管理风格下，相比同事个体实施反生产行为和无明显反生产行为，群体实施反生产行为对旁观者指向组织的反生产行为的影响中，免罪认知和道德推脱起到链式中介作用

7.2　基于情景模拟问卷法的群体反生产行为对旁观者反生产行为的影响机制

7.2.1　概述

本研究采用3（反生产行为主体：无明显反生产行为、同事个体反生产行为、群体反生产行为）×2（领导冲突管理：领导合作型冲突管理、领导回避型冲突管理）的被试间设计进行了一个情景模拟研究。首先，给被试呈现反生产行为主体场景描述，然后请被试回答一个问题"你认为公司风气如何"作为校标，以检验操纵有效性，1＝非常差，7＝非常好。随后，给被试呈现领导冲突管理方式的场景描述，请被试回答一个问题"你认为领导能否解决问题"作为校标，以检验操纵有效性。在这之后被试被要求记忆并代入场景中，并填写在该场景下被试的"免罪认知""道德推脱""反生产行为"的相关题项。另外，在许多研究中都证明个体的道德认同水平显著影响其实施反生产行为的可能性（马吟秋等，2017；王娟等，2018；Lavelle et al. ，2018；Kim & Choi，2021），因此本研究同样测量了道德认同作为控制变量的情况。最后，被试被要求填写性别、年龄及工作年限。

本研究通过问卷星平台提供的样本服务收集数据，在问卷发放时要求各模块（免罪认知模块、道德推脱模块、反生产行为模块和道德认同模块）内题项随机呈现，从程序上控制共同方法偏差。研究共回收样本 312 份，样本具体分布见表 7-2。

表 7-2	研究的样本数据情况	单位：份
组别	领导合作型冲突管理风格	领导回避型冲突管理风格
无明显反生产行为	54	55
同事个体反生产行为	51	51
群体反生产行为	51	50

7.2.2 研究工具

7.2.2.1 免罪认知

免罪认知变量在以往研究中几乎没有被用于组织行为学领域，且在不同情境下的免罪认知通常有不同的测量题项。本研究参照萨博等（Szabó et al.，2017）自行设计的条目，形成了适用于群体反生产行为场景和其他同事个体反生产行为场景的免罪认知测量题项，共 4 题，例如"同事如果做了违反规定的行为，也是可以被理解的"。本研究采用李克特 7 级量表，"1"＝非常不同意，"7"＝非常同意。

7.2.2.2 道德推脱

本研究对道德推脱的衡量采用摩尔等（Moor et al.，2012）开发的道德推脱简洁版量表，该量表在中国情境下已被验证具有良好的信度（张桂平，2016；赵红丹，周君，2017；杨刚等，2019），共 8 题，例如"如果只是借用公司的某个东西，可以不经同意"。本研究采用李克特 7 级量表，"1"＝非常不同意，"7"＝非常同意。

7.2.2.3 反生产行为

本研究参照贝内特和罗宾逊（Bennett & Robinson，2000）开发的用于测量反生产行为的量表。该量表被国内外学者广泛借用，在国内场景下被证明具有良好的信度（张永军，2017；王哲，张爱卿，2019；卫武，倪慧，2019）。该量表分两个维度，分别为指向人际的反生产行为和指向组织的反生产行为。前者共 7 题，其中一题"我歧视其他种族的同时"不适用于中国场景，删除后剩余 6 题，例如"待同事不礼貌"；后者共 12 题，其中两题"我在上班时间服用禁药或喝酒"和"我为了加班费故意拖延工作时间"与中国职场环境现状不符，予以删除，剩余 10 题，例如"擅自延长休息时间"。本研究采用李克特 7 级量表，"1"＝非常不可能，"7"＝非常可能。

7.2.2.4 道德认同

本研究将道德认同作为控制变量，借鉴阿基诺和里德（Aquino & Reed，2002）开发的量表。量表分为两个维度，每个维度各 5 题，例如"成为有这些品质的人会使我感觉良好"本量表包括两个反向题。本研究采用李克特 7 级量表，"1"＝非常不同意，"7"＝非常同意。

7.2.3 研究结果与数据分析

7.2.3.1 描述性分析

本研究共回收 312 份数据。312 位被试中，女性占 62.2%，男性占 37.8%，平均年龄为 30.3 岁，SD ＝4.79。工作年限为 1~3 年的占 11.9%，3~5 年的占 27.6%，5~10 年的占 48.6%，10 年以上的人数占 11.9%。

通过独立样本 t 检验对性别与指向人际的反生产行为和指向组织的反生产行为的关系进行分析。结果表明，性别在指向人际的反生产行为（$M_男 = 2.17$，$SD_男 = 0.97$；$M_女 = 2.23$，$SD_女 = 1.20$；$t = -0.429$，$p = 0.668$）和指向组织的反生产行为（$M_男 = 2.68$，$SD_男 = 1.26$；$M_女 = 2.70$，$SD_女 = 1.16$；$t = -0.118$，$p = 0.906$）上的作用均不显著。

由于性别是一个连续变量，因此分别对性别与指向人际的反生产行为和指向组织的反生产行为进行相关分析。结果表明，年龄与指向人际的反生产行为（$r = 0.033$，$p = 0.563$）和指向组织的反生产行为（$r = 0.030$，$p = 0.592$）之间均不存在显著的相关关系。

工作年限是一个 4 组的分类变量，通过方差分析对比各组间差异。其中，指向人际的反生产行为在各组上的差异不显著 [$F(3, 308) = 1.103$, $p = 0.348$]，LSD 事后检验也显示各组间差异不显著。而指向组织的反生产行为则存在组间差异 [$F(3, 308) = 3.710$, $p = 0.012$]，LSD 事后检验结果表明，在 3~5 年和 5~10 年工作年限组，指向组织的反生产行为表现有差异（平均值差值为 0.504，$p = 0.002$）。

同时分别对道德认同与指向人际的反生产行为、指向组织的反生产行为的关系进行相关分析，发现道德认同与指向人际的反生产行为（$r = -0.359$, $p < 0.001$）和指向组织的反生产行为（$r = -0.416$, $p < 0.001$）均存在显著负相关，因此在后续研究中需要控制道德认同水平。

7.2.3.2 信效度分析和共同方法偏差检验

1. 信度分析

一般研究中采用 Cronbach's α 系数衡量各变量测量条目的信度，以往学者建议当 Cronbach's α 系数大于 0.7 时，表示该变量的信度良好。其中指向组织的反生产行为维度中的"泄露公司机密或重要信息给他人"被删除后，Cronbach's α 从 0.917 提高至 0.918，因此予以删除。如表 7 -3 所示，本研究中变量的信度在 0.761（免罪认知）到 0.918（CWBO）之间，均符合该要求，表明本研究中所有变量的信度良好。

表 7 -3 信度分析

变量	Cronbach's α
免罪认知	0.761
道德推脱	0.872
CWBI	0.915
CWBO	0.918
道德认同	0.841

2. 效度分析

（1）聚合效度。为了检验模型的效度，通过 AMOS24.0 采用极大似然估计法对大样本进行参数估计。平均提取方差值（average variance extracted，AVE）一般用于衡量聚合效度，以往研究建议 AVE 值应大于 0.5，大于 0.45 时勉强接受。本研究结果如表 7 - 4 所示，各变量的 AVE 值在 0.45（免罪认知）到 0.64（CWBI）之间，均满足最低要求，证明本研究各变量的聚合效度尚可。

表 7 - 4　　　　　　　　　　聚合效度

题项	载荷	AVE	题项	载荷	AVE
EC1	0.691		CWBI1	0.818	
EC2	0.605	0.45	CWBI2	0.772	
EC3	0.582		CWBI3	0.778	0.64
EC4	0.775		CWBI4	0.794	
MD1	0.684		CWBI5	0.801	
MD2	0.691		CWBI6	0.849	
MD3	0.733		CWBO1	0.705	
MD4	0.666		CWBO2	0.726	
MD5	0.663	0.46	CWBO3	0.694	
MD6	0.695		CWBO4	0.776	
MD7	0.632		CWBO5	0.786	0.56
MD8	0.679		CWBO6	0.675	
			CWBO7	0.749	
			CWBO8	0.785	
			CWBO10	0.814	

注：EC 表示免罪认知；MD 表示道德推脱；CWBI 表示指向人际的反生产行为；CWBO 表示指向组织的反生产行为。

（2）区分效度。本研究通过对竞争模型进行拟合优度对比的方式来验证量表的区分效度，共构建了四个竞争模型。各竞争模型的拟合优度比较如表 7 - 5 所示。本研究采用 χ^2/df、RMSEA、SRMR、CFI、IFI 和 TLI（即NNFI）来比较各竞争模型的拟合优度。一般认为，χ^2/df 值在 1 ~ 3 之间，RMSEA 和 SRMR 小于 0.08，CFI、IFI、TLI 的值越接近 1 时，模型拟合较好。当竞争模型中将任意两个变量合二为一后模型拟合优度下降时，认为这两个变量之间能较好地区分。根据以上指标，本研究中变量间有较好的区分效度。

表 7-5　　　　　　　　　　各竞争模型拟合指标

竞争模型	χ^2/df	RMESA	SRMR	CFI	IFI	TLI
四因子	2.381	0.067	0.063	0.907	0.908	0.897
三因子	3.752	0.094	0.073	0.813	0.814	0.795
二因子	4.051	0.099	0.076	0.791	0.792	0.773
单因子	5.831	0.125	0.107	0.668	0.670	0.641

注：四因子模型为 EC、MD、CWBI、CWBO；三因子模型为 EC、MD、CWBI + CWBO；二因子模型为 EC + MD、CWBI、CWBO；单因子模型为 EC + MD + CWBI + CWBO。

3. 共同方法偏差检验

根据 Barman 单因素法进行共同方法偏差检验，得到第一个因子解释变异量的 29.52%，小于 40%，且不止存在一个特征值大于 1 的因子，证明共同方法偏差在可接受范围。

7.2.3.3　操纵检验

本研究在场景文字背景材料后设置了两个校标，分别在阅读组织内反生产行为相关情境后要求被试回答"你认为公司风气如何"和在阅读领导冲突管理风格相关情境后要求被试回答"你认为领导能否解决问题"。这两个问题是为了测试自变量操纵和调节变量的有效性。前者的回答"1" = 非常差，7 = "非常好"；后者的回答"1" = 肯定不能，"7" = 肯定能。操纵检验结果如图 7-1 所示。

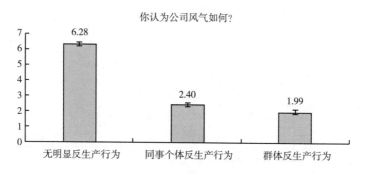

图 7-1　自变量操纵检验

如图 7-1 所示，本研究设置的 3 个组在校标上差异显著 [F(2, 309) = 439.33，p < 0.001]。根据 LSD 事后检验结果表明，无明显反生产行为和其

他同事个体反生产行为之间（平均值差值 = 3.88，p < 0.001）的差异和无明显反生产行为和群体反生产行为之间（平均值差值 = 4.29，p < 0.001）的差异显著，其他同事个体反生产行为和群体反生产行为之间的差异同样显著（平均值差值 = 0.41，p = 0.012）。

如图 7-2 所示，本研究的调节变量的两个组在校标上差异显著（$M_{合作}$ = 4.98，$M_{回避}$ = 3.03，t = 10.700，p < 0.001）。

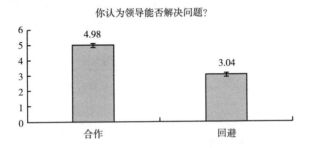

图 7-2　调节变量操纵检验

综上所述，本研究的操纵有效，在此基础上本研究开展后续分析。

7.2.3.4　假设检验

1. 相关性分析

表 7-6 是变量描述性统计表，展示了各变量的均值、标准差和相关系数。

表 7-6　　　　　　　　　　　　变量描述性统计

变量	M	SD	CWB 主体	免罪认知	道德推脱	CWBI	CWBO
CWB 主体	—	—	1				
免罪认知	2.93	1.08	0.185 **	1			
道德推脱	2.26	0.95	0.072	0.563 ***	1		
CWBI	2.24	1.20	0.040	0.316 ***	0.500 ***	1	
CWBO	2.78	1.26	0.150 **	0.365 ***	0.531 ***	0.644 ***	1

注：*** 表示 p < 0.001；** 表示 p < 0.01。

2. 主效应的检验

由于自变量是一个分类变量，且有 3 组，因此通过一个单因素方差分析检验主效应。

（1）指向人际的反生产行为。根据图7-3和表7-7中所呈现的方差分析检验结果，指向人际的反生产行为在三个组间的差异并不显著 $[F(2，309) = 0.255，p = 0.775]$。因此拒绝 H4-1a。

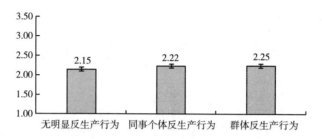

图7-3　指向人际的反生产行为的主效应检验

表7-7　　　　　　　　　　　　方差检验结果

变量	组别	M	SD	SE	Levene 统计量	p	F	df1，df2	p
CWBI	0	2.15	0.93	0.09	2.548	0.080	0.255	2，309	0.775
	1	2.22	1.30	0.13					
	2	2.25	1.10	0.11					
CWBO	0	2.51	1.06	0.10	2.115	0.122	3.903	2，309	0.021
	1	2.62	1.29	0.13					
	2	2.95	1.22	0.12					

注：组别中，0 = 无明显反生产行为组，1 = 个体反生产行为组，2 = 群体反生产行为组。

（2）指向组织的反生产行为。根据图7-4和表7-7中所呈现的方差分析检验结果，指向组织的反生产行为的组间差异显著 $[F(2，309) = 3.903，p = 0.021]$。

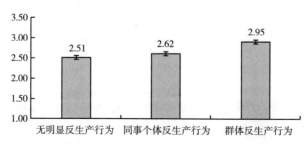

图7-4　指向组织的反生产行为的主效应检验

由于方差齐性，进一步进行 LSD 事后检验。如表 7 - 8 所示，在群体反生产行为组，旁观者所表现的指向组织的反生产行为水平与另外两组均有显著差异，但无明显反生产行为和其他同事个体反生产行为组的旁观者表现出的指向组织的反生产行为水平并无明显差异。结果支持 H4 - 1b。

表 7 - 8 指向组织的反生产行为的 LSD 事后检验

组 I	组 J	平均值差异（I - J）	SE	p
0	1	- 0.101	0.164	0.539
0	2	- 0.440 **	0.164	0.008
1	2	- 0.339 *	0.167	0.043

注：组别中，0 = 无明显反生产行为组，1 = 个体反生产行为组，2 = 群体反生产行为组。** 表示 p < 0.01；* 表示 p < 0.05。

3. 调节效应的检验

由于旁观者指向人际的反生产行为在不同组间无差异，因此后续研究中不再探讨。在主效应的检验中发现，在无明显反生产行为和发生群体反生产行为，及发生其他同事个体反生产行为和发生群体反生产行为时，旁观者将会发生指向组织的反生产行为水平的显著变化，后续研究以这两种情况分别进行调节变量的探讨。

（1）无明显反生产行为和群体反生产行为对旁观者指向组织的反生产行为的作用。

如表 7 - 9 所示，当 CWB 主体和领导冲突管理风格的交互项进入模型时，交互项对指向组织的反生产行为的影响不显著（B = 0.09，p = 0.454）。证明领导冲突管理风格在无明显反生产行为和群体反生产行为组间的调节作用不成立。

表 7 - 9 调节效应检验 （1）

项目	CWBO			
	模型 1	模型 2	模型 3	模型 4
常量	2.97 *** (0.63)	2.85 *** (0.62)	2.75 *** (0.63)	2.88 *** (0.65)
性别	- 0.22※ (0.12)	- 0.21※ (0.12)	- 0.21※ (0.12)	- 0.22※ (0.12)

续表

项目	CWBO			
	模型 1	模型 2	模型 3	模型 4
年龄	0.03 * (0.02)	0.03 * (0.01)	0.03※ (0.02)	0.03※ (0.02)
工作年限	-0.16※ (0.08)	-0.17 * (0.08)	-0.17 * (0.08)	-0.17 * (0.08)
道德认同	-0.56 *** (0.08)	-0.56 *** (0.07)	-0.56 *** (0.07)	-0.56 *** (0.07)
反生产行为 主体 (a)		0.17 ** (0.06)	0.17 ** (0.06)	0.04 (0.18)
领导冲突管理 风格 (b)			0.14 (0.12)	0.06 (0.16)
a × b				0.09 (0.15)
R^2	0.249	0.279	0.284	0.286
ΔR^2		0.030	0.005	0.003
F 值	16.982 ***	15.753 ***	13.414 ***	11.554 ***

注：*** 表示 $p < 0.001$；** 表示 $p < 0.01$；* 表示 $p < 0.05$；※表示 $0.05 \leqslant p < 0.1$。

（2）其他同事个体反生产行为和群体反生产行为对旁观者指向组织的反生产行为的作用。

如表 7-10 所示，当反生产行为主体和领导冲突管理风格的交互项进入模型时，交互项对指向组织的反生产行为的影响边缘显著（B = 0.49，$p = 0.070$）。交互效应图如图 7-5 所示，在领导合作型冲突管理风格下，组织内其他同事个体反生产行为和群体反生产行为对旁观者指向组织的反生产行为的作用差异不显著（t = -0.428，$p = 0.670$），但在回避型冲突管理风格下，两者对旁观者指向组织的反生产行为的作用显著（t = -0.241，$p = 0.018$）。

表 7 - 10 调节效应检验（2）

项目	CWBO			
	模型 1	模型 2	模型 3	模型 4
常量	3.27 *** (0.75)	2.84 *** (0.77)	2.85 *** (0.80)	4.09 *** (1.05)
性别	0.01 (0.14)	0.02 (0.14)	0.02 (0.14)	0.02 (0.14)
年龄	0.00 (0.02)	0.00 (0.02)	0.00 (0.02)	0.00 (0.02)
工作年限	-0.04 (0.10)	-0.04 (0.10)	-0.04 (0.10)	-0.04 (0.10)
道德认同	-0.58 *** (0.09)	-0.57 *** (0.09)	-0.57 *** (0.09)	-0.58 *** (0.09)
反生产行为 主体（a）		0.26※ (0.14)	0.26※ (0.14)	-0.48 (0.43)
领导冲突管理 风格（b）			0.00 (0.14)	-0.74※ (0.43)
a × b				0.49 * (0.27)
R^2	0.167	0.182	0.182	0.196
ΔR^2		0.015	0.000	0.014
F 值	9.920 ***	8.789 ***	7.287 ***	6.794 ***

注：*** 表示 $p < 0.001$；* 表示 $p < 0.05$；※表示 $0.05 \leqslant p < 0.1$。

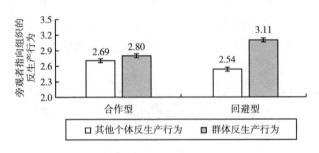

图 7 - 5 交互效应

4. 链式中介的检验

根据以上检验结果，本研究仅在领导回避型冲突管理风格下，探究个体反生产行为和群体反生产行为对旁观者指向组织的反生产行为的影响，链式中介模型如图 7-6 所示。

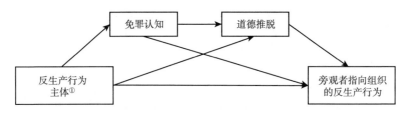

图 7-6　链式中介模型

注：①图中反生产行为主体指群体反生产行为相较于其他个体反生产行为。

在检验多重中介时，如图 7-6 所示，需要考虑以下几条路径：（1）反生产行为主体→免罪认知→旁观者指向组织的反生产行为；（2）反生产行为主体→道德推脱→旁观者指向组织的反生产行为；（3）反生产行为主体→免罪认知→道德推脱→旁观者指向组织的反生产行为。若（1）和（2）显著，而（3）不显著，则成立并行中介；若（3）显著，则无论（1）和（2）是否显著，均成立链式中介。

由表 7-11 可知，反生产行为主体对免罪认知（$B=0.56$，$p=0.006$）和道德推脱（$B=0.36$，$p=0.034$）均存在显著影响。根据表 7-11 中的模型 5，当将免罪认知引入模型中时，反生产行为主体对道德推脱的作用效应量减小，且不显著（$B=0.09$，$p=0.521$），但免罪认知对道德推脱的作用显著（$B=0.48$，$p<0.001$），证明免罪认知在反生产行为主体和道德推脱之间起到完全中介作用。

表 7-11　　　　　　　　对免罪认识和道德推脱的回归分析

项目	免罪认知		道德推脱		
	模型 1	模型 2	模型 3	模型 4	模型 5
常量	4.10*** (1.12)	3.47** (1.10)	4.28*** (0.92)	3.87*** (0.28)	2.22** (0.81)
性别	0.10 (0.22)	0.11 (0.21)	0.04 (0.18)	0.05 (0.09)	−0.01 (0.15)

项目	免罪认知		道德推脱		
	模型 1	模型 2	模型 3	模型 4	模型 5
年龄	0.02 (0.02)	0.02 (0.02)	0.03 (0.02)	0.02 (0.01)	0.01 (0.01)
工作年限	−0.16 (0.15)	−0.18 (0.24)	−0.20※ (0.12)	−0.22※ (0.06)	−0.13 (0.10)
道德认同	−0.30* (0.14)	−0.31* (0.14)	−0.41** (0.12)	−0.42*** (0.06)	−0.27** (0.10)
反生产行为主体		0.56** (0.20)		0.36* (0.05)	0.09 (0.14)
免罪认知					0.48*** (0.07)
R^2	0.068	0.140	0.153	0.192	0.450
ΔR^2		0.072		0.039	0.258
F 值	1.762	3.099*	4.323**	4.511***	12.801***

注: *** 表示 $p<0.001$；** 表示 $p<0.01$；* 表示 $p<0.05$；※表示 $0.05 \leqslant p<0.1$。

由表 7-12 可知，反生产行为主体对旁观者指向组织的反生产行为的直接效应显著（ $B=0.62$， $p=0.005$ ）。在表 7-12 的模型 2 的基础上单独引入免罪认知变量后（见表 7-12 的模型 3），反生产行为主体对旁观者指向组织的反生产行为的作用边缘显著，且效应量减小（ $B=0.37$， $p=0.080$ ），而免罪认知对指向组织的反生产行为的作用显著（ $B=0.45$， $p<0.001$ ），因此免罪认知在反生产行为主体和旁观者指向组织的反生产行为之间起到中介作用。同理，在模型 2 的基础上单独引入道德推脱变量后（见表 7-12 的模型 4），反生产行为主体对旁观者指向组织的反生产行为的作用显著，且效应量减小（ $B=0.43$， $p=0.037$ ），而道德推脱对指向组织的反生产行为的作用显著（ $B=0.52$， $p<0.001$ ），因此道德推脱在反生产行为主体和旁观者指向组织的反生产行为之间起到中介作用。

表 7 - 12   对 CWBO 的回归分析

项目	旁观者指向组织的反生产行为				
	模型 1	模型 2	模型 3	模型 4	模型 5
常量	7.02 *** (1.22)	6.32 *** (1.20)	4.75 *** (1.15)	4.30 *** (1.20)	4.04 *** (1.17)
性别	-0.13 (0.24)	-0.12 (0.23)	-0.17 (0.21)	-0.15 (0.21)	-0.17 (0.21)
年龄	0.01 (0.02)	0.00 (0.02)	-0.01 (0.02)	-0.01 (0.02)	-0.01 (0.02)
工作年限	-0.11 (0.16)	-0.13 (0.15)	-0.05 (0.14)	-0.02 (0.14)	-0.01 (0.14)
道德认同	-0.70 *** (0.16)	-0.71 *** (0.15)	-0.57 *** (0.14)	-0.49 ** (0.15)	-0.48 ** (0.15)
反生产行为主体		0.62 ** (0.22)	0.37※ (0.21)	0.43 * (0.20)	0.34 (0.20)
免罪认知			0.45 *** (0.10)		0.30 * (0.12)
道德推脱				0.52 *** (0.12)	0.32 * (0.14)
R^2	0.185	0.210	0.379	0.371	0.410
ΔR^2		0.064	0.129	0.122	0.031
F 值	5.442 **	6.310 ***	9.550 ***	9.256 ***	9.237 ***

注：*** 表示 p < 0.001；** 表示 p < 0.01；* 表示 p < 0.05；※表示 0.05 ≤ p < 0.1。

如表 7 - 12 的模型 5 所示，在模型 3 的基础上引入道德推脱后，反生产行为主体的作用不显著（B = 0.34，p = 0.101），免罪认知的作用依然显著，但效应量减少，显著性也发生变化（B = 0.30，p = 0.015），而道德推脱的作用显著（B = 0.32，p = 0.029）。初步验证免罪认知和道德推脱的链式中介效应成立。

为了检验该链式中介效应是否稳健，采用 Bootstrapping 方法，通过 SPSS 的宏程序 PROCESS（Hayes，2018）检验该链式中介效应。自变量为反生产行为主体，中介变量 1 为免罪认知，中介变量 2 为道德推脱，因变量为旁观者指向组织的反生产行为，根据 PROCESS 程序的模型 6，得到结论见表 7 - 13。由表 7 - 13 可知:"反生产行为主体→免罪认知→旁观者指向组织的反生产行为"这一路径的 95% 置信区间为［0.013，0.412］,路径成立;"反生产行为主体→道德推脱→旁观者指向组织的反生产行为"这一路径的 95% 置信区间为［- 0.070，0.144］,路径不成立;"反生产行为主体→免罪认知→道德推脱→旁观者指向组织的反生产行为"这一路径的95% 置信区间为［0.021，0.202］,路径成立。再次验证了免罪认知和道德推脱的链式中介效应。结果支持假设 H4 - 3b。

表 7 - 13 链式中介路径系数及置信区间

项目	路径	效应量	SE	95% 置信区间
直接效应	反生产行为主体→旁观者指向组织的反生产行为	0.34	0.20	［- 0.067，0.738］
间接效应	反生产行为主体→免罪认知→旁观者指向组织的反生产行为	0.17	0.10	［0.013，0.412］
	反生产行为主体→道德推脱→旁观者指向组织的反生产行为	0.03	0.05	［- 0.070，0.144］
	反生产行为主体→免罪认知→道德推脱→旁观者指向组织的反生产行为	0.09	0.05	［0.021，0.202］

7.3 基于 E-prime 实验法的群体反生产行为对旁观者反生产行为的影响机制

上文情景模拟研究验证了领导冲突管理的调节作用,以及在领导回避型冲突管理条件下群体反生产行为相较于其他同事个体反生产行为作用于旁观者反生产行为时免罪认知和道德推脱的链式中介作用。

虽然情景模拟研究通过打乱题序的方式在一定程度上缓解了共同方法偏差问题,但不能完全避免共同方法偏差对研究结果的干扰。另外,通过情景模拟实验结合问卷形式收集的数据,不能分时段取样以验证链式中介的稳定性,因此本研究采用了一个实验室研究以验证主效应和链式中介效应的稳健性。

7.3.1 被试

40 名被试全部为在校本科生或研究生，其中，男生和女生各占 50%，平均年龄 23.02 岁，标准差为 3.00，年龄范围在 19～33 岁。每位被试需要在群体反生产行为情境下和其他个体反生产行为完成对自己的评价。

7.3.2 实验设计和实验程序

7.3.2.1 实验设计

本实验采用单因素（反生产行为主体为：群体反生产行为相较于其他个体反生产行为）的被试内实验设计，实验通过 E-prime2.0 进行编程以呈现刺激并进行数据采集。实验流程如图 7 - 7 所示。

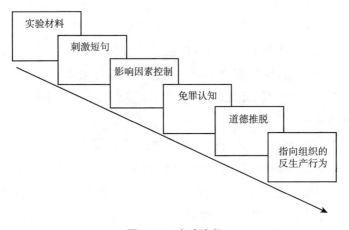

图 7 - 7　实验流程

1. 实验材料

由于被试为大学生群体，而非组织实际场景，因此将情景模拟研究中情境改变为大学生适用场景，其中群体反生产行为场景改编为"半个月后是班级风采大赛。这段时间以来，班委们都在组织同学筹备比赛，包括表演排练、手绘海报、道具制作等。而我发现大多数同学都一直玩手机，找别人闲聊，不认真完成自己的工作，将环境搞得乱七八糟，甚至把公费买的纸笔、胶带带走。这些同学都会针对同学 B，态度很差，取笑他，指使他帮自己完成很多任务"。而其他个体反生产行为场景则改编为"半个月后是班级风采大赛。这段时间以来，班委们都在组织同学筹备比赛，包括表演排练、手绘海报、道具制作等。而我发现同学 A 一直玩手机，找别人闲聊，不认真完成自己的工作，将环境搞得乱七八糟，甚至把公费买的纸笔、胶带带走。同学 A 也会针对同学 B，态度很差，取笑他，指使他帮自己完成很多任务"。为了加强研究材料的刺激，在呈现研究场景后，呈现四个描述短句加深被试的印象，例如"同学们会未经许可迟到早退"，对应"同学 A 会未经许可迟到早退"。

2. 操纵检验校标设置

在刺激呈现之后，要求被试评价班级氛围作为操纵检验的校标，题为"你认为班级风气如何"并要求被试在"1"＝非常差、"7"＝非常好的 7 级量表中进行选择。

3. 影响因素控制

根据情景模拟研究的结果，链式中介作用仅在领导回避型冲突管理风格下成立，因此在两种实验场景后均呈现"班长也注意到了这个情况，找同学了解情况，但就像是做个样子，并没有采取行动改变现状，不公开谈论这件事情，看到也当没看到，避免发生冲突产生矛盾"字样。

4. 数据采集

本实验中的免罪认知和道德推脱均参照情景模拟研究中的量表，改编为班级中的场景，样题分别为"同学们/同学 A 如果做了违反规定的行为，我可以理解"和"鉴于同学们/同学 A 直接拿班级物资，如果我只是借用班级物资，可以不经批准"，并在 E-prime 程序中随机呈现。关于指向组织的反生产行为的测量量表则同样参照情景模拟研究的方法，为了避免所有测项都采用同样的测量方式导致的共同方法偏差，在本实验中将指向组织的反生产行为改编为计分制，询问被试"在此情境下，你是否有实施以下行为的可能性"，并一一呈现 10 种改编后的指向组织的反生产行为，10 题呈现顺序随机。样题为"在向班长报销花费时作假"，被试若选择"不会"则回答"1"，计 0 分，选择"会"则回答"9"，计 1 分，最后以总得分代表指向组织的反生产行为。

5. 顺序效应的控制

由于本实验采用被试内设计，能够更好地控制无关变量，且有更加直观的对比，但由于两种实验材料之间存在明显的对比，为了避免顺序效应的干扰，其中 19 个被试先阅读其他个体反生产行为材料后阅读群体反生产行为材料，其余 21 个被试则相反。

7.3.2.2　实验程序

实验在安静的实验中或教室中进行，采用单独施测的形式，避免人际间相互干扰。具体程序如下：（1）当被试达到实验场地后，先向被试进行简单的自我介绍，并告知被试实验采取匿名的形式，让被试按照真实想法填写。（2）简单介绍实验的情况和形式。（3）开始正式实验。（4）实验结束后，支付一定报酬。

7.3.3　实验结果与数据分析

7.3.3.1　信度和共同方法偏差

本实验中免罪认知的 Cronbach's α 为 0.630，虽然低于一般建议值 0.7，但也可以接受（Fornell & Larcker, 1981; Tsai et al., 2017）。道德推脱的 Cronbach's α 为 0.810。而根据 Barman 单因素法进行共同方法偏差检验的结果表明，所得第一个因子解释了变异量的 13.28%，远小于 40%，且存在多个特征值大于 1 的因子，证明共同方法偏差问题可接受。

7.3.3.2　操纵检验

由于本研究采用被试内实验设计，因此在进行操纵检验时，采用配对样本 t 检验。配对样本 t 检验的结果表明，其他个体反生产行为组（M = 3.90，SD = 1.13）与群体反生产行为组（M = 2.75，SD = 1.46）的风气感知差异显著（t = 3.824，p < 0.001），结果证明本实验操纵有效。

7.3.3.3　主效应检验

同样采用一个配对样本 t 检验来对主效应进行检验。

如图 7-8 所示，配对样本 t 检验的结果表明，其他个体反生产行为组（M = 2.10，SD = 2.50）与群体反生产行为组（M = 4.58，SD = 2.71）引起的旁观者指向组织的反生产行为差异显著（t = -6.845，p < 0.001）。

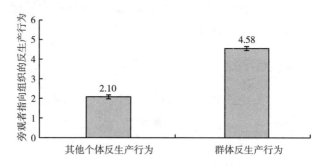

图 7-8　旁观者指向组织的反生产行为主效应

7.3.3.4　链式中介效应的检验

将数据进行重新编排，其他个体反生产行为编码为 0，群体反生产行为编码为 1，首先进行相关分析，结果如表 7-14 所示，所有变量间的相关关系与预期一致。随后再进行回归分析。

表 7-14　　　　　　　　　　相关性分析

序号	变量	M	SD	反生产行为主体	免罪认知	道德推脱	CWBO
1	反生产行为主体	—	—	1			
2	免罪认知	2.96	1.04	0.310 **	1		
3	道德推脱	1.92	0.82	0.215 ※	0.405 ***	1	
4	CWBO	3.34	2.87	0.434 ***	0.327 **	0.331 **	1

注：*** 表示 p < 0.001；** 表示 p < 0.01；※表示 0.05 ≤ p < 0.1。

由表 7-15 可知，反生产行为主体对免罪认知（B = 0.64，p = 0.005）存在显著影响，对道德推脱（B = 0.35，p = 0.056）存在边缘显著的影响。根据表 7-15 的模型 3，当将免罪认知引入模型中时，反生产行为主体对道德推脱的作用效应量减小，且不再显著（B = 0.16，p = 0.368），但免罪认知对道德推脱的作用显著（B = 0.29，p = 0.001），证明免罪认知在反生产行为主体和道德推脱之间起到完全中介作用。

表7-15   对免罪认知和道德推脱的回归分析

项目	免罪认知	道德推脱	
	模型1	模型2	模型3
常量	2.64***	1.74***	0.96***
	(0.16)	(0.13)	(0.26)
反生产行为主体	0.64**	0.35※	0.16
	(0.22)	(0.18)	(0.10)
免罪认知			0.29**
			(0.09)
R^2	0.096	0.046	0.173
ΔR^2			0.127
F	8.30**	3.774※	8.037***

注：*** 表示 $p < 0.001$；** 表示 $p < 0.01$；※ 表示 $0.05 \leqslant p < 0.1$。

由表7-16可知，反生产行为主体对旁观者CWBO的直接效应显著（$B = 2.48$，$p < 0.001$）。在表7-16模型1的基础上单独引入免罪认知变量后，如表7-16的模型2所示，反生产行为主体对旁观者指向组织的反生产行为的作用显著减弱，且效应量减小（$B = 2.10$，$p = 0.001$），而免罪认知对指向组织的反生产行为的作用显著（$B = 0.59$，$p = 0.046$），因此免罪认知在反生产行为主体和旁观者指向组织的反生产行为之间起到中介作用；同理，在表7-16模型1的基础上单独引入道德推脱变量后，如表7-16的模型3所示，反生产行为主体对旁观者指向组织的反生产行为的作用显著，且效应量减小（$B = 2.17$，$p < 0.001$），而道德推脱对指向组织的反生产行为的作用显著（$B = 0.88$，$p = 0.016$），因此道德推脱在反生产行为主体和旁观者指向组织的反生产行为之间起到中介作用。

表7-16   对CWBO的回归分析

项目	旁观者指向组织的反生产行为			
	模型1	模型2	模型3	模型4
常量	2.10***	0.55	0.58	-0.13
	(0.41)	(0.86)	(0.74)	(0.09)
反生产行为主体	2.48***	2.10**	2.17***	1.98**
	(0.58)	(0.60)	(0.58)	(0.60)
免罪认知		0.59*		0.38
		(0.29)		(0.31)

项目	旁观者指向组织的反生产行为			
	模型 1	模型 2	模型 3	模型 4
道德推脱			0.88 *	0.70※
			(0.36)	(0.38)
R^2	0.188	0.229	0.247	0.262
ΔR^2		0.041	0.060	0.033
F	18.051 ***	11.443 ***	12.660 ***	9.015 ***

注：*** 表示 $p < 0.001$；** 表示 $p < 0.01$；* 表示 $p < 0.05$；※表示 $0.05 \leqslant p < 0.1$。

表 7 - 16 中，如模型 4 所示，在模型 2 的基础上引入道德推脱后，反生产行为主体的作用显著（$B = 1.98$，$p = 0.001$），免罪认知的作用不显著，效应量减少（$B = 0.38$，$p = 0.218$），而道德推脱的作用边缘显著（$B = 0.70$，$p = 0.068$）。初步验证免罪认知和道德推脱的链式中介效应成立。

为了检验该链式中介效应是否稳健，同样运用 SPSS 的宏程序 PROCESS（Hayes，2018）检验该链式中介效应。自变量为反生产行为主体，中介变量 1 为免罪认知，中介变量 2 为道德推脱，因变量为旁观者指向组织的反生产行为，根据 PROCESS 程序的模型 6，得到结论如表 7 - 17 所示。根据表 7 - 17 可知："反生产行为主体→免罪认知→旁观者指向组织的反生产行为"这一路径的 95% 置信区间为 [-0.165，0.710]，路径不成立；"反生产行为主体→道德推脱→旁观者指向组织的反生产行为"这一路径的 95% 置信区间为 [-0.196，0.429]，路径不成立；"反生产行为主体→免罪认知→道德推脱→旁观者指向组织的反生产行为"这一路径的 95% 置信区间为 [0.001，0.444]，路径成立。同样验证了免罪认知和道德推脱的链式中介效应。

表 7 -17　　　　　　　　　　链式中介路径系数及置信区间

项目	路径	效应量	SE	95% 置信区间
直接效应	反生产行为主体→旁观者指向组织的反生产行为	1.98	0.59	[0.799，3.168]
间接效应	反生产行为主体→免罪认知→旁观者指向组织的反生产行为	0.24	0.21	[-0.165，0.710]
	反生产行为主体→道德推脱→旁观者指向组织的反生产行为	0.11	0.15	[-0.196，0.429]
	反生产行为主体→免罪认知→道德推脱→旁观者指向组织的反生产行为	0.13	0.11	[0.001，0.444]

7.4 本章小结

根据对前文的总结，本研究的假设检验情况如表 7 - 18 所示。本研究共 8 个假设，其中 3 个假设得到支持，1 个假设得到部分支持，1 个假设被拒绝，3 个假设无法验证。

表 7 - 18 假设检验情况

假设序号	假设内容	检验情况
H4 - 1a	相比无人实施反生产行为和同事个体实施反生产行为，当群体实施反生产行为时，旁观者将实施更多指向人际的反生产行为	拒绝
H4 - 1b	相比无人实施反生产行为和同事个体实施反生产行为，当群体实施反生产行为时，旁观者将实施更多指向组织的反生产行为	支持
H4 - 2a	在领导合作型冲突管理风格下，相比同事个体实施反生产行为和无明显反生产行为，群体实施反生产行为不会引发旁观者指向人际的反生产行为水平变化	无法检验
H4 - 2b	在领导合作型冲突管理风格下，相比同事个体实施反生产行为和无明显反生产行为，群体实施反生产行为不会引发旁观者指向组织的反生产行为水平变化	支持
H4 - 2c	在领导回避型冲突管理风格下，相比同事个体实施反生产行为和无明显反生产行为，群体实施反生产行为会对旁观者指向人际的反生产行为有更强的促进作用	无法检验
H4 - 2d	在领导回避型冲突管理风格下，相比同事个体实施反生产行为和无明显反生产行为，群体实施反生产行为会对旁观者指向组织的反生产行为有更强的促进作用	部分支持
H4 - 3a	在领导回避型冲突管理风格下，相比同事个体实施反生产行为和无明显反生产行为，群体实施反生产行为对旁观者指向人际的反生产行为的影响中，免罪认知和道德推脱起到链式中介作用	无法检验
H4 - 3b	在领导回避型冲突管理风格下，相比同事个体实施反生产行为和无明显反生产行为，群体实施反生产行为对旁观者指向组织的反生产行为的影响中，免罪认知和道德推脱起到链式中介作用	支持

7.4.1　群体反生产行为对组织中旁观者反生产行为的直接作用

相较于组织中其他个体反生产行为和无明显反生产行为的情境，群体反生产行为对旁观者指向人际的反生产行为的主效应不成立，对旁观者指向组织的反生产行为的主效应成立。

具体而言，当作为旁观者的个体面对群体实施包括指向组织和指向人际的反生产行为时，旁观者的指向人际的反生产行为表现与旁观者面对个体实施反生产行为和组织中无人实施反生产行为时的场景时的指向人际的反生产行为表现并无显著差异，即外界个体无论是否实施反生产行为，实施反生产行为的人群规模如何，旁观者也不会改变其指向人际的反生产行为水平。

但在群体反生产行为的鼓动下，旁观者将实施更多的指向组织的反生产行为。研究结果表明，组织中无明显反生产行为和只有某些个例实施反生产行为时，旁观者的指向组织的反生产行为水平并不会改变，但当反生产行为在群体中形成规模，成为了一种常态之后，个体将会挣脱道德约束，跟随组织实施指向组织的反生产行为。

7.4.2　领导冲突管理风格的调节作用

领导冲突管理风格在其他个体反生产行为和群体反生产行为两组间的调节作用成立，在无反生产行为和群体反生产行为两组间的调节作用不成立。

当领导采用合作型冲突管理风格时，旁观者在面临其他个体反生产行为和群体反生产行为时，领导能够通过其积极干预防止其他员工走上这一道路，因此旁观者不会改变其指向组织的反生产行为水平；但当领导采用回避型冲突管理风格时，领导并不能发挥其引导作用，此时旁观者在法不责众心态的作用下，更难以面对诱惑，相比其他同事个体反生产行为，面对群体反生产行为时，指向组织的反生产行为水平将会显著升高。

群体反生产行为相比无明显反生产行为会显著引发个体的指向组织的反生产行为水平升高，领导合作型冲突管理风格的缓解作用失灵。

7.4.3 免罪认知和道德推脱的链式中介作用

领导回避型冲突管理风格下，在盲从意识提升和责任意识减弱的推动下，群体反生产行为相比其他同事个体反生产行为将引起旁观者更高水平的免罪认知，即当群体都在实施某一消极行为时，这一行为得到默认不必承担责任，进而引发旁观者更高的道德推脱，认为实施该行为并不触犯道德问题，最终实施更多的指向组织的反生产行为，免罪认识和道德推脱的链式中介成立。链式中介作用模型如图 7 - 9 所示。

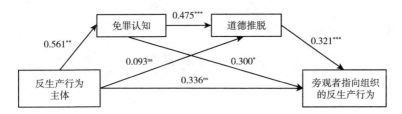

图 7 - 9 免罪认知和道德推脱的链式中介作用模型

注：图中反生产行为主体指群体反生产行为相较于其他个体反生产行为。ns 表示无显著相关性；*** 表示 $p < 0.001$；** 表示 $p < 0.01$；* 表示 $p < 0.05$。

8 群体反生产行为对受害者反生产行为的影响机制研究

8.1 研究目的

本研究（即研究五）从受害者视角出发，探究群体反生产行为对受害者反生产行为表现的影响及边界条件和内在作用机制。根据研究假设和理论推导，本研究将比较群体反生产行为、同事个体反生产行为、无明显反生产行为场景下，受害者个体的反生产行为表现，并验证在不同的领导冲突管理风格下，这3种场景对个体行为的作用是否存在差异。另外，本研究将探究这3种场景通过消极情绪和人格解体的链式中介效应是否成立。本研究需检验的假设如表8-1所示。

表8-1 研究待检验假设

序号	假设内容
H5-1a	个体成为群体反生产行为的受害者时，相较于成为其他同事个体反生产行为的受害者，其指向人际的反生产行为水平无明显变化
H5-1b	个体成为群体反生产行为的受害者时，相较于成为其他同事个体反生产行为的受害者，其指向组织的反生产行为水平无明显变化
H5-2a	个体成为群体反生产行为的受害者时，相较于群体无明显反生产行为，将会引发其指向人际的反生产行为
H5-2b	个体成为群体反生产行为的受害者时，相较于群体无明显反生产行为，将会引发其指向组织的反生产行为

序号	假设内容
H5 - 3a	在领导合作型冲突管理风格下，相较于无明显反生产行为，群体反生产行为会对受害者指向人际的反生产行为有更强的促进作用
H5 - 3b	在领导合作型冲突管理风格下，相较于无明显反生产行为，群体反生产行为会对受害者指向组织的反生产行为有更强的促进作用
H5 - 3c	在领导回避型冲突管理风格下，相较于无明显反生产行为，群体反生产行为会对受害者指向人际的反生产行为有更强的促进作用
H5 - 3d	在领导回避型冲突管理风格下，相较于无明显反生产行为，群体反生产行为会对受害者指向组织的反生产行为有更强的促进作用
H5 - 4a	在领导回避型冲突管理风格下，相较于无明显反生产行为，群体反生产行为对受害者指向人际的反生产行为的影响中，消极情绪和人格解体起到链式中介作用
H5 - 4b	在领导回避型冲突管理风格下，相较于无明显反生产行为，群体反生产行为对受害者指向组织的反生产行为的影响中，消极情绪和人格解体起到链式中介作用

8.2 基于情景模拟问卷法的群体反生产行为对受害者反生产行为的影响机制

8.2.1 研究概述

本研究设计采用 3（反生产行为主体为：无明显反生产行为、同事个体反生产行为、群体反生产行为）×2（领导冲突管理为：领导合作型冲突管理、领导回避型冲突管理）的被试间设计进行一个情景模拟研究。流程与研究四相似，只在后续填写问卷时回答"消极情绪"和"人格解体"相关题项。最后，被试填写性别、年龄及工作年限。

本研究通过问卷星平台提供的样本服务收集数据，在问卷发放时要求各模块（消极情绪模块、人格解体模块、反生产行为模块和道德认同模块）内题项随机呈现，从程序上控制共同方法偏差。研究共回收样本 344 份，样本分布见表 8 -2。

表 8 – 2　　　　　　　　　　研究样本数据情况　　　　　　　　单位：份

组别	领导合作型冲突管理风格	领导回避型冲突管理风格
无明显反生产行为	58	57
同事个体反生产行为	58	59
群体反生产行为	57	55

8.2.2　研究工具

8.2.2.1　消极情绪

消极情绪的测量根据沃森（Watson, 1988）开发的 PANAS 量表，以情绪发生频率衡量，共 10 题，例如"苦恼的"。本研究采用李克特 7 级量表，"1" = 完全没有，"7" = 非常多。

8.2.2.2　人格解体

本研究对人格解体的测量借鉴李永鑫和吴明证（2005）开发的工作倦怠量表中的人格解体维度，共 7 题，例如"我经常责怪我的同事"。该量表在中国情境下被证明有良好的信度（郑建君，2016）。本研究采用李克特 7 级量表，"1" = 非常不同意，"7" = 非常同意。

8.2.2.3　反生产行为和道德认同

本研究同样将道德认同作为控制变量，反生产行为和道德认同量表同研究四。研究采用李克特 7 级量表，"1" = 非常不可能，"7" = 非常可能。

8.2.3　研究结果与数据分析

8.2.3.1　描述性分析

本研究共回收 344 份数据。344 位被试中，男性占 35.8%，女性占 64.2%，平均年龄为 31.1 岁，SD = 5.60。工作年限为 1～3 年的占 11.1%，3～5 年的占 24.7%，5～10 年的占 43.6%，10 年以上的人数占 20.6%。

通过独立样本 t 检验对性别与指向人际的反生产行为和指向组织的反生产行为的关系进行分析。结果表明，性别对指向人际的反生产行为的作用显著（$M_{男} = 2.61$，$SD_{男} = 1.35$；$M_{女} = 2.31$，$SD_{女} = 1.04$；$t = 2.360$，$p = 0.019$），对指向组织的反生产行为的作用边缘显著（$M_{男} = 2.84$，$SD_{男} = 1.38$；$M_{女} = 2.57$，$SD_{女} = 1.38$；$t = -0.196$，$p = 0.051$）。

由于年龄是一个连续变量，因此分别对其与指向人际的反生产行为和指向组织的反生产行为进行相关分析。结果表明，年龄和指向人际的反生产行为存在显著相关关系（$r = 0.115$，$p = 0.034$），和指向组织的反生产行为（$r = 0.013$，$p = 0.813$）之间不存在显著的相关关系。

工作年限是一个 4 组的分类变量，通过方差分析对比各组间差异。其中，指向人际的反生产行为 $[F(3, 340) = 0.786, p = 0.503]$ 和指向组织的反生产行为 $[F(3, 340) = 1.947, p = 0.122]$ 在各组上的差异不显著，LSD 事后检验也显示各组间差异不显著。

同时，分别对道德认同与指向人际的反生产行为和指向组织的反生产行为的关系进行相关分析，发现道德认同与指向人际的反生产行为（$r = -0.248$，$p < 0.001$）和指向组织的反生产行为（$r = -0.335$，$p < 0.001$）均存在显著负相关，因此在后续研究中需要控制道德认同水平。

8.2.3.2 信效度分析和共同方法偏差检验

1. 信度分析

一般研究中采用 Cronbach's α 系数衡量各变量测量条目的信度，以往学者建议当 Cronbach's α 系数大于 0.7 时，表示该变量的信度良好。其中，消极情绪中的题项"内疚的"被删除后 Cronbach's α 从 0.893 提高至 0.903，因此删除该题项。最终结果如表 8 - 3 所示，本研究中变量的信度在 0.811（道德认同）到 0.912（CWBO）之间，均符合该要求，表明本研究中所有变量的信度良好。

表 8 - 3　　　　　　　　　　信度分析

变量	Cronbach's α
消极情绪	0.903
人格解体	0.839

续表

变量	Cronbach's α
CWBI	0.875
CWBO	0.912
道德认同	0.811

2. 效度分析

（1）聚合效度。为了检验模型的效度，通过 AMOS24.0 采用极大似然估计法对大样本进行参数估计。平均提取方差值（AVE），一般用于衡量聚合效度，以往研究建议 AVE 值应大于 0.5，大于 0.45 时勉强接受。本研究结果如表 8-4 所示，各变量的 AVE 值在 0.51（消极情绪）到 0.55（CWBI）之间，均满足要求，证明本研究各变量的聚合效度尚可。

表 8-4　　　　　　　　　　　　　聚合效度

题项	载荷	AVE	题项	载荷	AVE
NE1	0.749		CWBI1	0.756	
NE2	0.620		CWBI2	0.708	
NE4	0.583		CWBI3	0.713	0.55
NE5	0.674		CWBI4	0.661	
NE6	0.765	0.51	CWBI5	0.758	
NE7	0.789		CWBI6	0.825	
NE8	0.708		CWBO1	0.739	
NE9	0.766		CWBO2	0.672	
NE10	0.748		CWBO3	0.718	
DE1	0.754		CWBO4	0.773	
DE2	0.732		CWBO5	0.699	
DE3	0.706		CWBO6	0.649	0.51
DE4	0.611	0.51	CWBO7	0.744	
DE5	0.773		CWBO8	0.773	
DE6	0.647		CWBO9	0.675	
DE7	0.771		CWBO10	0.709	

注：NE 表示消极情绪；DE 表示人格解体；CWBI 表示指向人际的反生产行为；CWBO 表示指向组织的反生产行为。

（2）区分效度。本研究通过对竞争模型进行拟合优度对比的方式来验证量表的区分效度，共构建了四个竞争模型。各竞争模型的拟合优度比较如表 8 – 5 所示。

表 8 – 5 　　　　　　　　　　各竞争模型拟合指标

竞争模型	χ^2/df	RMESA	SRMR	CFI	IFI	TLI
四因子	2.468	0.065	0.062	0.886	0.887	0.877
三因子	3.197	0.080	0.084	0.829	0.830	0.816
二因子	3.392	0.084	0.086	0.813	0.814	0.800
单因子	6.759	0.130	0.157	0.549	0.551	0.517

注：四因子模型为 NE、DE、CWBI、CWBO；三因子模型为 NE + DE、CWBI、CWBO；二因子模型为 NE + DE、CWBI + CWBO；单因子模型为 NE + DE + CWBI + CWBO。

本研究采用 χ^2/df、RMSEA、SRMR、CFI、IFI 和 TLI（即 NNFI）来比较各竞争模型的拟合优度。一般认为，χ^2/df 值在 1 ~ 3，RMSEA 和 SRMR 小于 0.08，CFI、IFI、TLI 的值越接近 1 时，模型拟合越好。当竞争模型中任意两个变量合二为一后模型拟合优度下降时，认为这两个变量之间能较好地区分。根据以上指标，本研究中变量间有较好的区分效度。

3. 共同方法偏差检验

根据 Barman 单因素法进行共同方法偏差检验，所得到第一个因子解释了变异量的 19.59%，小于 40%，且不止存在一个特征值大于 1 的因子，证明共同方法偏差在可接受范围。

8.2.3.3　操纵检验

同研究四，本研究在场景文字背景材料后设置了两个校标，分别在阅读组织内反生产行为相关情境后要求被试回答"你认为公司风气如何"和在阅读领导冲突管理风格相关情境后要求被试回答"你认为领导能否解决问题"。这两个问题是为了测试自变量和调节变量操纵的有效性。前者的回答"1" = 非常差，7 = "非常好"；后者的回答"1" = 肯定不能，"7" = 肯定能。操纵结果如图 8 – 1 所示。

如图 8 – 1 所示，本研究设置的三个自变量组在校标上差异显著 [F(2,

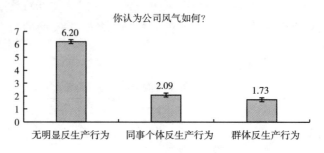

图 8 – 1 自变量操纵检验

341) = 659. 74，p < 0. 001]。根据 LSD 事后检验结果表明，无明显反生产行为与其他同事个体反生产行为之间（平均值差值 = 4. 11，p < 0. 001）的差异和无明显反生产行为与群体反生产行为之间（平均值差值 = 4. 47，p < 0. 001）的差异均显著，其他同事个体反生产行为与群体反生产行为之间的差异同样显著（平均值差值 = 0. 35，p < 0. 01）。

如图 8 – 2 所示，本研究的两个调节变量组在校标上差异显著（$M_{合作}$ = 4. 98，$M_{回避}$ = 3. 04，t = 10. 644，p < 0. 001）。

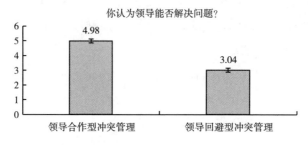

图 8 – 2 调节变量操纵检验

综上所述，本研究的操纵有效，在此基础上本研究开展后续分析。

8. 2. 3. 4 假设检验

1. 相关性分析

表 8 – 6 是变量描述性统计表，展示了各变量的均值、标准差和相关系数。各变量间均两两相关，且与预期一致。

表 8 - 6   变量描述性统计

变量	M	SD	反生产行为主体	消极情绪	人格解体	CWBI	CWBO
反生产行为主体	—	—	1				
消极情绪	3.69	1.29	0.331***	1			
人格解体	2.94	1.17	0.444***	0.566***	1		
指向人际的反生产行为	2.42	1.17	0.252***	0.246***	0.407***	1	
指向组织的反生产行为	2.67	1.21	0.192***	0.212***	0.369***	0.792***	1

注：*** 表示 $p < 0.001$。

2. 主效应的检验

由于自变量是一个分类变量，且有三组，因此通过一个单因素方差分析检验主效应。

（1）指向人际的反生产行为。根据图 8 - 3 和表 8 - 7 中所呈现的方差分析检验结果，指向人际的反生产行为在三个组间的差异显著 [$F(2, 341) = 12.483$，$p < 0.001$]。由于方差不齐，后续进行 Tamhane 事后检验。如表 8 - 8 所示，无明显反生产行为组和其余两组对受害者指向人际的反生产行为的影响差异显著，而个体反生产行为和群体反生产行为对受害者指向人际的反生产行为的影响差异不显著。结果支持假设 H5 - 1a、假设H5 - 2a。

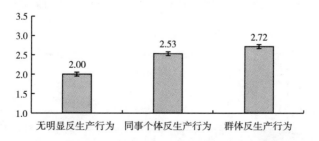

图 8 - 3 受害者指向人际的反生产行为的主效应检验

表 8 – 7   研究方差检验结果

变量	组别	M	SD	SE	Levene 统计量	p	F	(df1, df2)	p
CWBI	0	2.00	0.73	0.07	16.802	0.000	12.483	(2, 341)	0.000
	1	2.53	1.29	0.12					
	2	2.72	1.28	0.12					
CWBO	0	2.30	0.80	0.07	15.317	0.000	8.516	(2, 341)	0.000
	1	2.84	1.38	0.13					
	2	2.87	1.28	0.12					

注：组别中，0 = 无明显反生产行为组，1 = 个体反生产行为组，2 = 群体反生产行为组。

表 8 – 8   CWBI 的 Tamhane 事后检验

组别 I	组别 J	平均值差异 (I – J)	SE	p
0	1	− 0.528 ***	0.137	0.000
0	2	− 0.722 ***	0.139	0.000
1	2	− 0.193	0.170	0.589

注：组别中，0 = 无明显反生产行为组，1 = 个体反生产行为组，2 = 群体反生产行为组。***
表示 p < 0.001。

（2）指向组织的反生产行为。根据图 8 – 4 和表 8 – 7 中所呈现的方差
分析检验结果，指向组织的反生产行为的组间差异显著 [F(2, 341) =
8.516，p < 0.001]。由于方差不齐，后续进行 Tamhane 事后检验。如表 8 – 9
所示，无明显反生产行为组和其余两组对受害者指向组织的反生产行为的
影响差异显著，而个体反生产行为和群体反生产行为对受害者指向组织的
反生产行为的影响差异不显著。结果支持假设 H5 – 1b、假设 H5 – 2b。

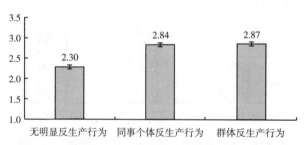

图 8 – 4　受害者指向组织的反生产行为的主效应检验

表 8 - 9　　　　　　　指向组织的反生产行为的 Tamhane 事后检验

组别 I	组别 J	平均值差异（I - J）	SE	p
0	1	- 0. 545 **	0. 145	0. 001
0	2	- 0. 568 ***	0. 142	0. 000
1	2	- 0. 022	0. 175	0. 999

注：组别中，0 = 无明显反生产行为组，1 = 个体反生产行为组，2 = 群体反生产行为组。*** 表示 p < 0. 001；** 表示 p < 0. 01。

3. 调节效应的检验

由于受害者个体指向人际的反生产行为和指向组织的反生产行为均只在群体反生产行为组和无明显反生产行为组存在差异，因此后续探究均以此为基础。

如表 8 - 10 和表 8 - 11 所示，当反生产行为主体（即，群体反生产行为相较于无明显反生产行为）和领导冲突管理风格的交互项进入模型时，交互项对指向人际的反生产行为（B = - 0. 22，p = 0. 105）和指向组织的反生产行为（B = - 0. 12，p = 0. 396）的影响不显著。因此调节作用不成立，拒绝假设 H5 - 3a、假设 H5 - 3b、假设 H5 - 3c、假设 H5 - 3d。

表 8 - 10　　　　　　　　　　调节效应检验（1）

项目	CWBI			
	模型 1	模型 2	模型 3	模型 4
常量	4. 22 *** (0. 78)	3. 77 *** (0. 74)	3. 99 *** (0. 77)	3. 84 *** (1. 05)
性别	- 0. 26※ (0. 15)	- 0. 23 (0. 14)	- 0. 23 (0. 14)	- 0. 02 (0. 14)
年龄	0. 05 * (0. 02)	0. 04 * (0. 02)	0. 04 * (0. 02)	0. 04 * (0. 02)
工作年限	- 0. 19※ (0. 11)	- 0. 15 (0. 10)	- 0. 14 (0. 10)	- 0. 13 (0. 10)
道德认同	- 0. 43 *** (0. 10)	- 0. 40 *** (0. 09)	- 0. 40 *** (0. 09)	- 0. 41 *** (0. 09)
反生产行为主体（a）		0. 33 *** (0. 07)	0. 33 *** (0. 07)	0. 65 ** (0. 21)

项目	CWBI			
	模型 1	模型 2	模型 3	模型 4
领导冲突管理风格（b）			-0.14 (0.13)	0.07 (0.19)
a×b				-0.22 (0.13)
R^2	0.124	0.212	0.216	0.225
ΔR^2		0.088	0.004	0.009
F 值	7.835 ***	11.871 ***	10.076 ***	9.079 ***

注：*** 表示 $p < 0.001$；** 表示 $p < 0.01$；* 表示 $p < 0.05$；※表示 $0.05 \leqslant p < 0.1$。

表 8 - 11　　　　　　　　　　调节效应检验（2）

项目	CWBO			
	模型 1	模型 2	模型 3	模型 4
常量	5.68 *** (0.77)	5.34 *** (0.76)	5.31 *** (0.79)	5.23 *** (0.80)
性别	-0.32 * (0.15)	-0.30 * (0.14)	-0.30 * (0.14)	-0.30 * (0.15)
年龄	0.03 (0.02)	0.02 (0.02)	0.02 (0.02)	0.02 (0.02)
工作年限	-0.21 * (0.11)	-0.18※ (0.10)	-0.18※ (0.10)	-0.18※ (0.10)
道德认同	-0.49 *** (0.10)	-0.47 *** (0.09)	-0.47 *** (0.09)	-0.47 *** (0.09)
反生产行为主体（a）		0.25 *** (0.07)	0.25 *** (0.07)	0.42 * (0.21)
领导冲突管理风格（b）			0.02 (0.14)	0.13 (0.19)
a×b				-0.12 (0.14)
R^2	0.132	0.183	0.183	0.186
ΔR^2		0.051	0.000	0.003
F 值	8.450 ***	9.912 ***	8.226 ***	7.146 ***

注：*** 表示 $p < 0.001$；* 表示 $p < 0.05$；※表示 $0.05 \leqslant p < 0.1$。

4. 链式中介的检验

由于两种领导冲突管理风格下，主效应并没有差异，因此后续研究不再分别讨论两种情况下无明显反生产行为和群体反生产行为对受害者反生产行为的影响。

在检验多重中介时，如图 8-5 所示，需要考虑以下几条路径：（1）反生产行为主体→消极情绪→受害者反生产行为；（2）反生产行为主体→人格解体→受害者反生产行为；（3）反生产行为主体→消极情绪→人格解体→受害者反生产行为。若（1）和（2）显著，而（3）不显著，则成立并行中介；若（3）显著，则无论（1）和（2）是否显著，均成立链式中介。

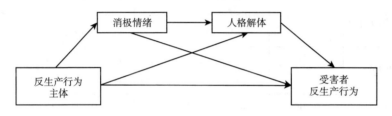

图 8-5 链式中介模型

注：图中反生产行为主体指群体反生产行为相较于无明显反生产行为。

表 8-12 中：由模型 2 和模型 4 可知，反生产行为主体对消极情绪（B = 0.52，p < 0.001）和人格解体（B = 0.63，p < 0.001）均存在显著影响；当将消极情绪引入模型 4 后（见模型 5），反生产行为主体对人格解体的作用效应量减小（B = 0.42，p < 0.001），且消极情绪对人格解体的作用显著（B = 0.39，p < 0.001），证明消极情绪在反生产行为主体和人格解体之间起到部分中介作用。

表 8-12   对消极情绪和人格解体的回归分析

项目	消极情绪		人格解体		
	模型 1	模型 2	模型 3	模型 4	模型 5
常量	3.45 *** (0.97)	2.74 *** (0.90)	4.41 *** (0.88)	3.56 *** (0.75)	2.48 ** (0.68)
性别	0.37 * (0.19)	0.42 * (0.17)	0.12 (0.17)	0.17 (0.14)	0.01 (0.13)

项目	消极情绪		人格解体		
	模型1	模型2	模型3	模型4	模型5
年龄	0.03 (0.02)	0.02 (0.02)	0.01 (0.02)	0.00 (0.02)	−0.01 (0.02)
工作年限	−0.26※ (0.13)	−0.19 (0.12)	−0.08 (0.12)	−0.00 (0.10)	0.07 (0.09)
道德认同	−0.14* (0.12)	−0.09 (0.11)	−0.33** (0.11)	−0.27** (0.09)	−0.24** (0.08)
反生产行为主体		0.52*** (0.08)		0.63*** (0.07)	0.42*** (0.06)
消极情绪					0.39*** (0.05)
R^2	0.040	0.197	0.042	0.320	0.469
ΔR^2		0.157		0.277	0.150
F值	2.315※	10.854***	2.451*	20.76***	32.42***

注：*** 表示 $p < 0.001$；** 表示 $p < 0.01$；* 表示 $p < 0.05$；※表示 $0.05 \leqslant p < 0.1$。

在表8-13中：由模型2可知，反生产行为主体对受害者指向人际的反生产行为的直接效应显著（$B = 0.33$，$p < 0.001$）；在模型2的基础上单独引入消极情绪变量后，如模型3所示，反生产行为主体对受害者个体指向人际的反生产行为的作用效应量减小（$B = 0.21$，$p = 0.002$），而消极情绪对指向人际的反生产行为的作用显著（$B = 0.22$，$p < 0.001$），因此可以认为消极情绪在反生产行为主体和受害者指向人际的反生产行为之间起到中介作用；同理，在模型2的基础上单独引入人格解体变量后，如模型4所示，反生产行为主体对受害者个体指向人际的反生产行为的作用不显著，且效应量减小（$B = 0.09$，$p = 0.113$），而人格解体对指向人际的反生产行为的作用显著（$B = 0.37$，$p < 0.001$），因此人格解体在反生产行为主体和受害者指向人际的反生产行为之间起到中介作用。

表 8 - 13 对受害者指向人际的反生产行为的回归分析

项目	受害者指向人际的反生产行为				
	模型 1	模型 2	模型 3	模型 4	模型 5
常量	4. 21 *** (0. 78)	3. 77 *** (0. 74)	3. 18 *** (0. 73)	2. 45 ** (0. 72)	2. 38 ** (0. 72)
性别	- 0. 26 (0. 15)	- 0. 23 (0. 14)	- 0. 32 * (0. 14)	- 0. 30 (0. 13)	- 0. 33 * (0. 13)
年龄	0. 05 (0. 02)	0. 04 * (0. 02)	0. 04 * (0. 02)	- 0. 04 (0. 02)	0. 04 * (0. 02)
工作年限	- 0. 19 (0. 11)	- 0. 15 (0. 10)	- 0. 11 (0. 10)	- 0. 15 (0. 10)	- 0. 13 (0. 11)
道德认同	- 0. 43 * (0. 10)	- 0. 40 *** (0. 09)	- 0. 38 *** (0. 09)	- 0. 30 ** (0. 09)	- 0. 30 ** (0. 10)
反生产行为主体		0. 33 *** (0. 07)	0. 21 ** (0. 07)	0. 09 (0. 07)	0. 08 (0. 07)
消极情绪			0. 22 *** (0. 05)		0. 09 (0. 06)
人格解体				0. 37 *** (0. 06)	0. 32 *** (0. 07)
R^2	0. 124	0. 212	0. 266	0. 322	0. 330
ΔR^2		0. 088	0. 055	0. 0111	0. 064
F 值	7. 835 ***	11. 871 ***	13. 313 ***	17. 448 ***	15. 421 ***

注：*** 表示 p < 0. 001；** 表示 p < 0. 01；* 表示 p < 0. 05。

由表 8 - 13 可知，在模型 3 的基础上引入人格解体后，如模型 5 所示，反生产行为主体的作用不显著（B = 0. 08，p = 0. 291），消极情绪同样不显著（B = - 0. 09，p = 0. 113），而人格解体的作用显著（B = 0. 32，p < 0. 001）。初步验证消极情绪和人格解体的链式中介效应成立。

为了检验该链式中介效应是否稳健，采用 Bootstrapping 方法，通过 SPSS 的宏程序 PROCESS（Hayes，2018）检验该链式中介效应。自变量为反生产行为主体，中介变量 1 为消极情绪，中介变量 2 为人格解体，因变量为受害者指向人际的反生产行为。根据 PROCESS 程序的模型 6，得到结论如表 8 – 14 所示："反生产行为主体→消极情绪→受害者指向人际的反生产行为"这一路径的 95% 置信区间为 [– 0.023，0.128]，路径不成立；"反生产行为主体→人格解体→受害者指向人际的反生产行为"这一路径的 95% 置信区间为 [0.060，0.224]，路径成立；"反生产行为主体→消极情绪→人格解体→受害者指向人际的反生产行为"这一路径的 95% 置信区间为 [0.026，0.122]，路径成立。再次验证了消极情绪和人格解体的链式中介效应。结果支持假设 H5 – 4a。

表 8 – 14　　　　指向人际的反生产行为的链式中介路径系数及置信区间

项目	路径	效应量	SE	95% 置信区间
直接效应	反生产行为主体→受害者指向人际的反生产行为	0.07	0.07	[– 0.067，0.221]
间接效应	反生产行为主体→消极情绪→受害者指向人际的反生产行为	0.05	0.04	[– 0.023，0.128]
	反生产行为主体→人格解体→受害者指向人际的反生产行为	0.14	0.04	[0.060，0.224]
	反生产行为主体→消极情绪→人格解体→受害者指向人际的反生产行为	0.07	0.02	[0.026，0.122]

表 8 – 15 中：由模型 2 可知，反生产行为主体对受害者指向组织的反生产行为的直接效应显著（$B = 0.25$，$p < 0.001$）；在模型 2 的基础上单独引入消极情绪变量后，如模型 3 所示，反生产行为主体对受害者指向组织的反生产行为的作用效应量减小（$B = 0.16$，$p = 0.030$），而消极情绪对受害者指向组织的反生产行为的作用边缘显著（$B = 0.18$，$p = 0.002$），因此可以认为消极情绪在反生产行为主体和受害者指向组织的反生产行为之间起到中介作用；同理，在模型 2 的基础上单独引入人格解体变量后，如模型 4 所示，反生产行为主体对受害者指向组织的反生产行为的作用不显著，且效应量减小（$B = 0.03$，$p = 0.710$），而人格解体对受害者指向组织的反生产行为的作用显著（$B = 0.35$，$p < 0.001$），因此人格解体在反生产行为主体和受害者指向组织的反生产行为之间起到中介作用。

表 8 – 15   对受害者指向组织的反生产行为的回归分析

项目	受害者指向组织的反生产行为				
	模型 1	模型 2	模型 3	模型 4	模型 5
常量	5. 68 *** (0. 77)	5. 34 *** (0. 76)	4. 85 *** (0. 76)	4. 09 *** (0. 82)	4. 05 *** (0. 75)
性别	– 0. 32 * (0. 15)	– 0. 30 * (0. 14)	– 0. 37 * (0. 15)	– 0. 36 ** (0. 14)	– 0. 38 * (0. 14)
年龄	0. 03 (0. 02)	0. 02 (0. 02)	0. 02 (0. 02)	0. 02 (0. 02)	0. 02 (0. 02)
工作年限	– 0. 21 * (0. 11)	– 0. 18 ※ (0. 10)	– 0. 14 (0. 11)	– 0. 18 ※ (0. 10)	– 0. 17 (0. 10)
道德认同	– 0. 49 *** (0. 10)	– 0. 47 *** (0. 10)	– 0. 45 *** (0. 10)	– 0. 37 *** (0. 10)	– 0. 38 *** (0. 09)
反生产行为主体		0. 25 *** (0. 07)	0. 16 * (0. 08)	0. 03 (0. 08)	0. 02 (0. 08)
消极情绪			0. 18 ** (0. 06)		0. 05 (0. 06)
人格解体				0. 35 *** (0. 06)	0. 33 *** (0. 07)
R^2	0. 132	0. 183	0. 219	0. 282	0. 284
ΔR^2		0. 051	0. 036	0. 099	0. 065
F 值	8. 450 ***	9. 912 ***	10. 263 ***	14. 401 ***	12. 419 ***

注： *** 表示 $p < 0.001$ ；** 表示 $p < 0.01$ ；* 表示 $p < 0.05$ ；※表示 $0.05 \leqslant p < 0.1$ 。

由表 8 – 15 可知，在模型 3 的基础上引入人格解体后，如模型 5 所示，反生产行为主体的作用不显著（$B = 0.02$，$p = 0.796$），消极情绪同样不显著（$B = – 0.05$，$p = 0.418$），而人格解体的作用显著（$B = 0.33$，$p < 0.001$）。初步验证消极情绪和人格解体的链式中介效应成立。

为了检验该链式中介效应是否稳健，采用 Bootstrapping 方法，通过 SPSS 的宏程序 PROCESS（Hayes，2018）检验该链式中介效应。自变量为反生产行为主体，中介变量 1 为消极情绪，中介变量 2 为人格解体，因变量为受害者指向组织的反生产行为。根据 PROCESS 程序的模型 6，得到结论如表 8 – 16 所示："反生产行为主体→消极情绪→受害者指向组织的反生产行为"这一路径的 95% 置信区间为 [-0.050, 0.106]，路径不成立；
"反生产行为主体→人格解体→受害者指向组织的反生产行为"这一路径的
95% 置信区间为 [0.059, 0.225]，路径成立；"反生产行为主体→消极情
绪→人格解体→受害者指向组织的反生产行为"这一路径的 95% 置信区间
为 [0.026, 0.123]，路径成立。再次验证了消极情绪和人格解体的链式中
介效应。结果支持假设 H5-4b。

表 8-16　　指向组织的反生产行为的链式中介路径系数及置信区间

项目	路径	效应量	SE	95% 置信区间
直接效应	反生产行为主体→受害者指向组织的反生产行为	0.02	0.08	[-0.129, 0.168]
间接效应	反生产行为主体→消极情绪→受害者指向组织的反生产行为	0.03	0.04	[-0.050, 0.106]
	反生产行为主体→人格解体→受害者指向组织的反生产行为	0.14	0.04	[0.059, 0.225]
	反生产行为主体→消极情绪→人格解体→受害者指向组织的反生产行为	0.07	0.03	[0.026, 0.123]

8.3　基于 E-prime 实验法的群体反生产行为对受害者反生产行为的影响机制

情景模拟研究验证了群体反生产行为相较于无反生产行为作用于受害
者反生产行为时消极情绪和人格解体的链式中介作用。

虽然情景模拟研究通过打乱题序的方式在一定程度上缓解了共同方法
偏差问题，但不能完全避免共同方法偏差对研究结果的干扰。另外，由于
通过情景模拟实验结合问卷的形式收集数据，导致不能分时段取样以验证
链式中介的稳定性，因此本书进一步采用了一个实验室实验以验证主效应
和链式中介效应的稳健性。

8.3.1 被试

33 名被试全部为在校本科生或研究生，其中，男生和女生分别占 60.6% 和 39.4%，平均年龄 20.09 岁，标准差为 1.74，年龄范围在 18~25 岁。每位被试需要在群体反生产行为和无反生产行为情境下完成对自己的评价。

8.3.2 实验设计和实验程序

8.3.2.1 实验设计

本实验采用单因素（反生产行为主体为：群体反生产行为相较于无反生产行为）的被试内实验设计，实验通过 E-prime2.0 进行编程以呈现刺激并进行数据采集。实验流程见图 8-6。

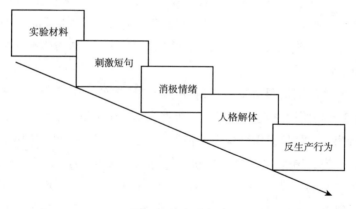

图 8-6 实验流程

1. 实验材料

由于被试为大学生群体，而非组织实际场景，因此将情景模拟研究中情境改变为大学生适用场景，其中群体反生产行为场景改编为“半个月后是班级风采大赛。这段时间以来，班委们都在组织同学筹备比赛，包括表演排练、手绘海报、道具制作等。但大多数同学并不配合班委的安排，拖拖拉拉，互相推诿，聚在一起玩手机，闲聊。同时，他们也会针对我，取笑我，开过分的玩笑让我难堪，要求我在大家离开后打扫垃圾，帮助他们完成他们的任务"。而无反生产行为场景则改编为"半个月后是班级风采大赛。这段时间以来，班委们都在组织同学筹备比赛，包括表演排练、手绘海报、道具制作等。同学们都根据班委安排，在约定好的时间内都在配合完成比赛相关的事，井井有条，不破坏场地，尊重班委的劳动。同学之间相处融洽，各司其职，有时也会互相帮助"。为了加强研究材料的刺激，在呈现研究场景后，呈现六个问题加深被试的印象，如"同学们是否会在背后说我坏话"，认为"会"则选择"1"，认为"不会"则选择"9"。

2. 操纵检验校标设置

在刺激呈现之后，要求被试评价班级氛围作为操纵检验的校标，题为"你认为班级风气如何"，并要求被试在"1"＝非常差、"7"＝非常好的7级量表中进行选择。

3. 数据采集

本实验中的消极情绪参照沃森（Watson，1988）开发的 PANAS 量表的5题简化版，列出的5种情绪为"痛苦的""生气的""害怕的""内疚的""紧张的"，通过询问被试"这种情境下，你认为以下情绪你会出现几种"，被试在 0~5 之间作出选择。

人格解体的测量同情景模拟研究，改编为班级中的场景，样题分别为"我经常想要拒绝同学提出的请求"等并在 E-prime 程序中随机呈现。关于反生产行为的测量量表则同样参照情景模拟研究，并一一呈现16种改编后的反生产行为，16题呈现顺序随机。样题为"做伤害其他同学的事"，被试若选择"不会"则回答"1"，计0分，选择"会"则回答"9"，计1分，最后以总得分代表反生产行为，其中指向人际的反生产行为的计分范围为 0~6，指向组织的反生产行为的计分范围为 0~10。

4. 顺序效应的控制

由于本实验采用被试内设计，能够更好地控制无关变量，且有更加直观的对比，但由于两种实验材料之间存在明显的对比，为了避免顺序效应的干扰，其中16个被试先阅读无反生产行为材料后阅读群体反生产行为材料，其余17个被试则相反。

8.3.2.2　实验程序

实验在安静的实验室或教室中进行，采用单独施测的形式，避免人际间相互干扰。具体程序如下：（1）当被试达到实验场地后，先向被试进行简单的自我介绍，并告知被试实验采取匿名的形式，让被试按照真实想法填写。（2）简单介绍实验的情况和形式。（3）开始正式实验。（4）实验结束后，支付一定报酬。

8.3.3　实验结果与数据分析

8.3.3.1　信度和共同方法偏差

本实验中人格解体的 Cronbach's α 为 0.907，根据提示删除题项"在我看来同学们和无生命物体没有差别"后 Cronbach's α 为 0.919。而根据 Barman 单因素法进行共同方法偏差检验的结果表明，所得第一个因子解释了变异量的 18.50%，远小于 40%，且存在多个特征值大于 1 的因子，证明共同方法偏差问题可接受。

8.3.3.2　操纵检验

由于本研究采用被试内实验设计，因此在进行操纵检验时，采用配对样本 t 检验。配对样本 t 检验的结果表明，无反生产行为组（M = 5.79，SD = 0.96）与群体反生产行为组（M = 3.06，SD = 1.71）的风气感知差异显著（t = 8.668，p < 0.001），结果证明本实验操纵有效。

8.3.3.3　主效应检验

同样采用一个配对样本 t 检验来对指向人际的反生产行为和指向组织的反生产行为的主效应进行检验。

如图 8 - 7 所示，配对样本 t 检验的结果表明，无反生产行为组（M = 0.12，SD = 0.55）与群体反生产行为组（M = 1.39，SD = 1.60）的引起的受害者指向人际的反生产行为差异显著（t = -4.326，p < 0.001）。

如图 8 - 8 所示，配对样本 t 检验的结果表明，无反生产行为组（M =

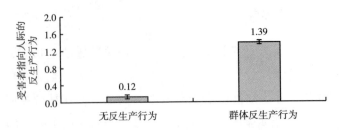

图 8 - 7   受害者指向人际的反生产行为的主效应检验

1.27，SD = 1.79）与群体反生产行为组（M = 3.91，SD = 2.50）的引起的
受害者指向组织的反生产行为差异显著（t = - 4.919，p < 0.001）。

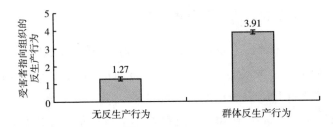

图 8 - 8   受害者指向组织的反生产行为的主效应检验

8.3.3.4   链式中介效应的检验

将数据进行重新编排，无反生产行为编码为 0，群体反生产行为编码为
1，首先进行相关分析，如表 8 - 17 所示，所有变量间的相关关系与预期一
致。下一步再进行回归分析。

表 8 - 17   相关性分析

变量	M	SD	反生产行为主体	消极情绪	人格解体	CWBI	CWBO
反生产行为主体	—	—	1				
消极情绪	1.88	1.76	0.451 ***	1			
人格解体	2.99	1.72	0.656 ***	0.561 ***	1		
CWBI	0.76	1.34	0.476 ***	0.390 ***	0.627 ***	1	
CWBO	2.59	2.54	0.524 ***	0.372 ***	0.636 ***	0.772 ***	1

注：*** 表示 p < 0.001。

表 8 – 18 中：由模型 1 和模型 2 可知，反生产行为主体对消极情绪存在显著影响（B = 1.58，p < 0.001），对人格解体存在显著影响（B = 2.25，p < 0.001）；当将消极情绪引入模型 2 后，如模型 3 所示，反生产行为主体对人格解体的作用效应量减小（B = 1.74，p < 0.001），但消极情绪对人格解体的作用显著（B = 0.33，p = 0.001），证明消极情绪在反生产行为主体和人格解体之间起到中介作用。

表 8 – 18　　　　　　　　对消极情绪和人格解体的回归分析

项目	消极情绪	人格解体	
	模型 1	模型 2	模型 3
常量	1.09 *** (0.28)	1.86 *** (0.23)	1.51 *** (0.24)
反生产行为主体	1.58 *** (0.29)	2.25 *** (0.32)	1.74 *** (0.34)
消极情绪			0.33 ** (0.10)
R^2	0.204	0.431	0.519
ΔR^2			0.088
F 值	16.382 ***	48.417 ***	33.960 ***

注： *** 表示 p < 0.001； ** 表示 p < 0.01。

表 8 – 19 中：由模型 1 可知，反生产行为主体对受害者指向人际的反生产行为的直接效应显著（B = 1.27，p < 0.001）；在模型 1 的基础上单独引入消极情绪变量后，如模型 2 所示，反生产行为主体对受害者指向人际的反生产行为的作用显著性减弱，且效应量减小（B = 1.01，p = 0.003），而消极情绪对指向人际的反生产行为的作用边缘显著（B = 0.17，p = 0.074），因此消极情绪在反生产行为主体和受害者指向人际的反生产行为之间起到中介作用；同理，在模型 1 的基础上单独引入人格解体变量后，如模型 3 所示，反生产行为主体对受害者指向人际的反生产行为的作用不显著，且效应量减小（B = 0.30，p = 0.386），而人格解体对指向人际的反生产行为的作用显著（B = 0.43，p < 0.001），因此人格解体在反生产行为主体和受害者指向人际的反生产行为之间起到中介作用。

表 8 - 19   对受害者指向人际的反生产行为的回归分析

项目	受害者指向人际的反生产行为			
	模型 1	模型 2	模型 3	模型 4
常量	0.12 (0.21)	-0.63 (0.23)	-0.68* (0.26)	-0.69* (0.27)
反生产行为主体	1.27*** (0.29)	1.01** (0.32)	0.30 (0.35)	0.29 (0.35)
消极情绪		0.17※ (0.09)		0.03 (0.09)
人格解体			0.43*** (0.10)	0.42*** (0.11)
R^2	0.226	0.265	0.400	0.402
ΔR^2		0.038	0.174	0.137
F 值	18.716***	11.342***	12.660***	13.868***

注：*** 表示 $p < 0.001$；** 表示 $p < 0.01$；* 表示 $p < 0.05$；※表示 $0.05 \leq p < 0.1$。

表 8 - 19 中，模型 4 是在模型 2 的基础上引入人格解体，结果显示，反生产行为主体的作用不显著（$B = 0.29$，$p = 0.420$），消极情绪的作用不显著，效应量减少（$B = 0.03$，$p = 0.724$），而人格解体的作用显著（$B = 0.42$，$p < 0.001$）。初步验证了在反生产行为主体和受害者指向人际的反生产行为之间消极情绪和人格解体的链式中介效应成立。

表 8 - 20 中：由模型 1 知，反生产行为主体对受害者指向组织的反生产行为的直接效应显著（$B = 2.64$，$p < 0.001$）；在模型 1 的基础上单独引入消极情绪变量后，如模型 2 所示，反生产行为主体对受害者指向组织的反生产行为的作用显著减弱，且效应量减小（$B = 1.88$，$p = 0.002$），而消极情绪对指向组织的反生产行为的作用显著（$B = 0.41$，$p = 0.006$），因此消极情绪在反生产行为主体和受害者指向组织的反生产行为之间起到中介作用；同理，在模型 1 的基础上单独引入人格解体变量后，如模型 3 所示，反生产行为主体对受害者指向组织的反生产行为的作用不显著，且效应量减小（$B = 0.94$，$p = 0.146$），而人格解体对指向组织的反生产行为的作用显著（$B = 0.75$，$p < 0.001$），因此人格解体在反生产行为主体和受害者指向组织的反生产行为之间起到中介作用。

表 8 – 20　　　　　对受害者指向组织的反生产行为的回归分析

项目	受害者指向组织的反生产行为			
	模型 1	模型 2	模型 3	模型 4
常量	1.27 ** (0.38)	– 0.05 (0.59)	– 0.13 (0.49)	– 0.46 (0.57)
反生产行为主体	2.64 *** (0.54)	1.88 ** (0.57)	0.94 (0.64)	0.90 (0.64)
消极情绪		0.41 ** (0.14)		0.17 (0.16)
人格解体			0.75 *** (0.19)	0.63 ** (0.22)
R^2	0.274	0.357	0.425	0.435
ΔR^2		0.083	0.150	0.078
F 值	24.201 ***	17.517 ***	23.264 ***	15.929 ***

注：*** 表示 $p < 0.001$；** 表示 $p < 0.01$。

表 8 – 20 中，模型 4 是在模型 2 的基础上引入人格解体，结果显示，反生产行为主体的作用不显著（$B = 0.90$，$p = 0.165$），消极情绪的作用不显著，效应量减少（$B = 0.17$，$p = 0.288$），而人格解体的作用显著（$B = 0.63$，$p = 0.005$）。初步验证了在反生产行为主体和受害者指向组织的反生产行为之间消极情绪和人格解体的链式中介效应成立。

为了检验以上两个链式中介效应是否稳健，同样通过 SPSS 的宏程序 PROCESS（Hayes，2018）检验链式中介效应。首先将指向人际的反生产行为作为因变量，自变量为反生产行为主体，中介变量 1 为消极情绪，中介变量 2 为人格解体。根据 PROCESS 程序的模型 6，得到结论如表 8 – 21 所示："反生产行为主体→消极情绪→受害者指向人际的反生产行为"这一路径的 95% 置信区间为 [– 0.266，0.341]，路径不成立；"反生产行为主体→人格解体→受害者指向人际的反生产行为"这一路径的 95% 置信区间为 [0.145，1.227]，路径成立；"反生产行为主体→消极情绪→人格解体→受害者指向人际的反生产行为"这一路径的 95% 置信区间为 [0.049，0.660]，路径成立。同样验证了消极情绪和人格解体的链式中介效应。

表 8 – 21　　　指向人际的反生产行为的链式中介路径系数及置信区间

项目	路径	效应量	SE	95%置信区间
直接效应	反生产行为主体→受害者指向人际的反生产行为	0.29	0.35	[- 0.405，0.989]
间接效应	反生产行为主体→消极情绪→受害者指向人际的反生产行为	0.07	0.15	[- 0.266，0.341]
	反生产行为主体→人格解体→受害者指向人际的反生产行为	0.63	0.28	[0.145，1.227]
	反生产行为主体→消极情绪→人格解体→受害者指向人际的反生产行为	0.28	0.16	[0.049，0.660]

　　随后将指向组织的反生产行为作为因变量，自变量为反生产行为主体（无反生产行为 =0，群体反生产行为 =1），中介变量 1 为消极情绪，中介变量 2 为人格解体。根据 PROCESS 程序的模型 6，得到结论如表 8 – 22 所示："反生产行为主体→消极情绪→受害者指向组织的反生产行为"这一路径的 95% 置信区间为 [- 0.172，0.850]，路径不成立；"反生产行为主体→人格解体→受害者指向组织的反生产行为"这一路径的 95% 置信区间为 [0.304，1.852]，路径成立；"反生产行为主体→消极情绪→人格解体→受害者指向组织的反生产行为"这一路径的 95% 置信区间为 [0.112，0.953]，路径成立。同样验证了在反生产行为主体和受害者指向组织的反生产行为间消极情绪和人格解体的链式中介效应。

表 8 – 22　　　指向组织的反生产行为的链式中介路径系数及置信区间

项目	路径	效应量	SE	95%置信区间
直接效应	反生产行为主体→受害者指向组织的反生产行为	0.90	0.64	[- 0.379，2.172]
间接效应	反生产行为主体→消极情绪→受害者指向组织的反生产行为	0.31	0.26	[- 0.172，0.850]
	反生产行为主体→人格解体→受害者指向组织的反生产行为	0.99	0.40	[0.304，1.852]
	反生产行为主体→消极情绪→人格解体→受害者指向组织的反生产行为	0.44	0.22	[0.112，0.953]

8.4 本章小结

本研究共 10 个假设，其中 6 个得到支持，4 个被拒绝。假设具体检验情况如表 8 - 23 所示。

表 8 - 23 假设研究情况

假设序号	假设内容	检验情况
H5 - 1a	个体成为群体反生产行为的受害者时，相较于成为其他同事个体反生产行为的受害者，其指向人际的反生产行为水平无明显变化	支持
H5 - 1b	个体成为群体反生产行为的受害者时，相较于成为其他同事个体反生产行为的受害者，其指向组织的反生产行为水平无明显变化	支持
H5 - 2a	个体成为群体反生产行为的受害者时，相较于群体无明显反生产行为，将会引发其指向人际的反生产行为	支持
H5 - 2b	个体成为群体反生产行为的受害者时，相较于群体无明显反生产行为，将会引发其指向组织的反生产行为	支持
H5 - 3a	在领导合作型冲突管理风格下，相较于无明显反生产行为，群体反生产行为会对受害者指向人际的反生产行为有更强的促进作用	拒绝
H5 - 3b	在领导合作型冲突管理风格下，相较于无明显反生产行为，群体反生产行为会对受害者指向组织的反生产行为有更强的促进作用	拒绝
H5 - 3c	在领导回避型冲突管理风格下，相较于无明显反生产行为，群体反生产行为会对受害者指向人际的反生产行为有更强的促进作用	拒绝
H5 - 3d	在领导回避型冲突管理风格下，相较于无明显反生产行为，群体反生产行为会对受害者指向组织的反生产行为有更强的促进作用	拒绝
H5 - 4a	在领导回避型冲突管理风格下，相较于无明显反生产行为，群体反生产行为对受害者指向人际的反生产行为的影响中，消极情绪和人格解体起到链式中介作用	支持
H5 - 4b	在领导回避型冲突管理风格下，相较于无明显反生产行为，群体反生产行为对受害者指向组织的反生产行为的影响中，消极情绪和人格解体起到链式中介作用	支持

8.4.1　群体反生产行为对组织中受害者反生产行为的直接作用

相比无明显反生产行为组，个体在成为群体反生产行为的受害者时，指向人际的反生产行为和指向组织的反生产行为都会显著升高；相比其他同事反生产行为组，个体成为群体反生产行为的受害者并不会改变其指向人际的反生产行为和指向组织的反生产行为水平。

具体而言，相比组织中无人实施反生产行为，成为群体反生产行为的受害者将显著引起个体出于报复或是脱离而实施的指向人际的反生产行为和指向组织的反生产行为。一方面，作为受害者的个体，其心理资源和情绪资源被削减，反生产行为作为一种既可以补充心理资源和情绪资源又能报复施害者的行为，个体实施反生产行为的意愿增强；另一方面，群体反生产行为将扩大受害者与群体的心理距离，产生脱离感，因此个体不再关注自己行为是否损害组织利益，对自己的约束放宽，因此指向人际的反生产行为和指向组织的反生产行为水平都会提高。

但相比成为其他同事个体反生产行为的受害者而言，成为群体反生产行为的受害者并不会导致受害者指向人际的反生产行为和指向组织的反生产行为水平的改变。一方面，受害者担心实施反生产行为会引起群体反生产行为更激烈的报复，另一方面，应付群体反生产行为使得个体消耗过多精力，因此个体不会实施更多反生产行为。

8.4.2　领导冲突管理风格的调节作用

在无明显反生产行为和群体反生产行为组间，领导冲突管理风格的调节作用不成立，即无论领导是否干涉组织中发生的反生产行为，受害者实施反生产行为的信念均不会受到影响。个体的资源损失和压力倍增将会增加个体冒险情绪，受害者目睹领导对群体反生产行为的无能为力，也会冒险采取反生产行为以维护自身利益。

8.4.3　消极情绪和人格解体的链式中介作用

在无反生产行为和群体反生产行为两组间，消极情绪和人格解体将起

到链式中介作用。个体成为群体反生产行为的受害者，将催生个体的消极
情绪，此时受害者与其他同事的不良人际状态将导致个体与组织的情感依
赖更为薄弱，从而促进人格解体，此时个体与组织的关系从共赢逐渐向零
和博弈转变，因而实施反生产行为。链式中介效应模型如图 8 - 9 和
图 8 - 10所示。

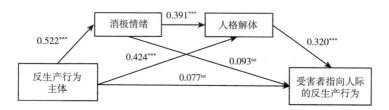

图 8 - 9　反生产行为主体和受害者指向人际的反生产行为之间的链式中介效应模型

注：图中反生产行为主体指群体反生产行为相较于无明显反生产行为。ns 表示无显著相关性；
*** 表示 $p < 0.001$。

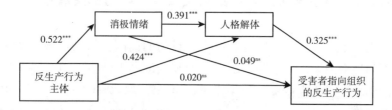

图 8 - 10　反生产行为主体和受害者指向组织的反生产行为之间的链式中介效应模型

注：图中反生产行为主体指群体反生产行为相较于无明显反生产行为。ns 表示无显著相关性；
*** 表示 $p < 0.001$。

9　结束语

9.1　本书主要研究结论

9.1.1　环境复杂度与组织成员反生产行为的关联效应

首先，基于文献分析发现，反生产行为的前因变量已经被证明来自环境层面的许多因素。为了深入研究环境复杂度的不同方面对于员工反生产行为的影响，本研究梳理了相关文献。吕鸿江等（2009）认为，组织复杂性来源于组织内外部的多样性，包括外部环境复杂性和组织内部复杂性。复杂性是一个并不成熟的概念，对于复杂性维度的划分尚未达成统一意见。对复杂性的操作性定义同样也存在较大分歧。本书在以往学者研究的基础上，将环境复杂度分为组织内部复杂度和组织外部复杂度。关于组织外部复杂度，本研究基于 PEST 理论，从政治、经济、社会、技术四个方面出发，探究外部环境复杂度对员工反生产行为的影响机制。

本书将环境复杂度对员工反生产行为的影响通过实证研究方式进行了机制探究。结果证明，环境复杂度的不同方面对员工反生产行为会产生影响，个人资源和工作资源在其中的作用有所不同，道德认同的调节作用不成立。个人资源是个体对内在的环境掌控能力的感知，而工作资源较为契合组织环境，反映了个人－组织匹配的程度，它指的是个体从组织中获得的所有资源。研究结果发现，组织内部复杂度、延迟退休政策、技术入侵对员工反生产行为会产生影响，而欧美国家对中国的围追堵截与反生产行为不相关，可能是因为被试中大部分为一般工作人员，对于国际环境的关注度较少，对于现实生活的影响不明显。而新型冠状病毒感染对员工反生产行为的主效应不成立，可能的原因是新冠疫情暴发至本研究的调研期间，国内的防控措施较为成熟，一线员工对新冠病毒感染的反应不再敏感。其中，工作资源部分中介了延迟退休政策对员工反生产行为的作用。除此之外，工作资源、个人资源在其中的中介作用不成立，出现该问题的原因可能是反生产行为作为一种不道德行为，由被试自己评估，在测量时无法避免社会称许性的影响，导致测量存在偏差。而道德认同的调节作用不成立可能是因为道德认同作为反生产行为的前因变量之一，在对员工反生产行为的预测过程中，发挥了其他作用。

9.1.2 反生产行为在组织内个体间的扩散与分化效应

首先，信息技术以及即时通信为员工反生产行为提供了便利，同时使得这一行为更为隐蔽难以被发现，从而导致了反生产行为越来越普及。网络的隐蔽性使得反生产行为的发现具有显著的滞后性。因此，深入探究反生产行为在组织中扩散与分化的途径及其机制，成为受企业和研究者共同重视的课题。基于文献分析发现，反生产行为有较强的社会互动性，依赖于组织成员之间的沟通和相互影响，极少孤立存在，因此当组织成员实施了反生产行为之后，容易对其他组织成员造成影响，使得其他成员也实施反生产行为。但有些成员非但不会实施反生产行为，甚至会选择揭发、惩罚该成员，有时还会实施补偿行为。因此本书深入探究反生产行为在个体间的扩散与分化机制，本研究有助于进一步认识其中的动态特征和机制，也为研究其他组织行为的扩散与分化，以及组织伦理氛围的动态变化和演化进程提供了新的思路。

此外，本书对个体间反生产行为的扩散和分化机制通过实证研究方式进行了机制探究。结果证明，当面临组织成员实施反生产行为时，其他成员也会实施反生产行为，同时减少组织公民行为。本书基于资源保存理论，个体总是倾向于保护和占有已有的或潜在的资源，由此本研究将受害者的资源作为组织成员反生产行为对受害者反生产行为或者组织公民行为影响的中介机制。研究结果发现，无论组织成员实施指向组织还是指向人际的反生产行为，之后的结果都是受害者会实施指向组织或指向人际的反生产行为，从而形成反生产行为在个体间的扩散；并且在后续工作行为中不会导致反生产行为在个体间的分化，即会减少组织公民行为的实施。工作资源在组织成员指向组织的反生产行为对受害者组织公民行为的影响中起到部分中介作用，个人资源在组织成员指向人际的反生产行为对受害者组织公民行为的影响中起到完全中介作用，工作资源在组织成员指向人际的反生产行为对受害者组织公民行为的影响中起到完全中介作用。

根据资源保存理论，在组织成员反生产行为对受害者组织公民行为的影响中，本研究的结论与以往学者得到的结论是相一致的。但本研究在探索受害者资源在组织成员反生产行为对受害者反生产行为的影响中的中介作用时发现不成立，这与以往的研究结果存在差异。可能是因为反生产行为作为一种不道德行为，用自评的方式无法避免社会称许性的影响，导致测量存在偏差，也可能是因为该研究中被试群体均为受过良好教育的群体，对于反生产行为的不认同感较强，不易因为资源损失就同流合污。

9.1.3 反生产行为在个体内的维持与转化效应

当员工在工作中实施反生产行为后，在后续工作中仍会维持反生产行为，即减少组织公民行为的实施，员工个体反生产行为（T1）正向预测了后续反生产行为（T3），负向预测了后续组织公民行为（T3）。结论与本书假设相符。

在对组织公民行为（T3）的预测上，当员工实施了反生产行为（T1）之后，个人资源和工作资源都造成了一定程度的损耗，在这种情况下，员工个体不可能不求回报地投入更多现有资源去做损害自己资源而对组织有益的事情，因此，会减少组织公民行为（T3）的实施。在对反生产行为（T3）的预测上，当员工花费了时间和精力实施了反生产行为（T1）之后，造成了个人资源和工作资源的损耗，从而在后续的工作中员工会通过继续实施反生产行为（T3）来达到避免进一步损失的目的，这与以往研究一致。大量研究证明了工作资源将会引发消极的工作态度和绩效行为（Pyszczynski et al.，2004），例如旷工（Bakker，2003；2005）、工作动机降低

（Wong et al.，1998）、反生产行为（葛筱，陈伟民，2019；孙浩，王国辉，2019）等。同样，个人资源损耗对反生产行为的负面影响也得到了大量的实证研究支持，例如自我效能感降低（杨皖苏等，2018）正向影响反生产行为中的员工沉默等行为。由此，无论是个人资源还是工作资源的损耗，都是反生产行为的心理诱因（刘广，胡宝亮，2019）。

根据资源保存理论，当个体的资源面临损失的威胁或者已经造成实际上的损失时，个体就会因为资源损失而产生巨大的压力，为了缓解这种压力，个体将继续投入自己的时间和精力来重获资源，但如果个体无法有效阻断资源损耗，也没有有效获得资源增益，资源将会不断损失，个体会继续投资自己所拥有的资源，从而导致第二次的资源损耗，如此循环往复，导致恶性循环的后果。此外，缺乏资源的个体获取资源的速度比资源损失的速度慢，呈损失螺旋效应（Hobfoll，2002）。因此，员工个体实施反生产行为之后，损失的资源多于实施反生产行为得到的资源增益，这种损耗导致了员工维持之前的工作行为，继续实施不利于组织的反生产行为。

员工在实施反生产行为（T1）后会导致工作资源损耗，从而会引发随后一系列的反生产行为（T3）。若员工具有较高的工作嵌入度，会缓解这一效应，反之，若员工的工作嵌入度较低，会增加反生产行为（T3）的实施。因此，当员工的工作嵌入程度较高时，反生产行为（T1）通过工作资源损耗会减少后续反生产行为（T3）的实施，这与以往研究一致。工作嵌入代表个体与工作的嵌入程度，解释了个体为什么留在组织中的一系列因素（袁庆宏，陈文春，2008）。米切尔等（Mitchell et al.，2001）实证研究结果表明，工作嵌入显著负向预测了员工的离职意愿、离职行为，工作嵌入显著正向预测了工作满意度和组织承诺，负向预测了工作找寻和可供选择工作机会，此外，证明了工作嵌入比其他变量（如工作满意度、组织承诺、工作找寻以及可供选择的工作机会）对离职的影响更大。

李等（Lee et al.，2004）在以往研究结果的基础上，进一步证明了工作嵌入能够正向预测组织公民行为和工作绩效。郑家宜（Cheng，2014）研究指出，中国的文化理念以集体利益为重，员工作为组织中的一员，对组织可持续发展有着不可推卸的责任，高工作嵌入的员工与组织联系紧密、立场一致，员工倾向于发扬"主人翁"精神，主动承担对组织有益的角色外行为，而不会实施对组织有害的行为，如越轨行为、反生产行为等。此外，研究表明工作嵌入反映员工与组织的依附关系，工作嵌入程度高的员工倾向于将这种紧密的关系转化为积极的职场工作行为来获取高回报率（Bibi，2018）。因此，具有高工作嵌入的员工与组织联系紧密，即使面临工作资源损耗的状况，也会为顾全大局，以组织的利益为重，减少实施危害组织的反生产行为。相反，工作嵌入度较低的员工对组织的依附程度较弱，不会为了组织作出牺牲，在面对工作资源损耗的情况下会加剧反生产行为的实施。

9.1.4 群体反生产行为对组织中旁观者反生产行为的作用机制

（1）当作为旁观者的个体面临群体反生产行为时，相比面临其他同事个体反生产行为和无明显反生产行为的情况而言，并不会改变其指向人际的反生产行为表现，但会实施更多的指向组织的反生产行为。

在指向组织的反生产行为的预测上，结论与本书的假设相符，旁观者个体出于归属需求的驱动，将会跟随群体实施消极行为（Foulk et al.，2015），同时考虑到"社会安全阀"效应，旁观者个体将群体针对组织的反生产行为视为发泄路径，会选择顺从，因此旁观者指向组织的反生产行为的水平增加。

在指向人际的反生产行为的预测上，结论与假设不符。以往研究表明，当个体目睹他人的反生产行为，可能会产生两种截然相反的行为反应。第一，当受害者被认为能干且温暖时，旁观者对受害者将产生同情（Rudert et al.，2017），伴随着更高的压力和焦虑（Wesselmann et al.，2009），此时，旁观者将对受害者施以援手，以减少对受害者实施的反生产行为，否则会被视为冷漠（Hales et al.，2016）。第二，当受害者被认为无能或者与旁观者关系不良时，旁观者并不会产生同情（Rudert et al.，2017），甚至会抱有幸灾乐祸的态度（Li et al.，2019），认为受害者是应得的，此时，旁观者对群体反生产行为将采取默许的态度甚至加入施害者的队伍中（毛伊娜等，2020）。而本书研究中并没有控制旁观者与受害者的关系、受害者的能力或与旁观者有无竞争关系等，即上述两种行为反应可能同时存在，最终导致群体反生产行为和个体反生产行为并不会引发旁观者指向人际的反生产行为的变化。

(2) 当领导采用合作型冲突管理风格时，相比其他同事个体反生产行为，旁观者个体将不会由于群体反生产行为而实施指向组织的反生产行为；但当领导采用回避型冲突管理风格时，相比其他同事个体反生产行为，旁观者个体指向组织的反生产行为水平将会更高。

这一结论与研究假设相符合。合作型领导善于以合理、双赢的思维解决冲突和问题，能够赢得下属的同意和支持，将冲突转化为交流学习的过程，促进双方共同提升，因此无论旁观者个体目睹了群体反生产行为还是其他同事个体反生产行为，都不会为博取自身利益而采取利己但容易造成恶劣后果的指向组织的反生产行为，而是选择相信领导的能力。而回避型领导没有解决问题的能力和态度，下属从自身利益出发，相信法不责众，也看不到实施该行为的风险，实施反生产行为的群体则成为了"榜样"，旁观者会跟随群体实施指向组织的反生产行为；但其他同事个体反生产行为并不能使旁观者认为实施反生产行为摆脱了潜在风险，在潜在的损失面前，个体选择维持已有资源和利益，而不是冒险跟随。

(3) 群体反生产行为相比无明显反生产行为，不论领导的冲突管理风格是合作型还是回避型，作为旁观者的个体都会采取指向组织的反生产行为。

当反生产行为在群体中发展成规模且没有受到惩罚时，旁观者个体相信法不责众，此时跟随群体实施反生产行为能保证获得收益。若是服从合作型冲突管理风格的领导的安排，反而会造成个体利益损失的风险增大。根据预期理论，人们在获益时倾向于风险规避（陆静怡，王越，2016），因此领导合作型冲突管理的作用失效。

(4) 在领导回避型冲突管理风格下，群体反生产行为相比其他同事个体反生产行为将引起旁观者更高水平的免罪认知，进而引发旁观者更高的道德推脱，最终实施更多的指向组织的反生产行为，免罪认识和道德推脱的链式中介成立。这与社会冲突理论和社会燃烧理论一致，这两个理论分别从旁观者如何看待受害者和为什么参与反生产行为的角度解释了这一过程。

从社会冲突理论的角度看，旁观者个体将反生产行为视为"社会安全阀"。一方面，旁观者将受害者（这里特指组织）视为外部，而自身与施害者视为同盟，身处同一群体之中，此时，跟随施害者实施指向组织的反生产行为有助于建立个体的内部人身份，拉近与组织的距离，满足个体归属需要，即实施指向组织的反生产行为有利于旁观者个体资源和利益的获得，个体将忽视群体指向组织的反生产行为的不道德性和有害性，并将自己跟随组织实施指向组织的反生产行为合理化；另一方面，损害组织利益被认为是群体发泄情绪，缓解压力的"阀门"，此时群体实施反生产行为有利于群体内部的稳定发展和高效运营，即实施反生产行为对于群体而言获得了正收益，此时群体反生产行为就会被合理化，无责化，个体将不会认为群体反生产行为是有罪的，随后自己跟随实施反生产行为也是出于集体利益的大局思维，是合理的。

从社会燃烧理论的角度看，旁观者个体参与反生产行为是由外部环境所推动的。个体的行为是可以追根溯源的，个体的行为意愿并不一定会导致个体的行为事实发生，需要外部环境的催动。当个体作为旁观者目睹群体反生产行为时，个体的行为意愿被唤醒，成为"燃烧物质"。而身处群体之中，个体对偏离群体有恐惧感，个体的自我意识和自我控制能力也会下降，"责任分摊"导致个体的责任意识也会降低甚至消失，这三个条件相加，个体失去主观道德判断能力，认为服从组织才是合理的，此时群体既发的反生产行为和个体后续将实施的反生产行为都被合理化，这就是"助燃剂"。而个体目睹的群体反生产行为此时就成为了"燃点"，个体因此参与了反生产行为。

9.1.5　群体反生产行为对组织中受害者反生产行为的作用机制

（1）相比无明显反生产行为，个体在成为群体反生产行为的受害者时，其反生产行为水平，包括指向人际的反生产行为和指向组织的反生产行为水平都将升高。

这一结论与假设相符。根据互惠理论，施害群体和受害个体之间原本应存在一种互惠关系，而当施害群体率先打破互惠关系攻击受害者个体时，受害者个体为了维护自身利益，或是为了反击，将选择实施反生产行为，与施害群体间形成消极行为互惠。

（2）相比其他同事个体反生产行为，个体在成为群体反生产行为的受害者时，其反生产行为水平，包括指向人际的反生产行为和指向组织的反生产行为并不会发生变化。

这一结论与假设相符。其他同事个体的反生产行为将会引发受害者的反生产行为，而当群体的反生产行为发生时，一方面，个体没有精力和资源继续实施更高水平的反生产行为。根据资源保存理论（Hobfoll，1989），当遭受资源损失时，个体将采取一定行为来重获资源，而该行为的实施也将消耗个体已有的资源，从而造成个体资源进一步损耗，陷入资源耗损螺旋。此时，为了止损，个体将不再继续实施资源重获行为，即反生产行为。另一方面，个体实施反生产行为对原始施害者进行反抗时，可能会招致更高水平的反生产行为侵害。根据詹思群和严瑜（2021）的理论推理，个体在遭受反生产行为的利益侵害之后，若实施反生产行为反抗，原始施害者可能会升级利益侵害行为，这就形成了消极行为升级螺旋。同样是为了止损以避免受到更高水平反生产行为的攻击，受害者个体不再升级其实施的反生产行为。

（3）领导冲突管理风格的调节作用不显著。

这一结论与假设不符。根据预期理论，人们在获益时倾向于风险规避，在损失时倾向于风险寻求（陆静怡，王越，2016）。当受害者成为群体反生产行为的受害者时，个体遭受了资源损失和更大的压力，此时个体倾向于采取风险寻求行为以重获资源，是短期内发生的冲动行为。根据领导合作型冲突管理风格的定义，领导将在冲突发生过程中，促进双方知识水平的提升，妥善处理矛盾，是一个较为缓慢的过程。个体在遭受群体反生产行为后，合作型冲突管理风格的领导并不能即刻为受害者伸张正义，因此个体出于利己信念将实施即刻的反生产行为，因此领导合作型冲突管理风格的调节作用失效。

（4）群体反生产行为通过消极情绪和人格解体这一链式中介对受害者的反生产行为产生影响。

这一结论与假设一致。根据互惠理论，当互惠双方中有一方打破平衡，实施消极行为时，另一方也将实施消极行为进行报复，达到另一种消极互惠的"平衡"。在本书研究的场景中，施害群体作为其中一方，而受害者则是另一方，施害群体实施反生产行为打破双方的互惠关系，结束双方的利益交换，且损害了受害者的利益；此时受害者由于利益受损，导致消极情绪的产生，进而对组织产生脱离感，最终实施反生产行为来以牙还牙报复施害者。

9.1.6 旁观者和受害者在面临群体反生产行为时的反生产行为差异比较

根据以上研究，本书对群体反生产行为对旁观者和受害者个体的行为影响进行简单的结果对比。

首先是主效应。对于旁观者，群体反生产行为相比其他同事个体反生产行为和无明显反生产行为，仅仅作用于旁观者的指向组织的反生产行为，对指向人际的反生产行为并无显著影响；而对于受害者，群体反生产行为相比同事个体反生产行为而言，在指向人际的反生产行为和指向组织的反生产行为上均无显著差异，相比无明显群体反生产行为而言，在指向人际的反生产行为和指向组织的反生产行为的差异均显著。这意味着不论是受害者还是旁观者，在面临群体反生产行为时都将实施反生产行为，即反生产行为在组织内发生扩散。

其次是调节效应。对于旁观者，其他同事个体反生产行为与群体反生产行为对旁观者个体指向组织的反生产行为的影响将受到领导冲突管理的调节作用，无明显反生产行为与群体反生产行为对旁观者指向组织的反生产行为的影响中领导冲突管理的调节作用不成立；而对于受害者，其他个体反生产行为与群体反生产行为对受害者反生产行为的影响中领导冲突管理的调节作用均不成立。即当个体没有成为反生产行为的攻击目标时，领导冲突管理才能发挥作用。

从旁观者和受害者两个视角，可以分别把群体反生产行为看作是利益获得场景和利益损失场景，个体保护自身利益不受侵犯的动机将强于获得额外利益。

（1）利益获得场景。

在旁观者视角中，跟随群体实施反生产行为可以在较低风险下以他人的利益损失为代价获得额外利益，是旁观者在道德和利益之间的矛盾和权衡。对于旁观者而言，不跟随群体实施反生产行为可以保护已有资源不受影响，但跟随实施反生产行为则有很大概率获得额外利益且不受组织惩罚，需要付出的代价则是自身实施不道德行为后的内疚。但个体越认为行为正当合理时，其内疚情绪越弱（毛伊娜等，2020），将群体反生产行为的受害者视为"社会安全阀"则是这一部分实施反生产行为的个体为自身行为合理化以摆脱内疚寻找的托词。但因为不实施反生产行为个体自身的利益并不受损，所以并非所有个体都会为自己的不当行为寻找借口，且并非所有个体愿意自身利益的获得以损害他人利益为代价，因此，旁观者在群体反生产行为的刺激下，只表现出了指向组织的反生产行为。但由于道德水平和内疚等其他因素的干扰，该表现并不稳定，在领导合作型冲突管理的干扰下，作用消失。

（2）利益损失场景。

在受害者视角中，无论是成为群体还是同事个体反生产行为的受害者，其利益已然受到侵犯，出于重获资源及报复的目的，个体实施不当行为的信念更加强烈，因此表现出了指向人际的反生产行为和指向组织的反生产行为。而不论领导的冲突管理风格如何，都不能在短时间内恢复受害者损失的资源，受害者依然会选择实施反生产行为。

9.2　本书的理论贡献

（1）探究环境复杂度对组织员工反生产行为的影响机制，丰富了环境复杂度研究的理论素材。

不论内部复杂度还是外部复杂度都将预测工作中一系列的反生产行为。而目前对于组织外部复杂性的研究还停留在与客户的交互过程中，基本没有对外部宏观大环境与反生产行为之间关联效应探究。组织内部复杂度都关注其与组织绩效等的关联，与组织个体反生产行为的关联几乎无人问津。

本书提出了引发反生产行为的原因，即环境复杂度，并将其分为外部复杂度和组织内部复杂度两个方面。基于 PEST 理论，将外部环境复杂度根据中国国情和实际分为四维度进行衡量，包括延迟退休、欧美堵截、新型冠状病毒感染和技术入侵。研究证实了在中国国情和现实情况下，组织内部复杂度、延迟退休政策和先进技术入侵对组织员工的反生产行为具有正向预测效力。而"欧美国家对中国的围追堵截"与员工反生产行为不相关，

"新型冠状病毒感染"对员工反生产行为的主效应不成立。本书为环境复杂度对反生产行为的影响机制研究提供了新的证据，丰富了环境复杂度研究的理论素材，有助于推动这方面研究体系的形成和发展。

（2）从行为交互的视角，研究补充了反生产行为的前因变量和结果变量。

反生产行为前因变量的研究仍是当前管理理论和实践的重要关注点，不同的前因变量具有异质性的作用机制，进而触发不同类型的反生产行为。而现有文献强调员工个体因素和组织情景因素在反生产行为触发过程中的影响机制，而从行为交互影响的视角开展实证研究并不多见。

本书不仅将反生产行为作为自变量，同时又考虑将其作为因变量，补充了反生产行为的前因变量和结果变量。根据本书的研究结论，无论是组织内个体间还是个体内，组织成员反生产行为都会导致后续反生产行为的发生，即在组织内个体间出现反生产行为的扩散效应，在个体内出现反生产行为的维持效应。群体层面，研究显示无论是从受害者还是旁观者的角度，群体反生产行为的结果都是引发他人实施反生产行为，即出现反生产行为的扩散，这与消极行为感染模型一致（Foulk et al.，2015）。本书为研究反生产行为的前因变量和行为后果提供了新的视角。

（3）探究资源对反生产行为动态变化的中介机制，为解释反生产行为的动态模型提供了新思路。

研究认为反生产行为存在动态变化效应。但当组织成员实施反生产行为之后，从组织成员个体视角，反生产行为在个体自身内部如何维持或转化，从组织群体视角，组织成员的反生产行为如何在个体间扩散或分化，针对这些机制的解释，以往研究缺乏足够的重视。

本书研究证实，当面临组织成员实施反生产行为时，其他成员也会实施反生产行为，从而形成反生产行为在个体间的扩散；同时减少组织公民行为，并且在后续工作行为中不会导致反生产行为在个体间的分化。资源（工作资源和个人资源）在其中起到了中介效应。此外，员工实施反生产行为后，自身在后续工作中仍会维持反生产行为，不会引发反生产行为的转化，而是减少组织公民行为的实施。同样，资源（工作资源和个人资源）起到了中介效应。研究进一步发现，反生产行为在个体内的维持和转化受到工作嵌入程度的调节，即员工具有较高工作嵌入度时，会缓解这一效应。

研究还证明了员工反生产行为的产生过程是出于避免资源损耗或是资源重获的目的，资源在其中起到了中介作用。本书对资源中介作用的解释有助于形成一个完整的反生产行为动态变化理论模型。研究结论也可以用于其他关于组织中员工行为的研究，例如强制性公民行为、亲组织不道德行为、角色外行为、创新行为等。

9.3　管理实践启示

（1）重视环境复杂性的强度。

环境复杂度的增强要求员工涉及更广泛的知识领域，与同事、客户等有更多维度的交涉，更高的技术指标，企业管理者应该积极关注企业的环境复杂度的强度。从组织外部来说，管理者应注意外部环境变化对员工认知的影响，避免员工因资源损失而进行的反生产行为。本书建议管理者应该关注外部环境的变化，包括经济、政治等可能对员工产生实质影响的事件，外部环境变化不仅会对组织产生影响，也会对员工产生影响，因此管理者要注意员工的情绪变化，降低员工反生产行为发生的可能性。从组织内部来说，管理者应多以优化型的思维去简化不必要的流程，将员工安排在合适的岗位上，实现企业与员工的共赢。本书建议企业管理者应该意识到，流程必须是为了某个目的，是为了实现某个目的更简便、更低成本、更快捷，倘若因为流程反而使得某些目的的达成遇到阻碍，就有必要分析下该流程是否有存在的价值或者是否需要进一步调整。过分流程化是可怕的，它是造成官僚主义的一大因素，甚至是首要因素。建议管理者经常反省工作流程，不断完善，在公司形成良好氛围，最终有利于整个公司的流程优化、业绩提升。

（2）重视反生产行为的发生概率。

管理者应在员工产生情绪波动时，及时地作出反馈，找到对应的员工进行双向沟通，知晓情况后有针对性地提出解决方案。当反生产行为发生之后，应当按照员工的具体情况追究其相应责任，及时抑制反生产行为的进一步恶化，做好善后工作，同时应从管理机制、组织环境以及员工领导层面去思考总结，有效抑制类似反生产行为再次发生。

（3）重视反生产行为的传播效应。

根据研究结果，组织成员无论实施指向组织或是指向人际的反生产行为，其结果都是受害者也实施指向组织或指向人际的反生产行为，并且在后续工作行为中会减少组织公民行为的实施，即反生产行为在个体间的结果是扩散。而在实际组织中，反生产行为的施害者、受害者会不断发生动态变化，最终导致组织内部反生产行为愈演愈烈，甚至影响组织发展。因此，建议企业管理者关注企业内部反生产行为的传播效应。

（4）重视切断反生产行为的传播。

根据研究结果，资源对员工反生产行为存在显著的负向影响。从切断机制来看，旁观者跟随实施反生产行为的动因是在道德上将其合理化，而受害者实施反生产行为则是因为情绪上的资源损失导致的与组织内成员的关系疏离。因此本书建议管理者在企业管理中可以通过减少资源损耗来减少反生产行为。资源分为工作资源和个人资源，可以分别通过减少这两种资源的损耗来达到有序管理的目的。在企业管理中，为了减少工作资源的损耗，企业应该注重分配公平，完善薪酬和晋升制度；另外鼓励并帮助员工克服难题，给予更多的支持。为了减少个人资源的损耗，企业应该给予员工更多的精神关怀，设立健身房、咨询室等，关注员工的心理健康，肯定员工的价值，促进员工保持积极乐观的精神状态。

（5）重视领导的干预效应。

本研究发现，领导合作型冲突管理氛围能够阻止旁观者跟随实施反生产行为。因此，领导在发现下属间发生冲突时，应主动、尽早干预，并持续跟进，将矛盾冲突转化为双赢的局面。这就要求领导能够及时关心下属间的关系状态，并通过沟通的方式解决问题。

9.4 研究不足与未来研究展望

第一，本书研究一的被试大多来自制造类企业，代表性有限，因此本研究结果能否在不同行业内做到普适性，需要进一步探索。另外由于该行业的特殊性，企业员工普遍文化不高，对于调查问卷的理解可能存在问题，导致数据结果存在偏差。研究二的被试为 MBA 在读的群体，代表性有限，另外由于该群体受教育程度差距较小，可能导致数据结果存在偏差。在未来的研究中，可以针对被试的行业，多领域、多层次的去收集数据，扩大样本的容量，以增强研究结论的准确性、适用性。

第二，尽管研究会对问卷效度进行足够的控制，但研究一和研究二中，反生产行为的模块采用自评形式，不能避免被试对自己的消极行为进行"包庇"的情形，被试的回答更倾向于使自己符合社会所认同的行为和价值观，即谎报反生产行为的程度。在未来的研究中应更多考虑如何避免社会称许性对研究结果的干扰，可以采用投射法和他评的模式进行研究。

第三，本书通过情景模拟实验研究的方法，获得了群体反生产行为与个体反生产行为之间的因果关系及内在机制，但是情景模拟方法将各情景割裂，即不存在中间状态，这与企业实践场景不符。后续研究应该考虑通过实证研究的方式，从群体反生产行为的严重程度、频率等角度，探究群体反生产行为对个体行为的动态变化模式。另外，群体行为是一个宏观变量，单个个体对其认知并不准确，需要考虑结合多层线性回归的方式加以进一步探索。

附录 1   环境复杂度对员工行为的影响测量量表

尊敬的先生/女士：

您好！感谢您百忙之中接受我们的问卷调查。请您根据个人实际情况回答，希望尽可能得到您的真实想法的信息。本调查仅用于科学研究，且承诺严格保密，不会对您个人和贵单位带来任何不良影响，请放心填写。

2022 年 3 月

第一部分

关于以下描述，您的看法是：

选项	非常不同意	比较不同意	有点不同意	无所谓	有点同意	比较同意	非常同意
通常，我不清楚谁对公司的各种决策负责							
总的来说，公司的各个业务领域的运作方式非常不同							
有时，我们公司办公室的行为使流程变得复杂							
在我的公司里做决定需要很多人和程序							
我的公司有太多的规则和程序来指导工作							

第二部分

1.《中共中央关于制定国民经济和社会发展第十四个五年规划和二〇三五年远景目标的建议》提出，实施渐进式延迟法定退休年龄。有观点认为"延迟退休"政策延长在职生涯是好事，也有观点反对"延迟退休"政策，认为其导致更大的就业压力、少领养老金等。关于延迟退休政策的影响，您的看法是：

选项	非常不同意	比较不同意	有点不同意	无所谓	有点同意	比较同意	非常同意
延迟退休政策使我需要多缴社保，少领养老金，增大了我的生活压力							
延迟退休政策使我认为工作更加无趣							
延迟退休政策使我心里感觉很不好							

2. 美国拜登政府四处拉拢自己的盟友围堵中国，日本、欧盟等国家和地区都加入了美国的阵营。关于欧美对中国的围追堵截，您的看法是：

选项	非常不同意	比较不同意	有点不同意	无所谓	有点同意	比较同意	非常同意
欧美国家对中国围追堵截导致进口商品价格上涨，生活成本上升							
欧美国家对中国的围追堵截导致外资撤出中国，影响中国实体经济的发展，使我或我的家人收入下降							
欧美国家对中国的围追堵截导致人民币贬值，使我感到担忧							

3. 对于新型冠状病毒感染的影响，您对以下描述的看法是：

选项	非常不同意	比较不同意	有点不同意	无所谓	有点同意	比较同意	非常同意
1. 新型冠状病毒感染使我收入降低，消费增加，经济压力增大							
2. 新型冠状病毒感染破坏了我的出行、聚餐计划，打乱了我的生活							
3. 新型冠状病毒感染使我担惊受怕							

4. 社会不断发展，人工智能、5G 等新技术不断革新升级。关于新技术不断发展，您对以下描述的看法是：

选项	非常不同意	比较不同意	有点不同意	无所谓	有点同意	比较同意	非常同意
新技术发展增加工作复杂性,使我的工作量更大							
我觉得新技术发展正在侵入干扰我的个人生活							
我没有足够的时间来学习和升级我的新技术技能							
新技术不断发展给我的工作安全带来持续的威胁							

第三部分

关于以下描述,您的看法是:

选项	非常不同意	比较不同意	有点不同意	无所谓	有点同意	比较同意	非常同意
我对自己的未来总是很乐观							
我的状态保持乐观							
我的存在对公司很有价值							
我感觉到我能控制自己的生活							
遇到麻烦或者困难时,我大多数时候能够解决							
我的工作帮助发展和提升自己							
我看不到我的工作有任何发展							
与同事相比,我所得的报酬是公平的							
在工作中,同事会给予我社会支持							
在工作中我有较大的自主决定权							

第四部分

关于以下描述,您的看法是:

选项	非常不同意	比较不同意	有点不同意	无所谓	有点同意	比较同意	非常同意
工作时间网上购物、使用私人聊天工具或浏览与工作无关的网站							
未经主管人员许可无故迟到早退							
工作间隙故意延长休息时间							
工作时间假借任务需要外出办私事							
在没生病的情况下请病假							
工作时间与同事闲谈、串岗聊天							
工作时间利用互联网等途径从事私人商业活动							
对自己职责范围内的工作应付了事、得过且过							
不遵守相应的工作计划或任务流程而导致误工							
面对不好的结果时推卸本属于自己应承担的责任							
发现与公司生产经营和管理有关的重大问题却不上报							
独享与工作任务有关的信息或资源，不协作、不融入团队							
与同事互相推诿可能产生任务交叉和职责重叠的工作							
在未经许可的情况下将公司财物据为己有							
将团队或部门一起完成的工作算到自己一个人身上							
虚开报销单据谋取私利							
利用公司的各种资源满足私人需要，达成私人之便							
在以公司的名义进行交易的过程中收受某些形式的好处							
私下里议论、嘲笑同事或上级领导							
抵制与公司各项改革有关的新制度或新安排							

续表

选项	非常不同意	比较不同意	有点不同意	无所谓	有点同意	比较同意	非常同意
无故不参加公司组织的各项集体活动							
影响或破坏过办公室（区）内的工作环境							
散布未经证实的小道消息甚至谣言							
向新员工或外界表达一些不利于公司的个人想法							
利用职权或工作之便报复同事							
挑拨同事间关系							
为某些利益而和同事进行恶性竞争							
未经允许翻看同事私人邮件或物品							
忽视其他同事的合理建议							
以各种方式建立派系和有特殊目的的小圈子							

第五部分

请想象您是一个拥有"关怀、有同情心、公正、友好、慷慨、努力工作、乐于助人、诚实、体贴"等品质的人，当您脑海中形成这样的个人形象时，关于以下描述，您的看法是：

选项	非常不同意	比较不同意	有点不同意	无所谓	有点同意	比较同意	非常同意
成为有这些品质的人会使我感觉良好							
成为有这些品质的人对我来说很重要							
成为这样的人会使我感到羞愧							
拥有这些品质对我来说并不重要							
我非常希望拥有这些品质							
我的着装打扮能体现出我有这些品质							
我在业余时间的活动爱好表明我有这些品质							
我阅读的书籍杂志能够体现我有这些品质							
我会与别人沟通，让别人知道我有这些品质							
我积极参加那些能够体现我这些品质的活动							

背景信息

请问您的性别：□ 男　□ 女

请问您的年龄：□ 20 岁及以下　□ 21～30 岁　□ 31～40 岁　□ 41
岁及以上

请问您的工作岗位：□ 一般工作人员　□ 基层管理者　□ 中层管
理者

附录2　关于个体间反生产行为动态变化测量量表

尊敬的先生/女士：

您好！

感谢您百忙之中接受反生产行为的问卷调查。请您根据个人实际情况回答，希望能得到您尽可能详尽的信息和您真实想法。本调查仅用于科学研究，且承诺严格保密，不会对您个人和贵单位带来任何不良影响，请放心填写。

2022 年 4 月

第一部分

关于以下的说法，您的看法是：

选项	非常不同意	比较不同意	有点不同意	无所谓	有点同意	比较同意	非常同意
我对自己的未来总是很乐观							
我的状态保持乐观							
我的存在对公司很有价值							
我感觉到我能控制自己的生活							
遇到麻烦或者困难时，我大多数时候能够解决							
我的工作帮助发展和提升自己							
我看不到我的工作有任何发展							
与同事相比，我所得的报酬是公平的							
在工作中，同事会给予我社会支持							
在工作中我有较大的自主决定权							

第二部分

请想象您是一个拥有"关怀、有同情心、公正、友好、慷慨、努力工作、乐于助人、诚实、体贴"等品质的人，当您脑海中形成这样的个人形象时，关于以下的说法，您的看法是：

选项	非常不同意	比较不同意	有点不同意	无所谓	有点同意	比较同意	非常同意
1. 做一个有如上品质的人会让我感觉很好							
2. 成为拥有这些特征的人对我来说很重要							
3. 我在空闲时间做的事情能清楚反映我有如上品质							
4. 我读的书、杂志能清楚地表现我有如上品质							
5. 有这些品质对我不是十分重要							
6. 在我的工作学习环境中，平时别人知道我拥有这些品质							
7. 我积极参加能表现这些品质的活动							
8. 我强烈渴望拥有这些品质							
9. 因为我有以上的品质，所以每个接触我的人都特别认可我							
10. 我想尽力实现上述品质，所以才能对自己的品行感到很满意							
11. 具有了以上的品质会让我感到自豪							
12. 我认为具有如上品质会使我的一生很有意义							
13. 我认为有如上的品质会让我感到快乐							
14. 我常常希望自己能成为有如上品质的人							
15. 周围的邻居都曾经夸奖我有如上品质							
16. 我有如上品质，所以赢得大家的信赖							

第三部分

关于以下对于您同事的描述，您的看法是：

选项	非常不同意	比较不同意	有点不同意	无所谓	有点同意	比较同意	非常同意
1. 谎报工作时间							
2. 从雇主那偷东西							
3. 未经允许把用品或工具带回家							
4. 未经允许上班迟到							
5. 额外增加或延长休息时间							
6. 上班早退							
7. 故意拖延工作							
8. 不努力工作							
9. 做白日梦而不是脚踏实地工作							
10. 只是为了自己工作而不是为雇主工作							
11. 网上冲浪							
12. 浪费雇主的材料与物资							
13. 假装生病							
14. 工作中辱骂别人							
15. 工作中粗鲁地对待别人							
16. 工作中与人争吵							
17. 工作中截留其他人需要的信息							
18. 工作中说别人的闲话							
19. 掩饰错误							
20. 显示偏袒							
21. 工作中不回别人电话							
22. 工作中不回复别人的留言或邮件							
23. 在处理他人重要的事情上迟迟不肯行动							

第四部分

关于以下对于您的描述，您的看法是：

选项	非常不同意	比较不同意	有点不同意	无所谓	有点同意	比较同意	非常同意
1. 谎报工作时间							
2. 从雇主那偷东西							

续表

选项	非常不同意	比较不同意	有点不同意	无所谓	有点同意	比较同意	非常同意
3. 未经允许把用品或工具带回家							
4. 未经允许上班迟到							
5. 额外增加或延长休息时间							
6. 上班早退							
7. 故意拖延工作							
8. 不努力工作							
9. 做白日梦而不是脚踏实地工作							
10. 只是为了自己工作而不是为雇主工作							
11. 网上冲浪							
12. 浪费雇主的材料与物资							
13. 假装生病							
14. 工作中辱骂别人							
15. 工作中粗鲁地对待别人							
16. 工作中与人争吵							
17. 工作中截留其他人需要的信息							
18. 工作中说别人的闲话							
19. 掩饰错误							
20. 显示偏袒							
21. 工作中不回别人电话							
22. 工作中不回复别人的留言或邮件							
23. 在处理他人重要的事情上迟迟不肯行动							

第五部分

关于以下对于您的描述，您的看法是：

选项	非常不同意	比较不同意	有点不同意	无所谓	有点同意	比较同意	非常同意
1. 我积极参与各类工作知识和技能培训							
2. 当工作需要时我会主动加班把工作做好							
3. 我愿意承担额外的责任							

选项	非常不同意	比较不同意	有点不同意	无所谓	有点同意	比较同意	非常同意
4. 我乐于与大家分享对工作有用的信息							
5. 我保持个人工作环境的整洁整齐							
6. 我与同事保持和谐融洽的关系，并会主动缓解冲突							
7. 我乐于帮助同事解决工作上的问题（如帮助新人适应工作环境，协助同事完成负担较重的工作等）							
8. 我乐于帮助同事解决工作外的问题（如对生病或家庭有困难的同事进行探望、安慰或资助等）							
9. 我节约使用组织资源（如水、电、办公用品等）							
10. 我会利用个人资源（如金钱、信息和社会资本）帮助公司							
11. 组织发生急难时（如水灾、火灾等），我会主动提供帮助							
12. 我会主动提出对工作改善和组织发展有利的建议							
13. 我会主动劝阻对组织不利的言行							
14. 我积极参与员工组织的各类活动（如竞赛等）							
15. 我积极参与公司组织的各类集体活动							
16. 我会投身公共事业（如献血、植树等）							
17. 我会主动参与社区服务（如帮助老人等）							
18. 我会主动对外宣传公司的形象和产品							

背景信息

1. 性别：□ 男　　□ 女

2. 年龄：□ 18～25 岁　　□ 26～35 岁　　□ 36～45 岁　　□ 46～50 岁
□ 51 岁以上

3. 您当前岗位是：□ 一般工作人员　　□ 基层管理者　　□ 中层管理者
□ 高层管理者

附录 3　关于个体内部反生产行为动态 变化测量量表 （时间 T1）

尊敬的先生/女士：

您好！

感谢您百忙之中接受此问卷调查。请您认真回答下列问题，希望尽可能得到与您的真实想法相关的信息。本调查仅用于学术研究，且承诺严格保密，不会对您个人和贵单位带来任何不良影响，请放心填写。

2022 年 5 月

请对最近和你交往最密切的同事进行评价。

第一部分

这位同事在过去三天内发生下列行为的可能性是怎么样的？（从不、极少、偶尔、有点频繁、比较频繁、经常、总是）

1. 竭尽全力成为一名好员工

2. 尊重他人的需要

3. 对公司显示忠诚

4. 表扬或鼓励他人

5. 自愿做工作要求之外的事情

6. 对他人表现出真诚的关心

7. 努力维护公司的名声

8. 体谅他人

9. 花时间倾听其他同事的问题和困难

10. 关心其他员工

第二部分

这位同事在过去三天内发生下列行为的概率怎样？（从不、极少、偶尔、有点频繁、比较频繁、经常、总是）

1. 把时间花在与工作无关的事情上

2. 在公司里说闲话

3. 没有全力工作

4. 在工作时间做白日梦

5. 没有完全遵守领导的指示

6. 对他人不友好

7. 对别人说公司的不好

8. 在背后说别人坏话

9. 消极怠工

10. 故意放慢工作速度拖延时间

第三部分

你认为这位同事在多大程度上失去了下列东西？（完全没失去、不同意、比较不同意、一般、比较同意、同意、完全失去）

1. 对自己未来的乐观

2. 积极的状态

3. 其他同事的信任

4. 对公司而言的价值

5. 对自己生活的掌控

6. 自己解决麻烦或者困难的能力

7. 通过工作发展和提升自己的机会

8. 工作没有任何的发展可能（反）

9. 与其他同事相比，公平的报酬

10. 就业绩而言，公平的报酬

11. 来自其他同事的友好

12. 工作中其他同事的支持

13. 参与上级工作决策的权利

14. 工作中的自主决定权

第四部分

你对这位同事的看法是？（完全不同意、不同意、比较不同意、一般、比较同意、同意、完全同意）

1. 依附于这个组织

2. 离开这个组织对他/她来说很困难

3. 他/她被这个组织吸引以至于不能离开

4. 他/她对这个组织感到厌倦（反）

5. 他/她不能轻率地离开工作的组织

6. 离开这个组织对他/她来说很容易（反）

7. 他/她与这个组织紧密相连

第五部分

你对这位同事的看法是？（完全不同意、不同意、比较不同意、一般、比较同意、同意、完全同意）

1. 他/她在生活中认为有价值的事情和组织认为有价值的事情非常相似

2. 他/她的个人价值观与组织的价值观和文化相符

3. 公司的价值观和文化与他/她在生活中看重的东西非常契合

背景信息

1. 您的性别：□ 男　　□ 女

2. 您的年龄：＿＿＿＿＿＿

3. 您的文化程度：□ 高中、职高及以下　　□ 大专　　□ 本科　　□ 硕士及以上

4. 您当前的岗位：□ 一般工作人员　　□ 基层管理者　　□ 中层管理者　□ 高层管理者

附录4 关于个体内部反生产行为动态 变化测量量表（时间 T2）

尊敬的先生/女士：

您好！

感谢您百忙之中接受此问卷调查。请您认真回答下列问题，希望尽可能得到与您的真实想法相关的信息。本调查仅用于学术研究，且承诺严格保密，不会对您个人和贵单位带来任何不良影响，请放心填写。

2022 年 5 月

请对上次评价过的同事进行再次评价（提示：交往最密切的那一位同事）。

第一部分

你认为这位同事在多大程度上失去了下列东西？（完全不同意、不同意、比较不同意、一般、比较同意、同意、完全同意）

1. 对自己未来的乐观
2. 积极的状态
3. 其他同事的信任
4. 对公司而言的价值
5. 对自己生活的掌控
6. 自己解决麻烦或者困难的能力
7. 通过工作发展和提升自己的可能
8. 工作提供的学习新事物的机会
9. 职业晋升的困惑（反）
10. 与其他同事相比，公平的报酬
11. 就业绩而言，公平的报酬
12. 来自其他同事的友好

13. 工作中其他同事的支持

14. 参与上级工作决策的权利

15. 工作中的自主决定权

第二部分

这位同事在过去三天内发生下列行为的可能性是怎么样的？（从不、极少、偶尔、有点频繁、比较频繁、经常、总是）

1. 竭尽全力成为一名好员工

2. 尊重他人的需要

3. 对公司显示忠诚

4. 表扬或鼓励他人

5. 自愿做工作要求之外的事情

6. 对他人表现出真诚的关心

7. 努力维护公司的名声

8. 体谅他人

9. 花时间倾听其他同事的问题和困难

10. 关心其他员工

第三部分

这位同事在过去三天内发生下列行为的概率怎样？（从不、极少、偶尔、有点频繁、比较频繁、经常、总是）

1. 把时间花在与工作无关的事情上

2. 在公司里说闲话

3. 没有全力工作

4. 在工作时间做白日梦

5. 没有完全遵守领导的指示

6. 对他人不友好

7. 对别人说公司的不好

8. 在背后说别人坏话

9. 消极怠工

10. 故意放慢工作速度拖延时间

附录5 关于个体内部反生产行为动态 变化测量量表（时间T3）

尊敬的先生/女士：您好！

感谢您百忙之中接受此问卷调查。请您认真回答下列问题，希望尽可能得到与您的真实想法相关的信息。本调查仅用于学术研究，且承诺严格保密，不会对您个人和贵单位带来任何不良影响，请放心填写。

2022年6月

请对上次评价过的同事进行再次评价（提示：交往最密切的那一位同事）。

第一部分

这位同事在过去三天内发生下列行为的可能性是怎么样的？（从不、极少、偶尔、有点频繁、比较频繁、经常、总是）

1. 竭尽全力成为一名好员工
2. 尊重他人的需要
3. 对公司显示忠诚
4. 表扬或鼓励他人
5. 自愿做工作要求之外的事情
6. 对他人表现出真诚的关心
7. 努力维护公司的名声
8. 体谅他人
9. 花时间倾听其他同事的问题和困难
10. 关心其他员工

第二部分

这位同事在过去三天内发生下列行为的概率怎样？（从不、极少、偶尔、有点频繁、比较频繁、经常、总是）

1. 把时间花在与工作无关的事情上
2. 在公司里说闲话
3. 没有全力工作
4. 在工作时间做白日梦
5. 没有完全遵守领导的指示
6. 对他人不友好
7. 对别人说公司的不好
8. 在背后说别人坏话
9. 消极怠工
10. 故意放慢工作速度拖延时间

附录6 群体反生产行为影响旁观者反生产 行为测量量表：情景与问卷

（以无明显反生产行为时领导合作型冲突管理风格为例）

尊敬的先生/女士：

您好！感谢您百忙之中愿意花5~10分钟的时间接受我们的问卷调查。请您根据个人实际情况回答，希望尽可能得到您的真实想法。本调查仅用于科学研究，且承诺严格保密，不会对您个人带来任何不良影响，请放心填写。

2022年7月

请您阅读以下材料，并想象您是故事中的主人公。

我在一个月前新入职了一家公司。这一个月以来，我发现公司里的同事都会在上班时间做与工作相关的事，中午休息时间结束就继续工作，大家都能根据领导的进度安排按时完成工作，不公物私用，不破坏工作环境，不贪公司的便宜拿公司的东西。其他同事们与同事B的关系还算融洽，各司其职。

请回答：您认为公司风气如何？

非常差						非常好
1	2	3	4	5	6	7

领导也会找同事了解工作情况，结合大家正面的和负面的看法和期望再做决定，找到最佳解决方案。

请回答：您认为领导能否解决问题？

肯定不能						肯定能
1	2	3	4	5	6	7

请回顾这段材料。

我在一个月前新入职了一家公司。这一个月以来，我发现同事都会在上班时间做工作相关的事，中午休息时间结束就继续工作，大家都能根据领导的进度安排按时完成工作，不公物私用，不破坏工作环境，不贪公司的便宜拿公司的东西。其他同事们与同事 B 的关系还算融洽，各司其职。

领导也会找同事了解工作情况，结合大家正面的和负面的看法和期望再做决定，找到最佳解决方案。

想象你是故事中的主人公，当上述材料在您眼中形成画面时，回答下列问题。

1. 关于以下描述，您的看法是：

选项	非常不同意	比较不同意	有点不同意	无所谓	有点同意	比较同意	非常同意
1. 同事如果做违反公司规定的事，肯定是有自己的理由的							
2. 同事之所以这么做可能是因为公司之前有过分的行为							
3. 同事之所以这么对待 B，可能是 B 之前做过违反规定的事，B 有一定责任							
4. 同事如果做了违反规定的行为，也是可以被理解的							

2. 关于以下描述，您的看法是：

选项	非常不同意	比较不同意	有点不同意	无所谓	有点同意	比较同意	非常同意
1. 为了保护多数同事，散播谣言是没有关系的							
2. 如果只是借用公司的某个东西，可以不经同意							
3. 考虑到同事严重夸大自己的情况，所以我稍微夸大自己也不是什么错误							
4. 如果人们做的事得到大多数人以及权威的认可，就不需要负责							

续表

选项	非常不同意	比较不同意	有点不同意	无所谓	有点同意	比较同意	非常同意
5. 如果一个人在工作中犯错是因为同事们都这么做，那么就不应该被责备							
6. 将别人提出的想法归功于自己不是什么大事							
7. 对那些感受不到伤害的人，可以粗暴对待							
8. 被欺负的人通常是自作自受							

3. 请回忆故事材料，对作为故事主人公的您，实施下列行为的可能性进行打分：

选项	非常不同意	比较不同意	有点不同意	无所谓	有点同意	比较同意	非常同意
1. 取笑同事 B							
2. 做过伤害同事 B 的事情							
3. 在工作中诅咒同事 B							
4. 在工作中跟同事 B 开过分的玩笑							
5. 待同事 B 不礼貌							
6. 在他人面前使同事 B 难堪							
7. 未经许可挪用公物							
8. 在工作时间做白日梦							
9. 在报销花费时作假							
10. 擅自延长休息时间							
11. 未经许可迟到							
12. 我的办公桌乱七八糟							
13. 忽视主管的指示							
14. 放慢工作速度拖延时间							
15. 泄露公司机密或重要信息给他人							
16. 工作不够努力							

4. 请想象您是一个拥有"关怀、有同情心、公正、友好、慷慨、努力工作、乐于助人、诚实、体贴"等品质的人，待您脑海中形成这样的个人

形象时，请回答下列问题：

选项	非常不同意	比较不同意	有点不同意	无所谓	有点同意	比较同意	非常同意
1. 成为有这些品质的人会使我感觉良好							
2. 成为有这些品质的人对我来说很重要							
3. 成为这样的人会使我感到羞愧							
4. 拥有这些品质对我来说并不重要							
5. 我非常希望拥有这些品质							
6. 我的着装打扮能体现出我有这些品质							
7. 我在业余时间的活动爱好表明我有这些品质							
8. 我阅读的书籍杂志能够体现我有这些品质							
9. 我会与别人沟通，让别人知道我有这些品质							
10. 我积极参加那些能够体现我这些品质的活动							

1. 请问您的性别：□ 男　□ 女
2. 请问您的年龄：_____
3. 请问您的工作年限：□ 1～3 年　□ 3～5 年　□ 5～10 年　□ 10 年以上

其他场景如下：

其他同事反生产行为与领导合作型冲突管理情境

我在一个月前新入职了一家公司。这一个月以来，我发现同事 A 会在上班时间为了与工作无关的事情玩手机，找别人闲聊，擅自延长中午休息时间，不认真工作，拖拖拉拉工作效率低，将公司的打印机用于私人用途，将工作环境搞得乱七八糟，把茶水间的咖啡、茶包和公司派发的纸巾、笔等公物带走。同时，他也会针对同事 B，取笑他，开过分的玩笑让他难堪，并让他独自打扫公司卫生，帮自己做很多杂活，如拿外卖、整理资料等。

领导也注意到了这个情况，找同事 A 了解情况，希望结合同事 A 的看法和期望，找到大家都能接受的方案，以最佳方式解决问题。

群体反生产行为与领导合作型冲突管理情境

我在一个月前新入职了一家公司。这一个月以来，我发现大多数同事都会在上班时间为了与工作无关的事情玩手机，经常闲聊，擅自延长中午休息时间，不认真工作，拖拖拉拉工作效率低，将公司的打印机用于私人用途，将工作环境搞得乱七八糟，把茶水间的咖啡、茶包和公司派发的纸巾、笔等公物带走。同时，他们也会针对同事 B，取笑他，开过分的玩笑让他难堪，并让他独自打扫公司卫生，帮同事做很多杂活，如拿外卖、整理资料等。

领导也注意到了这个情况，找这些同事了解情况，希望结合大家的看法和期望，找到大家都能接受的方案，以最佳方式解决问题。

无明显反生产行为与领导回避型冲突管理情境

我在一个月前新入职了一家公司。这一个月以来，我发现公司里的同事都会在上班时间做与工作相关的事，中午休息时间结束就继续工作，大家都能根据领导的进度安排按时完成工作，不公物私用，不破坏工作环境，不贪公司的便宜拿公司的东西。其他同事与同事 B 的关系还算融洽，各司其职。

领导也会找同事了解情况，询问大家的意见，但通常都是做个样子，并不采纳下属意见，努力维持现状，假装不知道下属诉求，避免为了下属与公司发生分歧，同样也不愿意为了公司与下属闹矛盾。

其他同事个体反生产行为与领导回避型冲突管理情境

我在一个月前新入职了一家公司。这一个月以来，我发现同事 A 会在上班时间为了与工作无关的事情玩手机，找别人闲聊，擅自延长中午休息时间，不认真工作，拖拖拉拉工作效率低，将公司的打印机用于私人用途，将工作环境搞得乱七八糟，把茶水间的咖啡、茶包和公司派发的纸巾、笔等公物带走。同时，他也会针对同事 B，取笑他，开过分的玩笑让他难堪，并让他独自打扫公司卫生，帮自己做很多杂活，如拿外卖、整理资料等。

领导也注意到了这个情况，找同事 A 了解情况，但就像是做个样子，并没有采取行动改变现状，不公开谈论这件事情，看到也当没看到，避免发生分歧产生矛盾。

群体反生产行为与领导回避型冲突管理情境

我在一个月前新入职了一家公司。这一个月以来，我发现大多数同事都会在上班时间为了与工作无关的事情玩手机，经常闲聊，擅自延长中午休息时间，不认真工作，拖拖拉拉工作效率低，将公司的打印机用于私人用途，将工作环境搞得乱七八糟，把茶水间的咖啡、茶包和公司派发的纸巾、笔等公物带走。同时，他们也会针对同事 B，取笑他，开过分的玩笑让他难堪，并让他独自打扫公司卫生，帮同事做很多杂活，如拿外卖，整理资料等。

领导也注意到了这个情况，找同事们了解情况，但就像是做个样子，并没有采取行动改变现状，不公开谈论这件事情，看到也当没看到，避免发生分歧、产生矛盾。

附录7 群体反生产行为影响受害者反生产行为测量量表：情景与问卷

（以无明显反生产行为时领导合作型冲突管理风格为例）

尊敬的先生/女士：

您好！感谢您百忙之中愿意花5~10分钟的时间接受我们的问卷调查。请您根据个人实际情况回答，希望尽可能得到您的真实想法。本调查仅用于科学研究，且承诺严格保密，不会对您个人带来任何不良影响，请放心填写。

2022年7月

请您阅读以下材料，并想象您是故事中的主人公。

我在一个月前新入职了一家公司。这一个月以来，我发现公司里的同事都会在上班时间做与工作相关的事，中午休息时间结束就继续工作，大家都能根据领导的进度安排按时完成工作，不公物私用，不破坏工作环境，不贪公司的便宜拿公司的东西。同事关系还算融洽，各司其职。

请回答：您认为公司风气如何？

非常差						非常好
1	2	3	4	5	6	7

领导也会找同事了解工作情况，结合大家正面的和负面的看法和期望再做决定，找到最佳解决方案。

请回答：您认为领导能否解决问题？

肯定不能						肯定能
1	2	3	4	5	6	7

请回顾这段材料。

　　我在一个月前新入职了一家公司。这一个月以来，我发现公司里的同事都会在上班时间做与工作相关的事，中午休息时间结束就继续工作，大家都能根据领导的进度安排按时完成工作，不公物私用，不破坏工作环境，不贪公司的便宜拿公司的东西。同事关系还算融洽，各司其职。

　　领导也会找同事了解工作情况，结合大家正面的和负面的看法和期望再做决定，找到最佳解决方案。

　　想象你是故事中的主人公，当上述材料在您眼中形成画面时，回答下列问题。

　　1. 过去一周中可能出现下列情绪的频率：

选项	完全没有						非常多
	1	2	3	4	5	6	7
1. 苦恼的							
2. 烦躁的							
3. 内疚的							
4. 害怕的							
5. 有敌意的							
6. 易怒的							
7. 警惕的							
8. 羞耻的							
9. 紧张的							
10. 坐立难安的							

　　2. 关于以下描述，您的看法是：

选项	非常不同意	比较不同意	有点不同意	无所谓	有点同意	比较同意	非常同意
1. 我经常责怪我的同事							
2. 我经常想要拒绝同事的要求							
3. 我不关心同事的内心感受							
4. 我抱着散漫的态度工作							
5. 我的同事经常抱怨我							
6. 在我看来，同事和无生命物体没有差别							
7. 工作中与同事打交道让我非常沮丧							

3. 请想象您是一个拥有"关怀、有同情心、公正、友好、慷慨、努力工作、乐于助人、诚实、体贴"等品质的人，待您脑海中形成这样的个人形象时，请回答下列问题。

选项	非常不同意	比较不同意	有点不同意	无所谓	有点同意	比较同意	非常同意
1. 成为有这些品质的人会使我感觉良好							
2. 成为有这些品质的人对我来说很重要							
3. 成为这样的人会使我感到羞愧							
4. 拥有这些品质对我来说并不重要							
5. 我非常希望拥有这些品质							
6. 我的着装打扮能体现出我有这些品质							
7. 我在业余时间的活动爱好表明我有这些品质							
8. 我阅读的书籍杂志能够体现我有这些品质							
9. 我会与别人沟通，让别人知道我有这些品质							
10. 我积极参加那些能够体现我这些品质的活动							

1. 请问您的性别：☐ 男　☐ 女
2. 请问您的年龄：＿＿＿＿＿＿
3. 请问您的工作年限：☐ 1～3 年　☐ 3～5 年　☐ 5～10 年　☐ 10 年以上

其他场景如下：

其他同事个体反生产行为与领导合作型冲突管理情境

我在一个月前新入职了一家公司。这一个月以来，同事 A 会在上班时间为了与工作无关的事情玩手机，找别人闲聊，擅自延长中午休息时间，不认真工作，拖拖拉拉工作效率低，将公司的打印机用于私人用途，将工作环境搞得乱七八糟，把茶水间的咖啡、茶包和公司派发的纸巾、笔等公物带走，这严重打乱了我的工作进展并破坏了我的工作环境。同时，他也会针对我，取笑我，开过分的玩笑让我难堪，并让我独自打扫公司卫生，帮他做很多杂活，如拿外卖、整理资料等。

领导也注意到了这个情况，找同事 A 了解情况，希望结合同事 A 的看法和期望，找到大家都能接受的方案，以最佳方式解决问题。

群体反生产行为与领导合作型冲突管理情境

我在一个月前新入职了一家公司。这一个月以来，我发现大多数同事都会在上班时间为了与工作无关的事情玩手机，经常闲聊，擅自延长中午休息时间，不认真工作，拖拖拉拉工作效率低，将公司的打印机用于私人用途，将工作环境搞得乱七八糟，把茶水间的咖啡、茶包和公司派发的纸巾、笔等公物带走，这严重打乱了我的工作进展并破坏了我的工作环境。同时，他们也会针对我，取笑我，开过分的玩笑让我难堪，并让我独自打扫公司卫生，帮他们做很多杂活，如拿外卖、整理资料等。

领导也注意到了这个情况，找这些同事了解情况，希望结合大家的看法和期望，找到大家都能接受的方案，以最佳方式解决问题。

无明显反生产行为与领导回避型冲突管理情境

我在一个月前新入职了一家公司。这一个月以来，我发现公司里的同事都会在上班时间做与工作相关的事，中午休息时间结束就继续工作，大家都能根据领导的进度安排按时完成工作，不公物私用，不破坏工作环境，不贪公司的便宜拿公司的东西。同事关系还算融洽，各司其职。

领导也会找同事了解情况，询问大家的意见，但通常都是做个样子，并不采纳下属意见，努力维持现状，假装不知道下属诉求，避免为了下属与公司发生分歧，同样也不愿意为了公司与下属闹矛盾。

其他同事个体反生产行为与领导回避型冲突管理情境

我在一个月前新入职了一家公司。这一个月以来，我发现同事 A 会在上班时间为了与工作无关的事情玩手机，找别人闲聊，擅自延长中午休息时间，不认真工作，拖拖拉拉工作效率低，将公司的打印机用于私人用途，将工作环境搞得乱七八糟，把茶水间的咖啡、茶包和公司派发的纸巾、笔等公物带走，这严重打乱了我的工作进展并破坏了我的工作环境。同时，他也会针对我，取笑我，开过分的玩笑让我难堪，并让我独自打扫公司卫生，帮他做很多杂活，如拿外卖、整理资料等。

领导也注意到了这个情况，找同事 A 了解情况，但就像是做个样子，并没有采取行动改变现状，不公开谈论这件事情，看到也当没看到，避免发生分歧产生矛盾。

群体反生产行为与领导回避型冲突管理情境

我在一个月前新入职了一家公司。这一个月以来，我发现大多数同事都会在上班时间为了与工作无关的事情玩手机，经常闲聊，擅自延长中午休息时间，不认真工作，拖拖拉拉工作效率低，将公司的打印机用于私人用途，将工作环境搞得乱七八糟，把茶水间的咖啡、茶包和公司派发的纸巾、笔等公物带走，这严重打乱了我的工作进展并破坏了我的工作环境。同时，他们也会针对我，取笑我，开过分的玩笑让我难堪，并让我独自打扫公司卫生，帮他们做很多杂活，如拿外卖、整理资料等。

领导也注意到了这个情况，找这些同事了解情况，领导也注意到了这个情况，找同事们了解情况，但就像是做个样子，并没有采取行动改变现状，不公开谈论这件事情，看到也当没看到，避免发生分歧、产生矛盾。

附录8 实验室法实验材料

1. 研究四实验材料

（1）其他个体反生产行为。

半个月后是班级风采大赛。这段时间以来，班委们都在组织同学筹备比赛，包括表演排练、手绘海报、道具制作等。而我发现同学 A 一直玩手机，找别人闲聊，不认真完成自己的工作，将环境搞得乱七八糟，甚至把公费买的纸笔、胶带带走。同学 A 也会针对同学 B，态度很差，取笑他，指使他帮自己做很多工作。

（2）群体反生产行为。

半个月后是班级风采大赛。这段时间以来，班委们都在组织同学筹备比赛，包括表演排练、手绘海报、道具制作等。而我发现大多数同学都一直玩手机，找别人闲聊，不认真完成自己的工作，将环境搞得乱七八糟，甚至把公费买的纸笔、胶带带走。这些同学都会针对同学 B，态度很差，取笑他，指使他帮自己做很多工作。

2. 研究五实验材料

（1）无反生产行为。

半个月后是班级风采大赛。这段时间以来，班委们都在组织同学筹备比赛，包括表演排练、手绘海报、道具制作等。同学们都根据班委安排，在约定好的时间内都能配合完成比赛相关事宜，井井有条，不破坏场地，尊重班委的劳动。同学之间相处融洽，各司其职，有时也会互相帮助。

（2）群体反生产行为。

半个月后是班级风采大赛。这段时间以来，班委们都在组织同学筹备比赛，包括表演排练、手绘海报、道具制作等。但大多数同学并不配合班委的安排，拖拖拉拉，互相推诿，聚在一起玩手机、闲聊。同时，他们也会针对我，取笑我，开过分的玩笑让我难堪，要求我在大家离开后打扫垃圾，帮助他们完成他们的任务。

参考文献

[1] 巴里·施瓦茨. (2016). 你为什么而工作? 价值型员工进阶指南 [M]. 易安静, 译. 北京: 中信出版社.

[2] 曹元坤, 祝振兵, 王震. (2015). 辱虐管理对追随者职场偏离的影响——公正世界信念的调节作用 [J]. 当代财经, 373 (12): 71-80.

[3] 陈晨, 张昕, 孙利平, 秦昕, 邓惠如. (2020). 信任以稀为贵? 下属感知被信任如何以及何时导致反生产行为 [J]. 心理学报, 52 (3): 329-344.

[4] 陈海涛, 魏永. (2020). 网络舆情、群体心理及群体行为关系研究 [J]. 中国矿业大学学报 (社会科学版), (6): 81-93.

[5] 陈建勋, 郑雪强, 王涛. (2016). "对事不对人" 抑或 "对人不对事" ——高管团队冲突对组织探索式学习行为的影响 [J]. 南开管理评论, (5): 91-103.

[6] 陈龙, 葛玉辉, 姚莹莹. (2019). 高管团队冲突对企业创新绩效的影响机制研究——环境不确定性的调节作用 [J]. 技术与创新管理, (2): 182-189.

[7] 陈默, 梁建. (2017). 高绩效要求与亲组织不道德行为: 基于社会认知理论的视角 [J]. 心理学报, (1): 94-105.

[8] 陈倩, 姜道奎, 刘腾. (2022). 忠诚、能力对员工反生产行为的影响差异研究 [J]. 软科学, 36 (5): 95-101.

[9] 陈云, 杜鹏程. (2020). 情感事件理论视角下自恋型领导对员工敌意的影响研究 [J]. 管理学报, 17 (3): 374-382.

[10] 陈志霞, 赵梦楚, 涂红. (2019). 领导排斥涟漪效应的组织诱因: 竞争和组织政治的作用 [J]. 管理工程学报, 33 (3): 215-222.

[11] 程琪, 赵欢欢, 郭德轩, 许燕, 克燕南, 张和云. (2016). 家庭教养对青少年社会行为的影响: 道德认同的中介作用 [J]. 中国特殊教育, (12): 8.

[12] 邓汉慧. (2011). 现代企业中员工冲突管理 [J]. 中国人力资源开发, (3): 20-23.

[13] 董进才, 王浩丁. (2018). 代际差异视角下挑战性——阻碍性压力源与退缩行为关系研究 [J]. 河北经贸大学学报, (5): 85-92.

[14] 杜恒波, 朱千林, 许衍凤. (2017). 职场欺凌对研发人员知识分享意愿的影响机制研究 [J]. 中国软科学, (2): 113 – 122.

[15] 杜骏飞, 魏娟. (2010). 网络集群的政治社会学: 本质、类型与效用 [J]. 东南大学学报 (哲学社会科学版), 12 (1): 43 – 50, 124.

[16] 杜鹏程, 杜雪, 姚瑶. (2017). 雇员敌意与员工创新行为: 情绪劳动策略与冲突管理方式的作用 [J]. 科技进步与对策, 34 (12): 148 – 154.

[17] 杜鹏程, 姚瑶, 房莹, 王成城. (2018). 组织内冲突管理方式对员工工作态度的影响机制研究 [J]. 经济与管理评论, 34 (3): 72 – 86.

[18] 段锦云, 杨静, 朱月龙. (2020). 资源保存理论: 内容、理论比较及研究展望 [J]. 心理研究, 13 (1): 49 – 57.

[19] 段陆生. (2008). 工作资源、个人资源与工作投入的关系研究 [D]. 开封: 河南大学.

[20] 弗雷德里克·温斯洛·泰勒. (2017). 科学管理原理 [M]. 居励, 胡苏云, 译. 成都: 四川人民出版社.

[21] 葛筱, 陈伟民. (2019). 组织支持感对新生代员工反生产行为的影响研究 [J]. 中国集体经济, (15): 122 – 124.

[22] 关涛, 沈涵. (2017). 工作场所排斥如何降低员工的知识分享意愿? [J]. 研究与发展管理, (4): 81 – 92.

[23] 郭晓薇, 严文华. (2008). 国外反生产行为研究述评 [J]. 心理科学, 31 (4): 936 – 939.

[24] 郭艳燕, 童向荣, 张楠, 王莹洁. (2016). 基于演化博弈论的网络信息传播群体行为分析 [J]. 智能系统学报, (4): 487 – 495.

[25] 何培旭, 王晓灵, 李泽. (2018). 上司辱虐管理对下属知识隐藏行为的影响——基于道德推脱和上下属关系作用 [J]. 华东经济管理, (8): 144 – 151.

[26] 胡丽红. (2016). 年龄歧视对临退休员工工作退缩行为的影响——工作疏离感和临退休焦虑的作用 [J]. 财经问题研究, (6): 117 – 122.

[27] 胡丽红. (2018). 年长员工知识共享内容结构探索及量表编制 [J]. 统计与决策, 34 (24): 185 – 188.

[28] 黄文达, 陶煜波, 屈珂, 林海. (2018). 基于 OD 数据的群体行为可视分析 [J]. 计算机辅助设计与图形学学报, (6): 1023 – 1033.

[29] 黄攸立, 李游. (2018). 辱虐管理对上下级关系的双刃剑效应: 工作退缩行为和关系经营的作用 [J]. 中国人力资源开发, (9): 51 – 62.

[30] 黄攸立, 魏志彬, 王禹, 姚能志. (2018). 破坏性领导行为对员工主动行为影响研究: 基于消极情绪和控制点作用 [J]. 中国人力资源开发, 35 (5): 49 – 59.

［31］江红艳，杨军，孙配贞，陈洋．（2018）．工作资源对员工离职意向的影响——工作—家庭冲突的中介作用与主动性人格的调节作用［J］．软科学，32（10）：67－70.

［32］姜雨峰．（2017）．退缩还是创新：受年龄歧视影响的员工行为解析［J］．上海财经大学学报，19（6）：18－30，82.

［33］乐云，白居，王盛文，黄宇明．（2014）．项目经理冲突管理模式对下属离职倾向的作用［J］．同济大学学报（自然科学版），42（11）：1776－1782.

［34］李好男，孔茗．（2021）．领导－成员交换如何以及何时影响员工偏离行为？社会控制理论的视角［J］．中国人力资源开发，38（3）：6－17.

［35］李其原，胡伟．（2017）．网络群体性事件发生机理与应对策略研究——基于社会燃烧理论［J］．领导科学，（14）：30－32.

［36］李卫东，刘洪．（2014）．研发团队成员信任与知识共享意愿的关系研究——知识权力丧失与互惠互利的中介作用［J］．管理评论，26（3）：128－138.

［37］李锡元，杨咸华，蔡瑶．（2019）．职场排斥与网络怠工：工作嵌入的调节作用［J］．技术经济，38（6）：37－45.

［38］李永鑫，吴明证．（2005）．工作倦怠的结构研究［J］．心理科学，（2）：454－457.

［39］李永周，黄薇，刘旸．（2014）．高新技术企业研发人员工作嵌入对创新绩效的影响——以创新能力为中介变量［J］．科学学与科学技术管理，35（3）：135－143.

［40］林玲，唐汉瑛，马红宇．（2010）．工作场所中的反生产行为及其心理机制［J］．心理科学进展，（1）：151－161.

［41］凌文辁，李锐，聂婧，李爱梅．（2019）．中国组织情境下上司－下属社会交换的互惠机制研究——基于对价理论的视角［J］．管理世界，35（5）：134－148，199－200.

［42］刘广，胡保亮．（2019）．损失感、不信任感与知识员工反生产行为的关系［J］．杭州电子科技大学学报（社会科学版），15（3）：20－25.

［43］刘婷，曾娜，曹嫄，译．（2006）．应对复杂性——普华永道全球 CEO 调查报告［J］．商务周刊，（6）：76－81.

［44］刘文彬，井润田．（2010）．组织文化影响员工反生产行为的实证研究——基于组织伦理气氛的视角［J］．中国软科学，（9）：118－129，139.

［45］刘玉新，张建卫，王成全，彭凯平．（2013）．职场排斥对反生产行为作用机制的实验研究［J］．中国软科学，（10）：157－167.

［46］鲁洁．（1998）．德育社会学［M］．福州：福建教育出版社.

［47］陆静怡，王越．（2016）．心理不安全状态下决策者的风险偏好［J］．心理科学进展，24（5）：676－683.

[48] 陆欣欣, 孙嘉卿. (2016). 领导 - 成员交换与情绪枯竭: 互惠信念和权力距离导向的作用 [J]. 心理学报, 48 (5): 566 - 577.

[49] 罗瑾琏, 花常花, 朱荧. (2015). 职场排斥与反生产行为: 工作倦怠与内外控特质的作用研究 [J]. 华东经济管理, (11): 10 - 14, 185.

[50] 罗珉, 周思伟. (2011). 论组织的复杂性 [J]. 外国经济与管理, (1): 26 - 42.

[51] 吕鸿江, 刘洪. (2011). 转型经济背景下的组织复杂性动因研究: 环境不确定性和战略导向的作用 [J]. 管理工程学报, (1): 1 - 9.

[52] 吕鸿江, 刘洪, 程明. (2009). 组织复杂性管理理论探析 [J]. 科学学与科学技术管理, 30 (1): 35 - 43.

[53] 马婧, 韩锡斌, 周潜, 程建钢. (2014). 基于学习分析的高校师生在线教学群体行为的实证研究 [J]. 电化教育研究, 35 (2): 13 - 18, 32.

[54] 马吟秋, 席猛, 许勤, 赵曙明. (2017). 基于社会认知理论的辱虐管理对下属反生产行为作用机制研究 [J]. 管理学报, 14 (8): 1153 - 1161.

[55] 马粤娴, 严鸣, 黄国华. (2016). 团队群体性组织偏差行为的产生机制 [J]. 管理科学, 29 (3): 59 - 70.

[56] 毛伊娜, 潘然, 张伟. (2020). 构建职场排斥三方互动的理论模型——社会平衡理论的视角 [J]. 心理科学进展, 28 (2): 191 - 205.

[57] 彭贺. (2010a). 反生产行为理论研究综述 [J]. 管理学报, (6): 834 - 840, 873.

[58] 彭贺. (2010b). 中国知识员工反生产行为分类的探索性研究 [J]. 管理科学, 23 (2): 86 - 93.

[59] 钱坤, 秦向东. (2017). 组织公民行为和反生产行为的相关性——基于我国本土数据的实验研究 [J]. 上海管理科学, 39 (3): 100 - 105.

[60] 孙博, 董福荣. (2014). 群体反生产行为诱因分析——基于 SIMCA 视角的多案例研究 [J]. 中国人力资源开发, (21): 79 - 84.

[61] 孙浩, 王国辉. (2019). 组织情景因素对反生产行为影响的研究 [J]. 辽宁工程技术大学学报 (社会科学版), (1): 1 - 8.

[62] 孙剑, 张磊, 董建军, 何雪礼. (2019). 隧道工人群体心理资本对群体行为的影响 [J]. 土木工程与管理学报, 36 (5): 19 - 24.

[63] 谭亚莉, 廖建桥, 李骥. (2011). 管理者非伦理行为到组织腐败的衍变过程、机制与干预: 基于心理社会微观视角的分析 [J]. 管理世界, (12): 68 - 77.

[64] 唐莉芳. (2016). 社会资本对网络群体行为影响的理论和实证分析 [J]. 商业经济与管理, (2): 48 - 57.

［65］王端旭，郑显伟．（2013）．职场攻击行为多视角整合研究［J］．浙江大学学报（人文社会科学版），43（3）：104－112.

［66］王冠群，杜永康．（2020）．社会燃烧理论视域下"中国式邻避"的生成与治理［J］．领导科学，（22）：34－38.

［67］王海珍．（2020）．传统观念弱化了辱虐管理的消极影响吗？——传统性的两阶段调节效应研究［J］．经济管理，（2）：127－143.

［68］王娟，张喆，范文娜．（2018）．高绩效工作系统、心理契约违背与反生产行为之间的关系研究：一个被调节的中介模型［J］．管理工程学报，（2）：8－16.

［69］王儒芳，陶铮．（2013）．校园突发事件中大学生群体行为与心理特点的实证研究［J］．中国卫生事业管理，（6）：467－470.

［70］王晟旻，宋英华，刘丹，陈洪州，方俊．（2021）．基于社会燃烧理论的突发公共卫生事件网络情绪传播模型［J］．中国安全科学学报，（2）：16－23.

［71］王盛文，白居，乐云．（2014）．项目团队下属间冲突管理模式的量表开发与评测——基于团队领导者的视角［J］．华东经济管理，28（4）：162－168.

［72］王莹，邓慧，蓝媛媛．（2020）．同事无礼行为对员工工作退缩行为的影响：基于归属需求理论视角［J］．中国人力资源开发，37（12）：45－57.

［73］王震，许灏颖，杜晨朵．（2015）．领导学研究中的下行传递效应：表现、机制与条件［J］．心理科学进展，23（6）：1079－1094.

［74］王哲，张爱卿．（2019）．内部企业社会责任对员工反生产行为的影响——组织认同的中介和理想主义道德标准的调节［J］．经济管理，（8）：130－146.

［75］卫武，黄昌洋，张琴．（2019）．消极情绪对组织公民行为和反生产行为的影响：自我控制视角［J］．管理评论，31（12）：146－158.

［76］卫武，倪慧．（2020）．工作家庭冲突对员工工作行为的影响：基于资源保存理论和身份认同理论的视角［J］．管理工程学报，（1）：25－33.

［77］文鹏，史硕．（2012）．团队内非伦理行为的社会互动机制［J］．心理科学进展，20（6）：805－814.

［78］吴明隆．（2010）．问卷统计分析实务：SPSS操作与应用［M］．重庆：重庆大学出版社.

［79］吴文静，王占中，马芳武．（2017）．从众心理影响下的行人群体行为演化博弈的仿真分析——以行人过街为例［J］．吉林大学学报（工学版），47（1）：92－96.

［80］武雅敏，郭丽芳，马家齐．（2018）冲突管理、执行力与跨境农产品供应链联盟绩效影响研究［J］．世界农业，（7）：53－59.

［81］辛杰，吴创．（2015）．企业家职业倦怠及基于社会责任的消解前因——情商与领导风格的调节作用［J］．科学学与科学技术管理，36（7）：155－166.

[82] 许勤, 席猛, 赵曙明. (2015). 辱虐管理与员工反生产行为的曲线关系研究 [J]. 经济管理, (6): 143 – 153.

[83] 徐亚萍, 王慈. (2015). 组织不公平感与员工反生产行为关系的调节性中介模型 [J]. 人类工效学, 21 (1): 7 – 11, 26.

[84] 薛会娟, 杨静. (2014). 领导力的整合: Trickle-down 模式下的领导效应 [J]. 心理科学进展, 22 (3): 474 – 481.

[85] 严瑜, 王轶鸣. (2016). 工作场所无礼行为的溢出和交叉效应: 超越职场范围的负性作用机制 [J]. 心理科学进展, 24 (12): 1934 – 1945.

[86] 严瑜, 李佳丽. (2017). 超越不文明: 从消极无礼的恶化升级到积极的文明干预 [J]. 心理科学进展, 25 (2): 319 – 330.

[87] 杨刚, 宋建敏, 纪谱华. (2019). 员工创造力与越轨创新: 心理特权和道德推脱视角 [J]. 科技进步与对策, 36 (7): 115 – 122.

[88] 杨继平, 王兴超, 高玲. (2010). 道德推脱的概念、测量及相关变量 [J]. 心理科学进展, 18 (4): 671 – 678.

[89] 杨皖苏, 赵天滋, 杨善林. (2018). 差序式领导、自我效能感与员工沉默行为关系的实证研究——雇佣关系氛围与组织结构有机性的调节作用 [J]. 企业经济, 37 (10): 112 – 121.

[90] 叶宝娟, 郑清, 姚媛梅, 等. (2016). 道德推脱对大学生网络欺负的影响: 网络道德的中介作用与道德认同的调节作用 [J]. 中国临床心理学杂志, 24 (6): 1105 – 1107, 1104.

[91] 弋亚群, 刘怡, 谷盟. (2018). 高管团队认知冲突对创新导向的双刃剑效应 [J]. 管理学报, 15 (11): 1663 – 1670.

[92] 尹洁林, 贾沐晓, 廖赣丽. (2020). 领导冲突管理风格对团队创新绩效的影响研究——团队积极情绪氛围的中介作用 [J]. 技术经济, 39 (9): 153 – 161.

[93] 于晓彤, 陈晓, 王赫. (2019). 工作卑微感为何会导致工作退缩行为? 消极情绪与工作疏离感的中介作用 [J]. 中国人力资源开发, (6): 33 – 47, 78.

[94] 袁庆宏, 陈文春. (2008). 工作嵌入的概念、测量及相关变量 [J]. 心理科学进展, (6): 941 – 946.

[95] 曾晓强. (2011). 国外道德认同研究进展 [J]. 心理研究, 4 (4): 20 – 25.

[96] 詹思群, 严瑜. (2021). 工作场所不文明行为与职场排斥间的螺旋效应 [J]. 心理科学进展, 29 (3): 560 – 570.

[97] 占小军. (2017). 情绪还是认知? 主管不文明行为对员工工作及生活的作用机制研究 [J]. 管理评论, (1): 82 – 92.

[98] 占小军, 陈颖, 罗文豪, 郭一蓉. (2019). 同事助人行为如何降低职场不文明行

为：道德推脱的中介作用和道德认同的调节作用 [J]. 管理评论, 31 (4): 117 - 127.

[99] 章发旺, 廖建桥. (2017). 伦理型领导与伦理问题报告: 道德效力与道德认同的作用 [J]. 管理评论, 29 (12): 94 - 105.

[100] 张桂平. (2016). 职场排斥对员工亲组织性非伦理行为的影响机制研究 [J]. 管理科学, (4): 104 - 114.

[101] 张浩, 丁明智, 张正堂. (2018). 领导非权变惩罚、员工道德推脱与越轨行为——基于中和技术理论 [J]. 当代财经, (11): 68 - 77.

[102] 张建卫, 刘玉新. (2008). 反生产行为的理论述评 [J]. 学术研究, (12): 80 - 90, 159 - 160.

[103] 张建卫, 刘玉新. (2009). 企业反生产行为: 概念与结构解析 [J]. 心理科学进展, (5): 1059 - 1066.

[104] 张静, 赵玲. (2016). 基于解释结构模型的微博用户群体行为影响因素分析 [J]. 情报科学, 34 (8): 29 - 35.

[105] 张静, 赵玲. (2017). 网络群体行为的研究述评 [J]. 北京交通大学学报 (社会科学版), 16 (2): 104 - 111.

[106] 张军果, 任浩. (2006). 组织冲突第三方干预机制研究化 [J]. 山西财经大学学报, 28 (1): 97 - 100.

[107] 张军伟, 龙立荣. (2013). 上司冲突管理行为与员工宽恕的关系 [J]. 管理科学, 26 (6): 58 - 70.

[108] 张绿漪, 黄庆, 蒋昀洁. (2018). 反生产工作行为: 研究视角、内容与设计 [J]. 心理科学进展, 26 (2): 306 - 318.

[109] 张瑞, 唐旭丽, 赵栋祥, 杨艳妮. (2019). 社交媒体用户群体行为形成机理及实证分析——基于手段目的链视角 [J]. 现代情报, (4): 86 - 93.

[110] 张永军, 杜盛楠, 王圣洁. (2017). CEO伦理型领导对群体反生产行为的影响: 伦理文化与组织结构的作用 [J]. 人类工效学, (2): 30 - 37.

[111] 张永军, 廖建桥, 赵君. (2012). 国外反生产行为研究回顾与展望 [J]. 管理评论, 24 (7): 82 - 90.

[112] 张永军, 于瑞丽, 赵国祥, 王明辉. (2015). 被动还是主动: 反应性与前摄性反生产行为解析 [J]. 心理研究, 8 (3): 68 - 76.

[113] 张熠, 汪伟, 刘玉飞. (2017). 延迟退休年龄、就业率与劳动力流动: 岗位占用还是创造? [J]. 经济学 (季刊), 16 (2): 24.

[114] 张志鑫, 梁阜. (2021). 障碍性压力源对员工反生产行为的影响: 一项经验抽样的研究 [J]. 管理评论, 33 (9): 224 - 236.

[115] 赵红丹, 周君. (2017). 企业伪善、道德推脱与亲组织非伦理行为: 有调

节的中介效应 [J]. 外国经济与管理, (1): 15-28.

[116] 赵宏超, 于砚文, 王玉珏, 吴春波. (2018). 共享型领导如何影响新生代员工建言?——积极互惠与责任知觉的作用 [J]. 中国人力资源开发, 35 (3): 29-40.

[117] 赵君, 鄢苗, 肖素芳, 张永军. (2019). 组织公民行为与反生产行为的互动关系: 一个基于情绪与认知整合框架的阐释 [J]. 心理科学进展, 27 (5): 871-883.

[118] 赵秀清, 孙彦玲. (2017). 职场排斥对员工创新行为的影响——知识共享和消极情绪的作用及互动 [J]. 科技进步与对策, (20): 147-153.

[119] 赵旭, 胡斌. (2016). 基于随机突变的员工反生产行为定性模拟研究 [J]. 管理科学学报, (2): 13-30.

[120] 赵奕奕, 彭怡, 肖磊, 李玲. (2015). 突发事件下群体抢购行为的舆论传播机理研究 [J]. 系统工程理论与实践, (3): 78-84.

[121] 甄杰, 谢宗晓, 董坤祥. (2018). 信息安全压力与员工违规意愿: 被调节的中介效应 [J]. 管理科学, (4): 91-102.

[122] 郑建君. (2016). 基层公务员角色压力、工作倦怠与生活满意度的关系——基于 Bootstrap 方法的中介模型检验 [J]. 江西师范大学学报 (哲学社会科学版), (5): 51-58.

[123] 钟熙, 王甜, 宋铁波, 付晔. (2020). 心理契约破裂会引致员工非伦理行为吗?——基于道德推脱的中介作用和马基雅维利主义的调节作用 [J]. 管理工程学报, 34 (6): 38-45.

[124] 周畅, 陆爱桃, 张树烨, 吴悦悦, 李佳瑜, 霍旖祺. (2018). 冒犯意图对受害者报复程度的影响: 宽恕的调节作用 [J]. 心理研究, 11 (6): 549-555.

[125] 朱千林, 魏峰, 杜恒波. (2020). 职场排斥与旁观者行为选择: 情绪和目标互依性的作用 [J]. 外国经济与管理, 42 (6): 86-98.

[126] 邹文篪, 田青, 刘佳. (2012). "投桃报李"——互惠理论的组织行为学研究述评 [J]. 心理科学进展, (11): 1879-1888.

[127] Anderson P. (1999). Complexity theory and organization science [J]. Organization Science, 10 (3): 216-232.

[128] Alper S, Tjosvold D, Law K. (2010). Conflict management, efficacy, and performance in organizational teams [J]. Personnel Psychology, 53 (3): 625-642.

[129] Ambrose M L, Seabright M A, Schminke M. (2002). Sabotage in the workplace: The role of organizational injustice [J]. Organizational Behavior & Human Decision Processes, 89 (1): 947-965.

[130] Andersson L M, Pearson C M. (1999). Tit for tat? The spiraling effect of incivility in the workplace [J]. Academy of Management Review, 24 (3): 452-471.

［131］Aquino K, Reed A I. (2002). The self-importance of moral identity ［J］. Journal of Personality & Social Psychology, 83 (6): 1423 – 1440.

［132］Aquino K, Freeman D, Reed A, Felps W, Lim V K G. (2009). Testing a social-cognitive model of moral behavior: The interactive influence of situations and moral identity centrality ［J］. Journal of Personality & Social Psychology, 97 (1): 123 – 141.

［133］Aron A, Aron EN, Tudor M, Nelson G. (1991). Close relationships as including other in the self ［J］. Journal of Personality & Social Psychol, 60 (2): 241 – 253.

［134］Aron A, Aron EN, Norman C. (2001). Self-expansion model of motivation and cognition in close relationships and beyond ［M］//In Blackwell Handbook of Social Psychology: Interpersonal Processes, ed. G Fletcher, M Clark, pp. 478 – 501. Malden, MA: Blackwell.

［135］Asfaw A G, Chang C C, Tapas K R. (2014). Workplace mistreatment and sickness absenteeism from work: Results from the National Health Interview Survey ［J］. American Journal of Industrial Medicine, 57: 2002 – 2013.

［136］Ashforth B E, Joshi M, Anand V, O'Leary-Kelly A M. (2013). Extending the expanded model of organizational identification to occupations ［J］. Journal of Applied Social Psychology, 43 (12): 2426 – 2448.

［137］Ashforth B E, Schinoff B S, Rogers K M. (2016). "I Identify with Her" "I Identify with Him": Unpacking the dynamics of personal identification in organizations ［J］. Academy of Management Review, 41 (1): 28 – 60.

［138］Ashmos D P, Duchon D, Hauge F E, et al. (1996). The nature of internal complexity in unusual organizations: A study of environmentally sensitive and insensitive hospitals ［C］. Academy of Management Proceedings: 111 – 115.

［139］Baillien E, Bollen K, Euwema M, De Witte H. (2014). Conflicts and conflict management styles as precursors of workplace bullying: A two-wave longitudinal study ［J］. European Journal of Work and Organizational Psychology, (23): 511 – 524.

［140］Baillien E, Camps J, Van den Broeck A, Stouten J, Godderis L, Sercu M, De Witte H. (2016). An eye for an eye will make the whole world blind: Conflict escalation into workplace bullying and the role of distributive conflict behavior ［J］. Journal of Business Ethics, (137): 415 – 429.

［141］Baka L. (2019). Explaining active and passive types of counterproductive work behavior: The moderation effect of bullying, the dark triad and job control ［J］. Int J Occup Med Environ Health, 32 (6): 777 – 795.

［142］Bakker A B, Demerouti E. (2007). The job requirements-resources model:

State of the art [J]. Journal of Managerial Psychology, 22 (3): 309 – 328.

[143] Bakker A B, Demerouti E, De Boer E, et al. (2003). Job demands and job resources as predictors of absence duration and frequency [J]. Journal of Vocational Behavior, 62 (2): 341 – 356.

[144] Bakker A B. (2005). Flow among music teachers and their students: The cross-over of peak experiences [J]. Journal of Vocational Behavior, 66 (1): 26 – 44.

[145] Baron R A, Neuman J H. (1998). Workplace aggression—The iceberg beneath the tip of workplace violence: Evidence on its forms, frequency, and targets [J]. Public Administration Quarterly, (21): 446 – 464.

[146] Bennett R J, Robinson S L. (1995). A typology of deviant workplace behavior: A multidimensional scaling study [J]. Academy of Management Journal, 38 (2): 555 – 572.

[147] Bennett R J, Robinson S L. (2000). Development of a measure of workplace deviance [J]. Journal of Applied Psychology, 85 (3): 349 – 360.

[148] Bibi A. (2018). The mediating effect of exploitative and explorative learning on the relationship between job embeddedness and innovative work behavior [J]. Science Journal of Business and Management, 6 (1): 1 – 8.

[149] Blake M. (1964). The Managerial Grid [M]. Houston, TX: Gulf.

[150] Blasi A. (1983). Moral cognition and moral action: A theoretical perspective [J]. Developmental Review, (3): 178 – 210.

[151] Blumer H. (1969). Collective behavior [J]. An Outline of the Principles of Sociology, 1 (3): 422 – 429.

[152] Bolger N, DeLongis A, Kessler RC, Wethington E. (1989). The contagion of stress across multiple roles [J]. J Marriage Fam, 51 (1): 175 – 83.

[153] Bon G L. (1896). The Crowd: A Study of the Popular Mind [M]. New York: Macmillan.

[154] Bordia P, Restubog S, Tang R L. (2008). When employees strike back: Investigating mediating mechanisms between psychological contract breach and workplace deviance [J]. Journal of Applied Psychology, 93 (5): 1104 – 1107.

[155] Borman W C, Penner L A, Allen T D, et al. (2001). Personality predictors of citizenship performance [J]. International Journal of Selection and Assessment, 9 (1/2): 52 – 69.

[156] Boudrias V, Trépanier S G, Salin D. (2021). A systematic review of research on the longitudinal consequences of workplace bullying and the mechanisms involved [J]. Aggression and Violent Behavior, 56 (8): 101508.

［157］ Bowling N A, Lyons B D, Burns G N. (2020). Staying quiet or speaking out: Does peer reporting depend on the type of counterproductive work behavior witnessed? ［J］. Journal of Personnel Psychology, 19 (1): 14 – 23.

［158］ Braun S, Aydin N, Frey D, Peus C. (2018). Leader narcissism predicts malicious envy and supervisor-targeted counterproductive work behavior: Evidence from field and experimental research ［J］. Journal of Business Ethics, 151 (3): 725 – 741.

［159］ Cheng C Y. (2014). A longitudinal study of newcomer job embeddedness and sales outcomes for life insurance salespersons ［J］. Journal of Business Research, 67 (7): 1430 – 1438.

［160］ Chraif M, AniEi M. (2011). The impact of economic crisis on occupational stress and counterproductive behavior in a food and beverage restaurant chain from romania ［J］. Procedia-Social and Behavioral Sciences, (30): 2644 – 2650.

［161］ Cohen S, Wills T A. (1985). Stress, social support, and the buffering hypothesis ［J］. Psychological Bulletin, 98 (2): 310 – 357.

［162］ Cooper C L. (2000). Theories of Organizational Stress ［M］. Oxford, UK: Oxford University Press.

［163］ Cooper S, Popovic Z, Treuille A. (2006). Continuum crowds ［J］. ACM Trans. Graphics (TOG), 25 (3): 1160 – 1168.

［164］ Cropanzano R. (2005). Social exchange theory: an interdisciplinary review ［J］. Journal of Management, 31 (6): 874 – 900.

［165］ Crossley C D, Bennett R J, Jex S M, et al. (2007). Development of a global measure of job embeddedness and integration into a traditional model of voluntary turnover ［J］. Journal of Applied Psychology, 92 (4): 1031 – 1042.

［166］ Cunningham M R, Jones J W, Dreschler B. (2018). Personnel risk management assessment for newly emerging forms of employee crimes ［J］. International Journal of Selection and Assessment, 26 (1): 5 – 16.

［167］ Daft R L. (2001). Organization Theory and Design ［M］. Southwestern College Publishing Company (7th Edition).

［168］ Dalal R, Lam S, Weiss H, et al. (2009). A within-person approach to work behavior and performance: Concurrent and lagged citizenship-counterproductivity associations, and dynamic relationships with affect and overall job performance ［J］. Academy of Management Journal, 52 (5): 1051 – 1066.

［169］ Damanpour F. (1996). Organizational complexity and innovation: Developing and testing multiple contingency models ［J］. Management Science, 1996, 42 (5): 693 – 716.

[170] Dimotakis N, Scott B A, Koopman J. (2011). An experience sampling investigation of workplace interactions, affective states, and employee well-being [J]. Journal of Organizational Behavior, 32 (4): 572 – 588.

[171] Dollard J, Doob L W, Miller N E, Mowrer O H, Sears R R. (1939). Frustration and Aggression [M]. Yale University Press, New Haven.

[172] Duffy M K, Ganster D C, Pagon M. (2002). Social undermining in the workplace [J]. Academy of Management Journal, 45 (2): 331 – 351.

[173] Duncan R B. (1972). Characteristics of organizational environments and perceived environmental uncertainty [J]. Administrative Science Quarterly, (17): 313 – 327.

[174] Dwyer R, Welsh M A. (1985). Environmental relationships of the internal political economy of marketing channels [J]. Journal of Marketing Research, 22 (4): 397 – 414.

[175] Einarsen S l, Hoel H, Zapf D, Cooper C L. (2011). The concept of bullying and harassment at work: The european tradition [M] //In Einarsen S, Hoel H, Zapf D, Cooper C. (Eds.). Bullying and Harassment in the Workplace: Developments in Theory, Research, and Practice (2 ed, pp. 3e40). Boca Raton, FL: CRC Press.

[176] Edwards J R, Lambert L S. (2007). Methods for integrating moderation and mediation: A general analytical framework using moderated path analysis [J]. Psychological Methods, 12 (1): 1 – 22.

[177] Erkutlu H, Chafra J. (2018). Despotic leadership and organizational deviance: The mediating role of organizational identification and the moderating role of value congruence [J]. Journal of Strategy and Management, 11 (2): 150 – 165.

[178] Farh J L, Zhong C B, Organ D W. (2004). Organizational citizenship behavior in the People's Republic of China [J]. Organization Science, 15 (2): 241 – 253.

[179] Ferris D L, Brown D J, Berry J W, Lian H. (2008). The development and validation of the workplace ostracism scale [J]. Journal of Applied Psychology, (6): 1348 – 1366.

[180] Fida R, Paciello M, Tramontano C, Fontaine R G, Barbaranelli C, Farnese M L. (2014). An Integrative Approach to Understanding Counterproductive Work Behavior: The Roles of Stressors, Negative Emotions, and Moral Disengagement [J]. Journal of Business Ethics, 130 (1): 131 – 144.

[181] Fink G R, Marshall J C, Halligan P W, Frith C D, Driver J, Frackowiak R S, Dolan R J. (1999). The neural consequences of conflict between intention and the senses [J]. Brain, (122): 497 – 512.

[182] Folger R, Skarlicki D P. (2005). Beyond counterproductive work behavior: Moral emotions and deontic retaliation versus reconciliation [M] //In Fox S, Spector P E.

(Eds.), Counterproductive Work Behavior: Investigations of Actors and Targets (pp. 83 – 106). Washington, DC: American Psychological Association.

[183] Fornell C, Larcker D F. (1981). Structural equation models with unobservable variables and measurement error: Algebra and statistics [J]. Journal of Marketing Research, 18 (3): 382 – 388.

[184] Foulk T, Woolum A, Erez A. (2015). Catching rudeness is like catching a cold: The contagion effects of low-intensity negative behaviors [J]. Journal of Applied Psychology, 101 (1): 50 – 67.

[185] Fox S, Spector P E, Miles D. (2001). Counterproductive work behavior (cwb) in response to job stressors and organizational justice: Some mediator and moderator tests for autonomy and emotions [J]. Journal of Vocational Behavior, 59 (3): 291 – 309.

[186] Fu W, Deshpande S P. (2012). Antecedents of organizational commitment in a Chinese construction company [J]. Journal of Business Ethics, 109 (3): 301 – 307.

[187] Gelfand M J, Leslie L M, Kelle K, Dreu C D. (2012). Conflict cultures in organizations: How leaders shape conflict cultures and their organizational-level consequences [J]. Journal of Applied Psychology, 97 (6): 1131 – 1147.

[188] Giacalone R A, Greenberg J. (1996). Antisocial Behaviour in Organizations [M]. Thowsand Oaks, CA: Stage Press.

[189] Gino F, Ayal S, Ariely D. (2009). Contagion and differentiation in unethical behavior: The effect of one bad apple on the barrel [J]. Psychological Science, 20 (3): 393 – 398.

[190] Gino F, Schweitzer M E, Mead N L, Ariely D. (2011). Unable to resist temptation: How self-control depletion promotes unethical behavior [J]. Organizational Behavior and Human Decision Processes, 115 (2): 191 – 203.

[191] Gino F, Gu J, Zhong C B. (2009). Contagion or restitution? When bad apples can motivate ethical behavior [J]. Journal of Experimental Social Psychology, 45 (6): 1299 – 1302.

[192] Glambek M, Skogstad A, Einarsen S. (2015). Take it or leave: A five-year prospective study of workplace bullying and indicators of expulsion in working life [J]. Industrial Health, (53): 160 – 170.

[193] Gouldner A W. (1960). The norm of reciprocity: A preliminary statement [J]. American Sociological Review, (25): 161 – 178.

[194] Greco L M, Whitson J A, O'Boyle E H, Wang C S, Kim J. (2019). An eye for an eye? A meta-analysis of negative reciprocity in organizations [J]. Journal of Applied Psychology, 104 (9): 1117 – 1143.

[195] Griep Y, Vantilborgh T, Jones S K. (2020). The relationship between psychological contract breach and counterproductive work behavior in social enterprises: Do paid employees and volunteers differ? [J]. Economic and Industrial Democracy, (41): 727 – 745.

[196] Gruys M L, Sackett P R. (2010). Investigating the dimensionality of counterproductive work behavior [J]. International Journal of Selection & Assessment, 11 (1): 30 – 42.

[197] Gürlek M. (2021). Workplace ostracism, syrian migrant workers' counterproductive work behaviors, and acculturation: Evidence from turkey [J]. Journal of Hospitality and Tourism Management, 46 (4), 336 – 346.

[198] Hayes A F. (2013). Introduction to mediation, moderation, and conditional process analysis [J]. Journal of Educational Measurement, 51 (3), 335 – 337.

[199] Hayes A F. (2018). Partial, conditional, and moderated moderated mediation: Quantification, inference, and interpretation [J]. Communication Monographs, 85, 4 – 40.

[200] Heneman H G, Judge T A. (2000). Compensation in Organizations: Progress and Prospects [M]. San Francisco: Jossey-Bass Press.

[201] Hershcovis M S, Barling J. (2010). Towards a multi-foci approach to workplace aggression: A meta-analytic review of outcomes from different perpetrators [J]. Journal of Organizational Behavior, 31 (1), 24 – 44.

[202] Hobfoll S E. (1988). The Ecology of Stress [M]. Washington, DC: Hemisphere.

[203] Hobfoll S E. (1989). Conservation of resources: A new attempt at conceptualizing stress [J]. American Psychologist, 44 (3), 513 – 524.

[204] Hobfoll S E. (1998). Stress, Culture, and Community: The Psychology and Philosophy of Stress [M]. New York: Plenum.

[205] Hobfoll S E. (2001). The influence of culture, community, and the nested-self in the stress process: Advancing conservation of resources theory [J]. Applied Psychology, 50 (3).

[206] Hobfoll S E. (2002). Social and psychological resources and adaptation [J]. Review of General Psychology, (6): 307 – 324.

[207] Hobfoll S E, Johnson R J, Ennis N, Jackson A P. (2003). Resources loss, resources gain and emotional outcomes among inner city women [J]. Journal of Personality & Social Psychology, (84): 632 – 643.

[208] Hobfoll S E. (2011a). Conservation of resource caravans and engaged settings [J]. J Occup. Organ. Psychol, (84): 116 – 122.

[209] Hobfoll S E. (2011b). Conservation of resources theory: its implication for

stress, health, and resilience [M] //In The Oxford Handbook of Stress, Health, and Coping, ed. S Folkman, pp. 127 – 147. New York: Oxford Univ. Press.

[210] Hobfoll S E, Halbesleben J, Neveu J-P, Westman M. (2018). Conservation of resources in the organizational context: The reality of resources and their consequences [J]. Annual Review of Organizational Psychology and Organizational Behavior, (5): 103 – 128.

[211] Hollinger R C, Clark J P. (2010). Formal and informal social controls of employee deviance [J]. Sociological Quarterly, 23 (3), 333 – 343.

[212] Holtom B C. (2006). Increasing human and social capital by applying Job embeddedness theory [J]. Organizational Dynamics, (35): 316 – 331.

[213] Huang J, Wang Y, Wu G, You X. (2016). Crossover of burnout from leaders to followers: A longitudinal study [J]. European Journal of Work and Organizational Psychology, 25 (6): 849 – 861.

[214] Ingram T N. (2004). Future themes in sales and sales management: Complexity, collaboration, and accountability [J]. Journal of Marketing Theory and Practice, 12 (4): 18 – 28.

[215] Jensen J M, Opland R A, Ryan A. M. (2010). Psychological contracts and counterproductive work behaviors: Employee responses to transactional and relational breach [J]. Journal of Business and Psychology, 25 (4): 555 – 568.

[216] Johnson S L. (2011). An ecological model of workplace bullying: a guide for intervention and research [M] //Nursing Forum. Blackwell Publishing Inc, 46 (2): 55 – 63.

[217] Jones E, Brown S P, Zoltners A A, Weitz B A. (2005). The changing environment of selling and sales management [J]. The Journal of Personal Selling & Sales Management, 25 (2): 105 – 111.

[218] Kahn R L, Wolfe D M, Quinn R P, Snoek D, Rosenthal R A. (1964). Organizational Stress: Studies in Role Conflict and Ambiguity [M]. New York: Wiley.

[219] Kaplan H B. (1975). Self-attitudes and Deviant Behavior [M]. Pacific Palisades, CA: Goodyear.

[220] Karatepe O M. (2012). Perceived organizational support, career satisfaction, and performance outcomes: A study of hotel employees in Cameroon [J]. International Journal of Contemporary Hospitality Management, 24 (5): 735 – 752.

[221] Kelloway E K, Francis L, Prosser M, Cameron J E. (2010). Counterproductive work behavior as protest [J]. Human Resource Management Review, 20 (1): 18 – 25.

[222] Kelloway E K. (2010). Structural equation modelling in perspective [J]. Journal of Organizational Behavior, (16): 215 – 224.

［223］Kim B J, Choi S Y. (2021). Does a good company reduce the unhealthy behavior of its members? The mediating effect of organizational identification and the moderating effect of moral identity ［J］. International Journal of Environmental Research and Public Health, 18 (13): 6969.

［224］Koopman J, Lin S, Lennard A C, Matta F K, Johnson R E. (2019). My coworkers are treated more fairly than me! A self-regulatory perspective on justice social comparisons ［J］. The Academy of Management Journal, 63 (3): 857 – 880.

［225］Krischer M M, Penney L M, Hunter E M. (2010). Can counterproductive work behaviors be productive? Cwb as emotion-focused coping ［J］. Journal of Occupational Health Psychology, 15 (2): 154 – 166.

［226］Kueny R, Frankca E, Shoss M, Headrick L, Erb K. (2020). Ripple effects of supervisor counterproductive work behavior directed at the organization: Using affective events theory to predict subordinates' decisions to enact CWB ［J］. Human Performance, (33): 355 – 377.

［227］Kundi Y M, Badar K. (2021). Interpersonal conflict and counterproductive work behavior: The moderating roles of emotional intelligence and gender ［J］. International Journal of Conflict Management, 32 (3): 514 – 534.

［228］Lavelle J J Harris C M, Rupp D E, Herda D N, Young R F, Hargrove M B, et al. (2018). Multifoci effects of injustice on counterproductive work behaviors and the moderating roles of symbolization and victim sensitivity ［J］. Journal of Organizational Behavior, 39 (8): 1022 – 1039.

［229］Lee R T, Ashforth B E. (1990). On the meaning of maslach's three dimensions of burnout ［J］. Journal of Applied Psychology, 75 (6): 743 – 747.

［230］Lee T W, Mitchell T R, Sablynski C J, et al. (2004). The effects of job embeddedness on organizational citizenship, job performance, volitional absences, and voluntary turnover ［J］. Academy of Management Journal, 47 (5): 711 – 722.

［231］Leischnig A, Ivens B S, Henneberg S C. (2015). When stress frustrates and when it does not: Configural models of frustrated versus mellow salespeople ［J］. Psychology and Marketing, 32 (11): 1098 – 1114.

［232］Lim S, Cortina L M, Magley V J. (2008). Personal and workgroup incivility: Impact on work and health outcomes ［J］. Journal of Applied Psychology, 93 (1): 95 – 107.

［233］Lin W, Shao Y, Li G, Guo Y, Zhan X. (2021). The psychological implications of COVID – 19 on employee job insecurity and its consequences: The mitigating role of organization adaptive practices ［J］. Journal of Applied Psychology, (106): 317 – 329.

[234] Lissack M, Letiche H. (2002). Complexity, emergence, resilience, and coherence: Gaining perspective on organizations and their study [J]. Emergence: Complexity & Organization, 4 (3): 72 – 94.

[235] Liu W X, Wang J S. (2017). The influence of conflict management styles on relationship quality: The moderating effect of the level of task conflict [J]. International Journal of Project Management, 35 (8): 1483 – 1494.

[236] Liu R. (2018). The impact of job embeddedness on employee's performance: The regulation study of relational embeddedness [J]. Journal of Human Resource and Sustainability Studies, (6): 8 – 23.

[237] Mangione T W, Quinn R P. (1975). Job satisfaction, counterproductive behavior, anddrug use at work [J]. Journal of Applied Psychology, 60 (1): 114 – 116.

[238] Marcus B, Schuler H. (2004). Antecedents of counterproductive behavior at work: A general perspective [J]. Journal of Applied Psychology, (4): 647 – 66.

[239] Martinko M J, Gundlach M J, Douglas S C. (2010). Toward an integrative theory of counterproductive workplace behavior: A causal reasoning perspective [J]. International Journal of Selection & Assessment, (10): 36 – 50.

[240] Maslach C, Schaufeli W B, Leiter M P. (2001). Job burnout [J]. Annual Review of Psychology, 52 (1): 397 – 422.

[241] Mawritz M B, Mayer D M, Hoobler J M, Wayne S J, Marinova S V. (2012). A trickle-down model of abusive supervision [J]. Personnel Psychology, 65 (2): 325 – 357.

[242] Meier L L, Spector P E. (2013). Reciprocal effects of work stressors and counterproductive work behavior: A five-wave longitudinal study [J]. Journal of Applied Psychology, 98 (3): 529 – 539.

[243] Mihaela Chraif, Mihai Aniţei. (2011). The impact of economic crisis on occupational stress and counterproductive behavior in a food and beverage restaurant chain from Romania [J]. Procedia-Social and Behavioral Sciences, (30): 2644 – 2650.

[244] Milgram S. (1963). Behavioral study of obedience [J]. Journal of Abnormal Psychology, 67 (4): 371 – 378.

[245] Miner A, Glomb T M. (2010). State mood, task performance, and behavior at work: A within-persons approach [J]. Organizational Behavior and Human Decision Processes, 112 (1): 43 – 57.

[246] Mitchell T R, Holtom B C, Lee T W, et al. (2001). Why people stay: Using job embeddedness to predict voluntary turnover [J]. Academy of Management Journal, 44 (6): 1102 – 1121.

[247] Moldoveanu M C, Bauer R. (2004). On the relationship between organizational complexity and organizational structuration [J]. Organization Science, (15): 98 – 118.

[248] Moldoveanu M C. (2004). An intersubjective measure of organizational complexity: A new approach to the study of complexity in organizations [J]. Emergence, 6 (30): 9 – 26.

[249] Moore C, Detert J R, Treviño L K, Baker V L, Mayer D. M. (2012). Why employees do bad things: Moral disengagement and unethical organizational behavior [J]. Personnel Psychology, 65 (1): 1 – 48.

[250] Moorman R H. (1991). Relationship between organizational justice and organizational citizenship behaviors: Do fairness perceptions influence employee citizenship? [J]. Journal of Applied Psychology, 76 (6): 845 – 855.

[251] Neff A, Sonnentag S, Niessen C, Unger D. (2012). What's mine is yours: The crossover of day-specific selfesteem [J]. Journal of Vocational Behavior, 81 (3): 385 – 394.

[252] Neff A, Niessen C, Sonnentag S, Unger D. (2013a). Expanding crossover research: The crossover of job-related self-efficacy within couples [J]. Hum. Relat, 66 (6): 803 – 827.

[253] Neff A, Sonnentag S, Niessen C, Unger D. (2013b). The crossover of self-esteem: A longitudinal perspective [J]. Eur. J. Work Organ. Psychol, 24 (2): 197 – 210.

[254] Neil S, Rose G M. (2006). The effect of strategic complexity on marketing strategy and organizational performance [J]. Journal of Business Research, 59 (1): 1 – 10.

[255] Neuman J H, Baron R A. (1998). Workplace violence and workplace aggression: Evidence concerning specific forms, potential causes, and preferred targets [J]. Journal of Management, 24 (3): 391 – 419.

[256] Nielsen M B, Rosander M, Blomberg S, Einarsen S V. (2021). Killing two birds with one stone: How intervening when witnessing bullying at the workplace may help both target and the acting observer [J]. International Archives of Occupational and Environmental Health, (95): 261 – 273.

[257] Northcr G B, Neale M. A. (2001). Organizational Behavior: A Management Challenge [M]. Mahwah, N, J: Lawrence Erlbaum Associates.

[258] O' Fallon M J, Butterfield K D. (2012). The influence of unethical peer behavior on observers' unethical behavior: A social cognitive perspective [J]. Journal of Business Ethics, 109 (2): 117 – 131.

[259] Paciello M, Fida R, Tramontano C, Lupinetti C, Caprara G V. (2008). Stability and change of moral disengagement and its impact on aggression and violence in late adolescence [J]. Child Development, 79 (5): 1288 – 1309.

[260] Park R, Assimilation B E. (1921). Introduction to the Science of Sociology [M]. Chicago: University of Chicago Press.

[261] Park R E. (1927). Human nature and collective behavior [J]. American Journal of Sociology, 32 (5): 733 – 741.

[262] Peters L H, O'Connor E J. (1980). Situational constraints and work outcomes: The influences of a frequently overlooked construct [J]. Academy of Management Review, (5): 391 – 397.

[263] Pierce J L, Gardner D G, Cummings L L, Dunhamr B. (1989). Organization-based self-esteem: Construct definition, measurement, and validation [J]. Academy of Management Journal, 32 (3): 622 – 648.

[264] Power J L, Brotheridge C M, Blenkinsopp J, Bowes-Sperry L, Bozionelos N, Buzády Z, et al. (2013). Acceptability of workplace bullying: A comparative study on six continents [J]. Journal of Business Research, (66): 374 – 380.

[265] Prakken B. (2004). Uncertainty, information and reorganization [J]. Information Society, 20 (1): 53 – 57.

[266] Pyszczynski T, Greenberg J, Solomon S, Arndt J, Schimel J. (2004). Why do people need self-esteem? A theoretical and empirical review [J]. Psychological Bulletin, 130 (3): 435 – 468.

[267] Rahim M A. (1983). A measure of styles of handling interpersonal conflict [J]. Academy of Management Journal, 26 (2): 368 – 376.

[268] Rahim M A, Antonioni D, Psenicka C. (2001). A structural equations model of leader power, subordinates' styles of handling conflict, and job performance [J]. International Journal of Conflict Management, 12 (3): 191 – 211.

[269] Rappaport, J. (1981). In praise of paradox: A social policy of empowerment over prevention [J]. American Journal of Community Psychology, 9 (1): 1 – 25.

[270] Robinson S L, Wang W, Kiewitz C. (2014). Coworkers behave badly: The impact of coworker deviant behavior upon individual employees [J]. Annual Review of Organizational Psychology & Organizational Behavior, 1 (1): 123 – 143.

[271] Reich T C, Hershcovis M S. (2015). Observing workplace incivility [J]. Journal of Applied Psychology, 100 (1): 203 – 215.

[272] Reynolds C A, Shoss M K, Jundt D K. (2015). In the eye of the beholder: Amulti-stakeholder perspective of organizational citizenship and counterproductive work behaviors [J]. Human Resource Management Review, 25 (1): 80 – 93.

[273] Robinsion S L, Bennett R J. (1995). A typology of deviant workplace behaviors:

A multidimensional scaling study [J]. Academy of Management Journal, 38 (2): 555 – 572.

[274] Rotundo M, Xie J L. (2008). Understanding the domain of counterproductive work behaviour in china [J]. The International Journal of Human Resource Management, 19 (5): 856 – 877.

[275] Rudert S C, Reutne L, Greifeneder R, Walker M. (2017). Faced with exclusion: Perceived facial warmth and competence influence moral judgments of social exclusion [J]. Journal of Experimental Social Psychology, (68): 101 – 112.

[276] Rybakov L A. (2001). Environment and complexity of organizations [J]. Emergence, (4): 83 – 94.

[277] Sackett P R, DeVore C J. (2001). Counterproductive behaviors at work [M] // In: Anderson N, Ones D S, Sinangil H K, Viswesvaran C. (Eds.). Handbook of Industrial, Work and Organizational Psychology: Personnel Psychology. London: Sage, (1): 145 – 163.

[278] Sahlins M. (1972). Stone Age Economics [M]. New York: Aldine De Gruyter.

[279] Samnani A K, Lamon S D. (2014). Singh P. Negative affect and counterproductive workplace behavior: The moderating role of moral disengagement and gender [J]. Journal of Business Ethics, 119 (2): 235 – 244.

[280] Schaubroeck J M, Peng A C, Hannah S T. (2016). The role of peer respect in linking abusive supervision to follower outcomes: Dual moderation of group potency [J]. Journal of Applied Psychology, 101 (2): 267 – 278.

[281] Schaufeli W B, Bakker A B. (2004). Job demands, job resources, and their relationship with burnout and engagement: A multi-sample study [J]. Journal of Organizational Behavior, 25 (3): 293 – 315.

[282] Scheier M F, Carver C S, Bridges M W. (1994). Distinguishing optimism from neuroticism (and trait anxiety, self-mastery, and self-esteem): A reevaluation of the Life Orientation Test [J]. Journal of Personality and Social Psychology, 67 (6): 1063 – 1078.

[283] Schilpzand P, De Pater I E, Erez A. (2016). Workplace incivility: A review of the literature and agenda for future research [J]. Journal of Organizational Behavior, (37): 57 – 88.

[284] Schilbach M, Baethge A, Rigotti T. (2020). Why employee psychopathy leads to counterproductive workplace behaviours: An analysis of the underlying mechanisms [J]. European Journal of Work and Organizational Psychology, 29 (5): 693 – 706.

[285] Schmitz C, Ganesan S. (2014). Managing customer and organizational complexity in sales organizations [J]. Journal of Marketing, 78 (6): 59 – 77.

［286］Schwarzer R, Jerusalem M. (1995). Optimistic self-beliefs as a resource factor in coping with stress ［M］//In Hobfoll S E, De Vries M W. (Eds.). Extreme Stress and Communities: Impact and Intervention, (pp. 159 – 177). The Netherlands: Kluwer.

［287］Seriki O K, Nath P, Ingene C A, Evans K R. (2018). How complexity impacts salesperson counterproductive behavior: The mediating role of moral disengagement ［J］. Journal of Business Research, (107): 324 – 335.

［288］Skarlicki D P, Folger R. (1997). Retaliation in the workplace: The roles of distributive, procedural, and interactional justice ［J］. Journal of Applied Psychology, 82 (3): 734 – 443.

［289］Skarlicki D P, Rupp D E. (2010). Dual processing and organizational justice: The role of rational versus experiential processing in third-party reactions to workplace mistreatment ［J］. Journal of Applied Psychology, 95 (5): 944 – 952.

［290］Smoktunowicz E, Baka L, Cieslak R, Nichols C F, Benigh C C, Luszczynska A. (2015). Explaining counterproductive work behaviors among police officers: The indirect effects of job demands are mediated by job burnout and moderated by job control and social support ［J］. Human Performance, 28 (4): 332 – 350.

［291］Sparrowe R T, Liden R C. (1997). Process and structure in leader-member exchange ［J］. Academy of Management Review, (22): 522 – 552.

［292］Spector P E. (1997). The role of frustration in antisocial behavior at work ［M］// In: Jiacalone R A, Greenberg J. (Eds) Anti-Social Behavior in Organizations, Sage, Thousand Oaks, CA: 1 – 17.

［293］Spector P E, Jex S M. (1998). Development of four self-report measures of job stressors and strain: Interpersonal conflict at work scale, organizational constraints scale, quantitative workload inventory, and physical symptoms inventory ［J］. Journal of Occupational Health Psychology, (3): 356 – 367.

［294］Spector P E, Fox S. (2003). An emotion-centered model of voluntary work behavior: Some parallels between counter productive work behavior rand organizational citizenship behavior ［J］. Human Resource Management Review, 12 (2): 269 – 292.

［295］Spector P E, Fox S, Penney L M, Bruursema K, Goh A, Kessler S. (2006). The dimensionality of counterproductivity: Are all counterproductive behaviors created equal? ［J］. Journal of Vocational Behavior, 68 (3): 446 – 460.

［296］Spector P E, Fox S. (2010a). Counterproductive work behavior and organisational citizenship behavior: Are they opposite forms of active behavior? ［J］. Journal of Applied Psychology, 59 (1): 21 – 39.

[297] Spector P E, Fox S. (2010b). Theorizing about the deviant citizen: An attributional explanation of the interplay of organizational citizenship and counterproductive work behavior [J]. Human Resource Management Review, 20 (2): 132 – 143.

[298] Song M, Ugrin J, Li M, Wu J, Guo S, Zhang W. (2021). Do deterrence mechanisms reduce cyberloafing when it is an observed workplace norm? A moderated mediation model [J]. International Journal of Environmental Research and Public Health, 18 (13): 6751.

[299] Stacey R O. (1995). The science of complexity: an alternative perspective for strategic change processes [J]. Long Range Planning, 28 (6): 477 – 495.

[300] Storms P L, Spector P E. (1987). Relationships of organizational frustration with reported behavioral reactions: The moderating effect of locus of control [J]. Journal of Occupational Psychology, (60): 227 – 234.

[301] Sullivan D, Landau M J, Branscombe N R, Rothschild Z K, Cronin T J. (2013). Self-harm focus leads to greater collective guilt: The case of the U. S. -iraq conflict [J]. Political Psychology, 34 (4): 573 – 587.

[302] Szabó Z P, Mészáros N Z, Csertö I. (2017). The role of perceived in-group moral superiority in reparative intentions and approach motivation [J]. Frontiers in Psychology, (8): 912.

[303] Tang z. (2006). Organizational complexity: assumption, utility, and cost [D]. Tuscaloosa, Alabama, in the department of management and marketing in the graduate school of the University of Alabama.

[304] Tarafdar M, Tu Q, Ragu-Nathan R N S. (2007). The impact of technostress on role stress and productivity [J]. Journal of Management Information Systems, 24 (1): 301 – 328.

[305] Tepper B J. (2000). Consequences of abusive supervision [J]. Academy of Management Journal, 43 (2): 178 – 190.

[306] Thomas K W. (1992). Conflict and conflict management: Reflections and update [J]. Journal of Organizational Behavior, 13 (3): 265 – 274.

[307] Thomas N G, Feldman D C. (2009). Occupational embeddedness and job performance [J]. Journal of Organizational Behavior, 30 (7): 863 – 891.

[308] Thomas N G, Feldman D C. (2010). The impact of job embeddedness on innovation-related behaviors [J]. Human Resource Management, 49 (6): 1067 – 1087.

[309] Tsai T H, Chang H T, Chang Y C, Chang Y S. (2017). Personality disclosure on social network sites: An empirical examination of differences in Facebook usage behavior, profile contents and privacy settings [J]. Computers in Human Behavior, (76): 469 – 482.

[310] Van Zyl C J J, De Bruin G P. (2018). Predicting counterproductive work behavior with narrow personality traits: A nuanced examination using quantile regression [J]. Personality and Individual Differences, (131): 45 – 50.

[311] Vriend T, Said S, Janssen O, Jordan J. (2020). The dark side of relational leadership: Positive and negative reciprocity as fundamental drivers of follower's intended pro-leader and pro-self unethical behavior [J]. Frontiers in Psychology, (11): 1473.

[312] Walker D D, Jaarsveld, D D V, Skarlicki D P. (2014). Exploring the effects of individual customer incivility encounters on employee incivility: The moderating roles of entity (in) civility and negative affectivity [J]. Journal of Applied Psychology, 99 (1): 151 – 161.

[313] Wang P, Xie X, Wang X, Wang X, Zhao F, Chu X, et al. (2018). The need to belong and adolescent authentic self-presentation on snss: A moderated mediation model involving fomo and perceived social support [J]. Personality & Individual Differences, (128): 133 – 138.

[314] Watson D, Clark L A, Tellegen A. (1988). Development and validation of brief measures of positive and negative affect: The PANAS scales [J]. Journal of Personality and Social Psychology, 54 (6): 1063 – 1070.

[315] Watts L L, Buckley M R. (2017) A dual-processing model of moral whistleblowing in organizations [J]. Journal of Business Ethics, 146 (3): 669 – 683.

[316] Weaver G R. (2006). Virtue inorganizations: Moral identity as a foundation for moral agency [J]. Organization Studies, 27 (3): 341 – 368.

[317] Wesselmann E D, Bagg D, Williams K D. (2009). I feel your pain: The effects of observing ostracism on the ostracism detection system [J]. Journal of Experimental Social Psychology, 45 (6): 1308 – 1311.

[318] Westman M. (2001). Stress and strain crossover [J]. Hum Relat, 54 (6): 717 – 751.

[319] Wheeler A R, Harris K J, Sablynski C J. (2012). How do employees invest abundant resources? The mediating role of work effort in the job-embeddedness/job-performance relationship [J]. Journal of Applied Social Psychology, 42 (s1): E244 – E266.

[320] Winterich K P, Aquino K, Mittal V, et al. (2013). When moral identity symbolization motivates prosocial behavior: The role of recognition and moral identity internalization [J]. Journal of Applied Psychology, 98 (5): 759 – 770.

[321] Wong C S, Hui C, Law K S. (2011). A longitudinal study of the job perception-job satisfaction relationship: A test of the three alternative specifications [J]. Journal of Occupational and Organizational Psychology, 71 (2): 127 – 146.

[322] Wu L Z, Zhang H, Chiu R K, Kwan H K. (2014). Hostile attribution bias and negative reciprocity beliefs exacerbate incivility's effects on interpersonal deviance [J]. Journal of Business Ethics, 120 (2): 189 – 199.

[323] Wurthmann K. (2020). How group and perceiver characteristics affect collective blame following counterproductive work behavior [J]. Business Ethics: A European Review, 29 (1): 212 – 226.

[324] Xie J L, Johns G. (1995). Job scope and stress: Can job scope be too high? [J]. Academy of Management Journal, 38 (5): 1288 – 1309.

[325] Xin Q, Chen C, Yam K C, Huang M P, Ju D. (2019). The double-edged sword of leader humility: Investigating when and why leader humility promotes versus inhibits subordinate deviance [J]. Journal of Applied Psychology, 105 (7): 693 – 712.

[326] Yam K C, Klotz A C, He W, Reynolds S J. (2017). From good soldiers to psychologically entitled: Examining when and why citizenship behavior leads to deviance [J]. Academy of Management Journal, 60 (1): 373 – 396.

[327] Yang J, Diefendorff J M. (2009). The relations of daily counterproductive workplace behavior with emotions, situational antecedents, and personality moderators: A diary study in Hong Kong [J]. Personnel Psychology, 62 (2): 259 – 295.

[328] Yang J, Treadway D C. (2018). A social influence interpretation of workplace ostracism and counterproductive work behavior [J]. Journal of Business Ethics. 148 (4): 879 – 891.